SUR UN AIR DE PIAF

Du même auteur aux Éditions J'ai lu :

Dalida (7962)

DAVID
Lelait-Helo

SUR UN AIR DE PIAF

BIOGRAPHIE

À Yvonne Simon Lelait,
c'était en octobre il y a quinze ans,
tout mon amour...

Comme j'ai changé, je retrouve soudain ce besoin de pureté, cette envie de pleurer qui m'envahissait quand j'étais petite fille, cette envie de poser ma tête sur une épaule amie et de me reposer enfin. Quand je pense à ma vie, à toutes ces débauches de forces, j'ai honte de moi. Quand je revois cette petite femme engoncée dans sa fourrure qui traîne la nuit sa solitude et son ennui, je pense que Piaf ça a été ça. À tous, je demande pardon, et lorsque vous lirez cette lettre à ne publier qu'après ma mort ne pleurez pas.

Édith PIAF.

J'ai porté bien des noms en ce monde et revêtu bien des visages ; je suis une multitude... Dieu jugera si, dans sa diversité, cette femme-là fut vraie.

Françoise CHANDERNAGOR.

1

Emportée par la foule

Il y aura du monde à mon enterrement.

Édith Piaf.

Ce matin, les lourds rideaux de fer ne se sont pas levés ; leur crissement manque à la musique de la rue. Boutiquiers et cafetiers ont délaissé zincs et comptoirs pour fouler le macadam et saluer une dernière fois leur fleur de pavé, la Môme... Une marée d'hommes et surtout de femmes endeuillés s'engouffre au détour des places, suit le fil des boulevards. Comme le ruban qui lace avec simplicité une chevelure, le peuple de Paris s'entortille à ces rues depuis le boulevard Lannes, dans ce XVIe arrondissement où la Môme avait élu résidence, jusqu'au Père-Lachaise, à l'autre bout de Paris, là où se reposent d'illustres défunts.

Des rues de la capitale, de Ménilmuche, sa voix d'oiseau des villes avait surgi, et c'est au-dedans de la terre de Paris qu'elle s'en va désormais sommeiller à jamais. Sur le passage du corbillard, des huit voitures des proches et du fourgon de fleurs, des femmes par milliers se signent. Certaines sont là depuis sept heures du matin ; il est dix heures. Pour celle qui a chanté les choses toutes simples de la vie des humbles, pas question de chichis... Les ouvriers portent leur bleu de travail et leur béret, des concierges et des femmes au foyer, leur tablier. Se mêlent aux petites gens des messieurs bien nés, des dames élégantes et des gars de la Légion étrangère, des soldats... Ces petits gars qu'Édith a tant aimés, au lit desquels elle s'est réchauffée.

Ce lundi 14 octobre 1963, il fait doux et le ciel a chassé ses nuages. Alors qu'on fait silence, seuls s'agitent les marchands de journaux à la criée. « Demandez la mort d'Édith Piaf ! » répètent-ils inlassablement, comme un dernier refrain. Le corbillard passe les grandes portes du cimetière et soudain, comme électrisés, les badauds se précipitent dans l'enceinte. Pris de fureur, ivre, le peuple de Paris se soulève pour approcher une fois encore, l'ultime, sa Piaf. Les barrières de bois blanc chargées d'endiguer la marée humaine se rompent sous la pression et la foule déchaînée qui galope à qui mieux mieux avale tout sur son passage. On court dans les allées, on piétine les tombes et les fleurs qui les garnissent. Des femmes, soudain soucieuses de respecter le lieu, quittent leurs escarpins pour mieux escalader le marbre froid des sépultures. Jumelles vissées sur les yeux, on guette l'instant où le cercueil rejoindra le tréfonds, dans la quatre-vingt-dix-septième division de cette allée transversale numéro trois, là où sommeillent déjà Louis Gassion, le père, et Cécelle, la petite d'Édith, morte si tôt, quand elle n'avait pas deux ans. Les plus agiles se sont perchés dans les arbres. Hissé sur quelque monument funéraire, on sonde la foule agglutinée dans l'espoir d'apercevoir les visages désespérés des compagnons de route d'Édith, ceux qui ne seraient rien sans elle, les plus grandes vedettes de France.

Tous sont présents : Loulou Barrier, le si fidèle imprésario, Charles Aznavour, Gilbert Bécaud ; les amis amants – Eddie Constantine, Félix Marten, Charles Dumont, Henri Contet ; Le roi de l'Olympia, Bruno Coquatrix, qui sans Édith aurait mis depuis longtemps la clé sous la porte ; et puis Simone, l'infirmière de toutes les attentions, Denise et Herbert Gassion, frère et demi-sœur de la défunte, Théo Sarapo, l'amoureux des derniers jours… Dans leur dos, la pression d'une foule enragée prête à les engloutir. Seule Marlene Dietrich, de noir vêtue, diaphane et hiératique telle une vestale, échappe aux bousculades. Qui oserait ? Marlene qui avait dit que si Paris devait changer de nom on l'appellerait Piaf…

Pas de messe ni d'oraison. L'Église, dans toute sa sacro-sainte miséricorde, a tout refusé à la fille des rues. Décidément, trop d'amours d'un soir, trop de péchés au lit des marlous et au zinc des troquets pour espérer le pardon. Le goût âcre d'une sulfureuse réputation ne sied guère aux fonctionnaires de Dieu. Et pourtant, ce n'est pas faute d'avoir cru ! Chaque soir, même percluse de rhumatismes, Édith, soutenue par un proche, se mettait à genoux pour honorer le Tout-Puissant. Quelle qu'eût été sa journée, qu'elle fût rendue douce par l'amour d'un homme, douloureuse par la maladie qui mord ou triste à pleurer quand l'ami vous a trahi, elle priait Dieu. Elle qui a tant aimé sainte Thérèse de l'Enfant Jésus, elle qui dans les églises du bout du monde a allumé des cierges et rempli la corbeille de billets n'aura pas le pardon divin, ne s'en ira pas bercée du chant des hommes de Dieu. Seul monseigneur Martin, venu à titre privé, se fend d'une petite prière après que le révérend père Thouvenin de Villaret, aumônier des artistes, a prononcé une bien maigre bénédiction. Puis c'est le grand fracas ! Les cris fusent et c'est une horde indomptable qui déferle sur les amis d'Édith groupés autour de la sépulture. Charles Aznavour, immobilisé contre la croix de la tombe voisine, doit son salut à la force de ses poings ; le prêtre serait tombé dans la fosse si Théo ne l'avait pas retenu *in extremis*. Simone Margantin, l'infirmière pourtant aussi solide qu'un roc, défaille et Bruno Coquatrix se retrouve, lui, debout sur le cercueil alors qu'une femme se déchaîne – dans la bataille elle a perdu un escarpin ! Ce sont des funérailles peu communes, bien rebelles et agitées, à l'image d'Édith, à l'image des passions qu'elle n'a cessé de déchaîner.

« Elle a encore fait un triomphe », murmure un ami, persuadé qu'elle eût adoré son enterrement.

Bientôt, le cercueil de bois noir est descendu dans la fosse, caressé de roses et de cette terre de Paris dont Édith n'aimait pas s'éloigner trop longtemps. Aux côtes de son petit corps vêtu de sa robe et de son manteau de mariage ont été déposés, enveloppés dans du papier journal, les quelques objets qu'elle a souhaité emporter : le lapin en peluche offert par Théo pour ses fiançailles, une cravate de soie verte, des images pieuses, une statuette en plâtre de sainte Thérèse de Lisieux, une médaille en argent à l'effigie de la Vierge, une épaulette de légionnaire, un béret de marin, une carte postale de Milly-la-Forêt avec une dédicace de Jean Cocteau – mort quelques heures après elle. Les modestes reliques d'une vie…

2

L'homme qui marchait la tête à l'envers

C'est près d'un' gouttière à matous,
Dans un' mansarde de n'importe où,
À Montparnasse,
Que j'suis v'nue au mond' sur les toits
Et que j'ai, pour la premièr' fois,
Ouvert les châsses.
Mes pèr' et mèr' déchards comm' tout,
Qui de plus n'aimaient pas beaucoup
Sucer d'la glace,
À l'heur' des r'pas dans notr' garno,
M'laissaient souvent sans un pélo,
Le bec ouvert,
Comme un moineau !

Comme un moineau
(paroles de M. Hély,
musique de J. Lenoir, 1925).

Sur un tapis élimé, le petit homme contorsionniste-antipodiste fait son numéro. Sous les yeux ébahis des badauds, ce corps d'un mètre quarante-cinq se tord, se plie et se déforme. « L'homme qui marche la tête à l'envers » – c'est ainsi qu'on l'appelle sur les coins de trottoir, ses théâtres de fortune. En appui sur les poings ou sur le plat d'une seule main, le voilà qui bondit. Sa tête semble ratisser le sol tandis qu'avec les dents il rattrape au vol les piécettes jetées par son public de la rue. La prouesse de ce corps en délire s'accompagne de tirades grandiloquentes. À haute voix, Louis Gassion s'imagine un destin de héros, évoquant à plaisir ces puissants maharajas et princes de toutes les cours du monde qui, pour acclamer ses hauts faits, ont quitté leurs palais de marbre et mis à ses pieds toutes leurs richesses.

Ces arts du cirque et de la rue, Louis Gassion les tient vissés au corps depuis sa prime enfance. Son père, Victor Alphonse, a jadis tout quitté pour suivre le cirque Ciotti de passage en sa Normandie natale ; devenu un agile écuyer, il a parcouru les routes d'Europe, et au détour de l'une d'elles il a rencontré Louise Léontine Descamps, répondant plus simplement au sobriquet de Titine. Au fil de leurs voyages, quatorze enfants ont vu le jour. Chacun d'eux a développé ce même goût de l'errance et des arts. Une fille chante à l'Opéra de Paris tandis qu'une autre, flanquée de son mari et d'un troisième larron, a créé un grand numéro de trapèze qui l'a menée en Amérique et même en Chine. Mathilde et Zéphoria forment quant à elles un duo d'acrobates. Et Louis le contorsionniste, qui s'est longtemps produit dans des cirques, a fini par choisir la liberté que lui offre l'exercice de son art sur les foires et les coins de trottoir. L'attend non loin de là Annetta Maillard, une jeune fille abonnée elle aussi aux arts forains. Son père, Auguste Eugène Maillard, et sa mère, d'origine kabyle, Aïcha Ben Mohammed, font partie d'un cirque itinérant. Quand sa mère exécute son fameux numéro de dressage de puces savantes, Annetta Giovanna, qui est née en Italie lors d'une des nombreuses transhumances de ses parents, tient le manège, vend ses nougats et pousse même la chansonnette. Louis a trente-trois ans, Annetta seulement dix-neuf, mais quelques acrobaties plus tard la voilà séduite et dans le lit du petit homme.

Au 70, rue de Belleville, le couple survit plus qu'il ne vit. C'est au seul trottoir que l'un et l'autre doivent leur pain et leur salut. L'un se tord dans tous les sens tandis que quelques rues plus loin l'autre s'égosille. D'une voix qui porte au frisson, dans un trémolo parfois effrayant, elle vous tire la larme et un peu de monnaie, l'air de ne pas y toucher, avec un regard grand comme le vide et sombre comme le deuil. Comme Louis qui s'invente des maharajas, Anita se prête un nom et un statut de diva : elle sera Line Marsa, artiste lyrique. Le couple n'est guère une réussite, mais la jeune femme porte déjà le fruit de ce qu'elle avait pris pour de l'amour.

Dans son logis de quelques mètres carrés que seuls un lit trop petit, une table et deux chaises viennent garnir, Annetta Maillard, devenue Anita Gassion, attend. Elle attend le retour de son mari, encore inévitablement accoudé au zinc des troquets de Belleville, qu'il écume un à un jusqu'à ce qu'il ne reste plus rien de ses gains de la journée. Elle attend aussi que cet enfant qui lui déforme les entrailles daigne enfin la soulager. L'attente et la misère, elle s'est à son tour habituée à les noyer dans une vinasse aigre au goût comme à l'estomac. Évidemment, pas de Gassion à l'horizon quand, au creux de son ventre, se déchaîne l'enfant à naître. Pas à pas, il lui faut descendre le trop long escalier de l'immeuble et espérer qu'on vienne au plus vite à son secours. Il fait nuit noire et un froid de gueux ce soir de décembre, mais la délivrent bientôt de son calvaire deux gardiens de la paix que leur ronde du soir a mis sur son chemin. Non pas qu'elle ait accouché sur leurs pèlerines comme le prétendra une légende de la rue, mais ils la conduisent à l'hôpital Tenon, rue de la Chine, tout près de là. À cinq heures du matin ce 19 décembre 1915, l'enfant vient au monde. Une petite fille. Elle s'appellera Édith. Édith comme Édith Cavell, cette martyre de la guerre dont le supplice nourrit les journaux depuis quelques semaines. Cette infirmière anglaise vient en effet d'être condamnée à mort par les Allemands pour avoir aidé des blessés belges et anglais à se réfugier en Hollande. Elle donnera son prénom à plus d'un bébé en cette fin d'année 1915.

Cette naissance triste à mourir, sans père qui vaille ni amour qui la conforte, Édith la verra revisitée cent fois, des années plus tard, sous la plume de quelques journalistes inspirés. Elle laissera dire et écrire, se régalera même souvent de ces effets de style à la Zola, y cherchant sans doute une improbable réponse à ses questions. Parfois, tout de même, elle s'emportera quand certains iront vraiment trop loin... Ainsi ce jour où elle s'écriera : « Qu'est-ce que c'est que ce con qui dit que j'ai une bosse au front parce qu'on m'aurait jetée sur les marches à ma naissance ? »

Drôle d'enfance en ces temps de guerre. Le père Gassion a rejoint le front et Line a préféré sa liberté de chanteuse des rues à ses devoirs maternels. Aussi s'est elle délestée de la petite Édith. C'est sa mère, Aïcha, qui en a la charge. Parce qu'ils cuvent leur mauvais vin plus souvent qu'à leur tour, les grands-parents sont de bien piètres éducateurs. Un peu de rouge dans le biberon d'eau du bébé, c'est idéal pour tuer les microbes, ils en sont persuadés. Leurs esprits embrumés ne pensent guère à changer ses langes et la toilette est chez eux une pratique plutôt rare. Les vieux disparaissent parfois des journées entières en quête de quelque nourriture. Quand l'impétigo ravage le visage de la gamine, la grand-mère, sûre de ses méthodes thérapeutiques, fait macérer quelques plantes dans de l'eau de Javel. Qu'importe, sa Mena, ainsi qu'elle appelle bientôt sa grand-mère, Édith l'aime. Blottie contre elle, elle écoute déjà ses refrains kabyles.

Elle a deux ans lorsque Louis Gassion pointe son nez dans le bouge de sa belle-famille. Il n'a pas revu Anita depuis bien longtemps. Dans une lettre, elle lui a juste dit qu'elle n'attendait plus son retour et que leur fille était confiée aux « bons soins » de ses parents. Rue Rébeval, le temps d'une permission, il va donc voir sa fille. Il l'imagine poupine et les joues roses. Elle doit faire ses premiers pas, balbutier quelques mots, pense-t-il, mais c'est une enfant crasseuse qu'il découvre tapie dans un coin de la pièce. Hagarde et effrayée, elle se dérobe et se cache dans la pénombre pour lui échapper. À la vue des croûtes qui défigurent sa petite fille, Louis ne fait ni une ni deux et l'empoigne. Qu'importe qu'il soit sans le sou et que le lendemain déjà s'achève sa permission, elle est sa fille, il ne peut la condamner à cette vie de misère et de crasse. Le père prend le chemin de la Normandie, vers Bernay où vivent ses parents. Ils ont élevé quatorze enfants, ils ne refuseront pas de veiller sur Édith, au moins le temps que s'achève la guerre. La paix revenue, il pourra de nouveau vivre de ses acrobaties et veiller sur sa petite, c'est certain. Mais combien de temps durera encore cette fichue guerre ?

Édith sent la chaleur de la main de son père envelopper sa menotte lorsque ensemble ils font le chemin qui sépare le quai de la gare de Bernay du 7 de la rue Saint-Michel. La maison des Gassion n'est pas tout à fait comme les autres. Au croisement de deux rues tranquilles, à quelques pas de la voie ferrée, face aux casernes, trône le bordel familial, un bon boxon de province où sous les mains expertes des filles les messieurs de la région se réconcilient avec les plaisirs de la chair. L'irruption d'une fillette de deux ans, c'est du pain bénit ! On a beau être filles de joie, on n'en est pas moins des mères en puissance. Les messieurs à gâter peuvent bien attendre... Pour l'heure, il faut décrasser la pouilleuse. Des femmes aux gorges offertes et aux jambes gainées de bas noirs s'agitent. On décroche la bassine et on fait bouillir de l'eau. Carmen s'empare de la brosse en chiendent, Rose de la savonnette, et Jocelyne consacre à cette noble tâche le fond de sa bouteille d'eau de Cologne Saint-Michel. Ce soir, Louise Léontine n'est plus Madame Titine mais une mamie presque comme les autres. Elle ferme le lupanar pour l'occasion et charge ses filles de coudre une belle robe à Édith. Chacune sonde sa maigre penderie pour en extraire des frous-frous que les désirs des hommes de passage ont épuisés. Quelques coups de ciseaux et d'aiguille sur les matières élimées, et la petite, propre comme un sou neuf, se voit affublée d'une robe à volants comme elle n'en a jamais porté.

Dans la drôle de maison, on ne compte pas sa tendresse. Auprès de Louise Léontine et de ses huit filles, Édith découvre la blancheur du lait des vaches normandes et la douceur des bonbons que lui offrent les clients du bordel. Elle grimpe sur leurs genoux et se blottit contre leurs panses généreuses. Quelque chose du bonheur ! Pourtant, de son premier âge de misère Édith garde encore des séquelles. Elle ne voit guère... Elle se plaint en effet auprès de sa grand-mère d'avoir mal aux yeux. D'ailleurs, lasse de se cogner partout, la gamine a pris l'habitude de se déplacer les mains en avant. Dans un décor des plus flous, elle a trouvé refuge dans un monde de sons et de voix. Rien ne saurait davantage la ravir que les plaintes de l'harmonium. Elle le préfère de loin au piano sur lequel s'exécute un pianiste chaque samedi soir ! Pour libérer la petite de son obscurité, on s'empresse de convoquer le médecin. Après avoir diagnostiqué une double kératite, il se montre plus que réservé. Jamais soignée, la maladie a sérieusement endommagé la vue d'Édith. Il préconise un bandeau sur les yeux et des applications de nitrate d'argent, mais la guérison est loin d'être garantie. À moins d'un miracle… Il n'en faut pas plus pour réveiller les superstitions du gynécée ! Sainte Thérèse de Lisieux fait bien pleuvoir des pétales de roses sur ses visiteurs, pourquoi ne rendrait-elle pas la vue à la petite ? Filles de joie mais non moins de foi, ces dames s'appliquent, aussitôt leur service de charme achevé, à leurs neuvaines. Dans le même temps, Madame Titine convoque tous les anges du ciel et les supplie de rendre la vue à sa petite-fille pour la Sainte-Louise. Les jours suivants, Édith, soucieuse de combler la ferveur de ces dames, lance des « Je vois ! Je vois ! » à tout bout de champ, mais elle n'a pas fini de s'égosiller qu'elle trébuche déjà ! Pourtant, le jour de la Sainte-Louise, assise sur le petit banc de pierre du jardin, la gosse voit se dessiner les feuillages qui lui font face.

« Je vois ! » clame-t-elle à nouveau ; cette fois on ne la croit plus.

Quelques jours plus tard, cependant, il faut bien se rendre à l'évidence : Édith voit ! Elle voit ces touches de noir et de blanc qui s'enfoncent ou sursautent sous les doigts du pianiste, elle voit enfin ces sons qu'elle aime tant entendre.

Pas question de faire preuve d'ingratitude : l'heure de remercier sainte Thérèse est venue. Madame Titine organise une grande expédition vers Lisieux. Les volets de la maison de tolérance sont maintenant clos et les courtisanes de Bernay, endimanchées dans leurs vêtements sages, privées de leurs maquillages d'opérette et de leurs parfums trop lourds, prennent place dans le tortillard qui conduit vers ce qu'elles prennent pour le paradis. La patronne, flanquée de sa petite-fille miraculée, veille sans relâche à la bonne tenue de ses ouailles. Une tape par-ci, et une remontrance par-là, ses employées filent doux. Chacune, peu experte en matière de bienséance, égrène avec sérieux le chapelet de consignes de Madame : parler à voix basse, renoncer aux battements de cils, préférer les génuflexions aux déhanchements et les signes de croix aux petits signes coquins, et surtout brûler autant de cierges que possible, au diable la dépense ! En grappe devant la statue de leur bienfaitrice, ces dames s'exécutent avec empressement, sans doute en font-elles trop... Assiégeant les prie-Dieu, chacune, un rien amusée mais prenant très au sérieux la sainte mission qui est la sienne, s'agenouille et déballe sa prière maison. Bien sûr des remerciements pour la santé de la petite, mais aussi, au passage, quelques requêtes personnelles. Quitte à être là, genoux en terre devant le bon Dieu et sainte Thérèse, autant rentabiliser l'investissement. Une vie meilleure, un fiancé aimant, des clients généreux, de belles robes...

Édith entre à l'école et se réjouit de cette nouvelle activité. Elle aime apprendre, un goût qui d'ailleurs ne la quittera jamais. Ce qui ne l'empêche pas d'être aussi l'élève la plus espiègle de sa classe, toujours prête à quelque blague. Déjà elle aime s'amuser, rire et semer la zizanie autour d'elle. Comment un corps menu et fragile comme le sien peut-il contenir autant de malice et laisser éclater des rires aussi sonores ? Son visage poupin qu'égaient deux grands yeux bleus aux reflets violine lui ferait donner le bon Dieu sans confession, mais derrière la jolie poupée sommeille un diablotin qui ne demande qu'à sortir de sa boîte, pour le bonheur de ses complices de jeux !

Mais bientôt Édith, du haut de ses huit ans, doit tourner la page et quitter à jamais Bernay pour les faubourgs parisiens. Ce n'est pas que la grand-mère de Bernay ait toujours débordé de tendresse et d'affection ou que la vie dans le bordel familial ait été très équilibrante, mais elle y a été heureuse. De cette maison qu'on montrait du doigt et devant laquelle les passantes changeaient de trottoir elle a aimé les loupiotes rougeoyantes, les peintures coquines et les tapis épais au creux desquels les pieds nus trouvent une si douce caresse. Elle s'est nourrie de la tendresse des femmes, a enfoui sa frimousse dans leurs poitrines fleurant bon le péché. Elle a tant aimé qu'avec patience on démêle ses cheveux, puis qu'on les noue soigneusement avec de larges rubans de soie, elle a aimé ces bonheurs simples qu'aucune mère ne lui donnera jamais. Du salon de Bernay elle n'oubliera pas non plus les odeurs poudrées et les miroirs aux moulures dorées, pas davantage les musiques douces propices aux plaisirs de l'alcôve. Les filles de joie continueront de la fasciner, et leurs clients avides de plaisir, de lui être sympathiques. Mais l'âge d'or s'enfuit en même temps qu'elle retrouve son père.

Lorsque l'on doit sa survie à la générosité des badauds, comme c'est le cas du père Gassion, rien ne vaut « en vitrine » le petit minois d'une fillette. Et d'autant plus lorsque la gamine sait parfaitement tirer les ficelles de la compassion ! D'ailleurs Édith n'a pas vraiment à se forcer. Son physique fragile joue pour elle, et ses blessures d'enfant privée de maman sont si vives qu'elle pourrait de quelques battements de cils faire chavirer le cœur d'une légion. Aussi Louis Gassion trouve-t-il en elle une recrue rêvée. Il lui suffit de prétexter qu'une petite fille dans un bordel ça n'est pas bien moral, et le saltimbanque récupère sa mioche sans autre forme de procès.

Assise sur un coin de macadam, Édith observe son père et son drôle de corps tordu. Il a disposé son tapis sans âge ni allure, et la ronde de ses fanfaronnades a commencé : les cirques se disputent ses talents ! Son génie, aucun roi ne pourrait se l'offrir ! Quelques contorsions plus tard, la gamine, sébile en main, en appelle au bon cœur de ces messieurs-dames. Parfois, à leur public de passage ils présentent le fameux numéro de la table savante dont Gassion est si fier, un de ces tours qu'il a imaginés un jour qu'il avait l'âme un peu grise. Édith prend alors place sous une petite table recouverte d'un tapis, et par quelques petits coups elle répond aux questions du paternel. Sauf qu'un jour Gassion, un peu plus aviné qu'à l'accoutumée, laisse glisser le tapis, offrant le spectacle pathétique de la gosse recroquevillée comme une malheureuse sous le guéridon.

D'aventure en aventure, les journées sont plutôt longues et harassantes. Ces trottoirs qu'il lui faut sans répit marteler de ses petits pas, les bistrots devant lesquels elle attend parfois des heures quand Gassion a soif, trop soif... Pourtant elle aime son père, il est sa seule famille. Chemin faisant, lorsque de ville en ville, sur les places et dans les foires, Gassion s'en va faire commerce de son corps contorsionné, elle enferme sa petite main dans celle, guère plus grande, de son père. Elle écoute ses récits délirants, supporte ses humeurs d'alcoolique : il est son père ! Quand le Pernod n'embrume pas ses pensées, Louis peut aussi se montrer aimant. À sa façon en tout cas, toujours un peu fruste et maladroite. Un jour qu'Édith ne peut détacher son regard d'une poupée exposée dans une vitrine, le père vide ses poches pour la lui offrir.

Un temps, Gassion et sa fille rejoignent les saltimbanques du cirque Caroli. Avec eux ils sillonneront la Belgique. Édith retrouve la vie communautaire qu'elle aime tant et des petits camarades avec qui faire des bêtises. Lors d'une partie de cache-cache, elle ne trouvera meilleure planque qu'entre les cages des lions, à la merci d'un coup de griffe. De son côté, trop indépendant et incontrôlable pour se soumettre, Gassion ne tarde pas à s'opposer au patron du cirque. Avec sa gamine il prend ses cliques et ses claques et décide que se produire seul dans les rues est finalement plus rentable et moins contraignant. Malin comme un singe, il promet dorénavant à son public qu'au moment de la quête sa gamine se fendra d'un merveilleux saut périlleux. Juste un subterfuge commercial puisque évidemment Édith, aussi souple qu'un verre de lampe, ne saurait se livrer à la moindre acrobatie. Sans se démonter, alors qu'elle est censée s'exécuter, Gassion prétexte une mauvaise grippe qui empêche exceptionnellement la gosse d'accomplir sa performance. La combine marche à tous les coups sauf un ! En effet, un jour un spectateur n'apprécie guère d'être floué sur la marchandise alors qu'il vient de donner sa pièce de monnaie. Il exige que la promesse soit tenue. Gassion s'excuse d'avoir, par habitude, annoncé le saut périlleux de sa fille, et en dédommagement il propose que la petite chante. Une idée comme une autre, le fruit de son inspiration du moment. Mais Édith doit s'exécuter. De chanson elle n'en connaît aucune si ce n'est *La Marseillaise*, et encore, seulement son tonitruant refrain. D'une voix indomptée mais vibrante, perchée dans des aigus très sonores, elle chante. Sans doute surpris par le décalage manifeste entre le petit corps malingre de la fillette et l'intensité dramatique, l'amplitude du timbre de sa voix, les spectateurs applaudissent avec ferveur et lâchent même une seconde fois quelques piécettes. Cette voix à vous tirer les larmes, la tiendrait-elle de Line Marsa, cette mère aux abonnés absents qui pousse la goualante dans les faubourgs ? Sans doute... Bien des années plus tard, le comédien Michel Simon, ami de la Marsa, se souviendra de ses envolées vocales qui retentissaient au hasard des rues.

Désormais, les fonctions d'Édith sont plus étendues. Elle devra chanter juste avant le numéro du paternel, se livrer à l'exercice fatidique de la quête mais aussi veiller sur le ouistiti déniché on ne sait où par Gassion – s'assurer surtout qu'il séduise les curieux sans les mordre pour autant. Le soir de sa première performance vocale, Édith a dû, sous la dictée de son père, enrichir son répertoire quelque peu restreint. Rodée, elle chante maintenant *Nuits de Chine*, et puis *J'suis vache* et *Voici mon cœur*.

Une autre mission lui incombe bientôt : celle d'amadouer les femmes que son coureur de père convoite. La gamine n'a qu'à s'approcher de l'« heureuse » élue, prendre son air de chien battu et lui dérouler son tissu de misère, l'histoire de sa mère qu'elle n'a pas connue ; au passage elle flatte la dame, lui parle de sa beauté et de sa douceur. Sur ces entrefaites, tel un lièvre aux aguets, bondit le père. La palabre facile, Gassion supplie sa proie, par quelque boniment, de donner un peu de tendresse à sa pauvre fille qui en manque tellement. Il explique combien sa rejetonne aime qu'une voix douce lui lise des histoires. Plutôt talentueux en matière de parlote, Louis Gassion parvient très souvent à attirer la femme dans ses filets. À l'hôtel, Édith voit sa mission s'achever : c'est assise devant la porte qu'elle passera une heure, ou plusieurs. Il arrive qu'elle finisse la nuit au creux du lit, entre les deux amants. Aux attendrissements de ceux qui plaignent cette enfant sans maman, Gassion répond par une imparable réplique : « Elle en aurait plutôt trop ! » Certaines conquêtes d'un soir resteront au-delà du lever du soleil. Les belles-mères font leur entrée dans la vie d'Édith… Et surtout Lucienne, la plus méchante de toutes, dont les copieuses raclées rougirent plus d'une fois sa peau diaphane. Passeront deux Sylvaine, dont l'une portera un fils de Gassion ; la mort précoce de l'enfant précipitera la rupture du couple. Si Gassion aime qu'une femme partage sa couche, il a surtout besoin d'une bonniche corvéable à merci qui s'active à l'intendance de son misérable logis.

Il a quarante-huit ans en cette année 1930, et c'est à Nancy que le duo père-fille a, un temps, élu résidence. La femme du moment, sans doute lasse des tâches ménagères, s'en est allée, laissant Gassion dans un embarras domestique qui ne lui sied guère. Pour lui trouver une remplaçante dans les meilleurs délais, il fait passer une petite annonce dans un journal local. Au pied de l'hôtel de ville, sur la vaste place Stanislas, il rencontre les postulantes. Une aubaine, ou presque, pour Jeanne L'Hôte, Yéyette pour les intimes ! Elle est la fille aînée d'un veuf qui a épousé la bonne – une marâtre aussi odieuse que revêche. Gassion lui propose un chemin tout tracé vers la liberté. Le couple quitte bientôt Nancy pour une modeste chambre d'hôtel à Paris, une de plus, au 115 de la rue de Belleville, à quelques mètres de l'endroit où est née Édith quinze ans plus tôt. Sans tarder, Jeanne tombe enceinte, et au troisième mois de grossesse Louis la demande en mariage. Pourtant la jeune femme refuse, tout comme elle l'empêchera, quelques mois plus tard, de reconnaître la petite Denise. Toutefois, sans crier gare et contre l'avis de sa compagne, Louis Gassion se rendra un jour à l'état civil et accolera son nom au prénom de son enfant.

De-ci de-là, dans Paris, Édith continue de chanter en « vedette américaine » de son père, peaufinant de jour en jour son répertoire. Sa voix aux aigus autrefois trop perçants trouve aujourd'hui toute sa robustesse et sa densité dramatique. D'ailleurs, quand la gosse laisse échapper son chant, les badauds font silence. Elle épate, surprend, émeut, charme... Un succès qui n'est pas sans écorcher l'orgueil de son cabot de père. Lui dont les princes se sont disputé l'art recueille du coup moins de lauriers que sa gamine de quinze ans. Alors il décide que chanteuse de rue ça n'est pas un métier pour une jeune fille. Rien ne vaut un vrai travail ! La voilà bonne à tout faire dans une crémerie de l'avenue Victor-Hugo, dans ces quartiers chics si loin de Ménilmontant. Six jours durant, elle sautera de son lit à quatre heures et demie du matin pour honorer les livraisons de lait. Pas un de plus ! Elle est déjà remerciée. Une deuxième crémerie la supportera trois jours, une troisième, pas davantage. Et puis d'abord elle n'aime pas l'odeur du fromage ! Édith n'est pas une mauvaise fille, bien au contraire, c'est plutôt une bonne nature, mais la contrainte n'est pas son fort. Ses emportements sont ceux d'un petit animal indomptable ; quant à ses rires éclatants, ses blagues culottées et ses bons mots, en enfant malicieuse qu'elle est elle ne voit pas pourquoi elle devrait s'en priver. Autant dire que sur un lieu de travail elle est le loup dans la bergerie, le sujet de tous les tourments, bref l'employée dont la tête doit tomber !

Si sa carrière d'apprentie crémière s'achève aussi vite qu'elle a commencé, Édith peut se réjouir d'avoir déniché dans l'une des boutiques deux comparses. Raymond est en effet animé de quelques velléités artistiques. Il n'en faut pas plus pour éveiller l'appétit de chansons d'Édith. Avec lui et sa copine Rosalie, ils forment un trio auquel ils donnent le nom un peu trivial de « Zizi, Zézette et Zouzou ». Raymond est aussi l'homme du premier baiser ; avec lui elle goûte aux jeux du corps, sans trop de conviction. Rosalie fredonne quelques couplets, Raymond gratte le banjo et Édith, de sa voix torrentielle, couvre le tout. Parce qu'elle chante comme elle respire et que ses intuitions musicales lui semblent indiscutables, elle régente ses ouailles d'une main de fer, mais quelques semaines plus tard, déjà fâchée avec ses acolytes, elle poursuit seule ses tours de chant dans les rues.

Lasse des humeurs et des cuites de son père, lasse de le voir rafler les sous que son chant fait pleuvoir, Édith, du haut de ses quinze ans, décide de faire cavalier seul. Mais le pavé réserve toujours des surprises. Aucun pas n'y est vraiment perdu. Au hasard des errances, du troquet où l'on se réchauffe d'un grog à la porte cochère qui vous protège d'une mauvaise pluie, les langues se délient et les êtres se lient. Entre les fleurs de pavé naissent des bouquets d'amitié, d'un jour, d'une nuit ou d'une vie. C'est ainsi qu'elle fait la connaissance de Momone – Simone Berteaut pour l'état civil mais bien Momone pour la rue –, celle dont bien des années plus tard Édith dira qu'elle fut son mauvais génie. Mais ce jour où leurs sentiers de misère se croisent, Édith, en mal de tendresse et de famille, décide que ce drôle d'oiseau aussi égaré qu'elle sera sa frangine. La rencontre a lieu chez Camille Ribon, un ami de Gassion, lui aussi acrobate de rue. Plus connu sous le nom d'Alverne, l'artiste a pour spécialité l'acrobatie sur les pouces. Édith s'est rendue chez lui à plusieurs reprises, à la demande de son père, afin qu'il lui enseigne les secrets de son art. Peine perdue, puisque ni le trapèze ni le grand écart ne livreront jamais leurs mystères à la jeune fille, qui décidément préfère s'égosiller.

Momone a l'habitude d'aller chez Alverne le samedi soir. Là il y a toujours un bol de soupe pour les pauvres hères de son espèce. Élevée à la va-comme-je-te-pousse parmi ses huit frères et sœurs entre deux séjours à l'Assistance publique, quand leur mère oublie de rentrer à la maison, Momone ne connaît de la vie que la misère, et des humains que les plus vils représentants. À quatorze ans, sertisseuse à l'usine Wonder de Saint-Ouen, elle voit immédiatement en Édith, son aînée, l'image de la réussite. Une chanteuse de rue, une vendeuse de rêve, libre comme l'air, loin des murs de l'usine. De la fascination naîtra la jalousie, mais c'est une autre histoire…

« Je t'engage », lui lance fièrement Édith, ravie de prendre sous sa coupe la gamine égarée et de la soumettre à son autorité.

Celle-ci sera chargée de faire la quête après sa dernière chanson. Une immense fierté pour Momone, qui chasse de sa mémoire les ateliers Wonder. Pourtant, la mère Berteaut, concierge d'un immeuble de Ménilmontant, n'entend pas voir lui échapper le petit salaire que lui ramenait Momone. Édith, avec l'aplomb d'une petite femme, se rend chez la mère de Simone et signe un papier stipulant qu'elle engage sa fille mais qu'en échange elle lui versera quinze francs par semaine. Une rétribution à laquelle Mme Berteaut devra bientôt renoncer, faute de pouvoir remettre la main sur sa progéniture. Momone est aux anges ; le soir même elle rejoint la petite chambre de sa nouvelle frangine au troisième étage de l'hôtel de l'Avenir, 105, rue d'Orfila.

Le lendemain, à deux, elles se mettront au travail. Infatigables, elles traîneront leurs guêtres dans tout Paris. Désormais pas un habitant de Paname ne pourra plus ignorer la voix de la gosse – ni le béret de laine que Momone tend aux spectateurs…

3

Chants du macadam et fleurs de pavé

Ell'fréquentait la rue Pigalle,
Ell'sentait l'vice à bon marché,
Elle était tout'noire de péchés
Avec un pauvr'visage tout pâle.
Pourtant y avait dans l'fond d'ses yeux
Comm'quèqu'chos'de miraculeux
Qui semblait mettre un peu d'ciel bleu
Dans celui tout sale de Pigalle.

Elle fréquentait la rue Pigalle,
(paroles de R. Asso,
musique de L. Maitrier, 1939).

Le froid qui pince les chairs ou la chaleur qui assèche le gosier, les bignoles qui, telles des vigies devant leur immeuble, vous délogent à coups d'insultes rageuses ou de verres d'eau, l'indifférence des passants, les amendes de la maréchaussée... Que d'obstacles lorsqu'on est une chanteuse de rue! Mais Édith et Momone sont des pros, çà et là elles ont su amadouer quelque bon voisinage ou un gentil garde champêtre. Il est même arrivé qu'un policier en civil donne une pièce de cinq francs à Édith pour qu'elle lui chante une rengaine. Elle connaît les cours où l'écho de sa voix est le meilleur, les rues où ses spectateurs réguliers ne sont jamais avares d'une piécette. Elle sait aussi qu'il vaut mieux se produire entre République, Ménilmontant et Pigalle que dans les beaux quartiers, où les gens ne penseraient même pas à ouvrir leurs fenêtres pour jeter des sous à une gamine. Toutefois, le matin, Édith et Momone se rendent parfois à Passy. À l'heure des courses, les belles dames du XVIe arrondissement mettent le nez dehors et s'émeuvent bien souvent du triste spectacle de deux pauvres gosses déguenillées. Mais, de manière générale, l'argent est là où on est le plus pauvre, Édith l'a bien compris. Et puis les quartiers populaires, avec leur désordre de bruits et de cris, la réjouissent davantage. À la retenue des gens bien élevés elle préfère décidément les emportements des gars de la rue.

Édith et Momone ont le même petit corps un peu fragile et malingre, et d'ailleurs, ainsi qu'elles l'ont décidé, elles sont frangines. Alors elles en rajoutent et à la va-vite se coupent toutes deux une frange bien trop courte. Leurs fronts déjà hauts paraissent plus immenses encore et leurs grands yeux attendrissants mordent la moitié de leurs visages.

« Avec les mirettes que tu as, ne les lâche pas. N'en laisse pas passer un seul », martèle Édith à l'oreille de Momone alors qu'elle entame la quête.

Comédienne-née, Momone accomplit sa tâche avec brio. Décidément parfaites dans leur numéro d'orphelines, elles tireraient des larmes à un bataillon de mercenaires. Et puis elles sont tellement sales... Si leurs nippes répugnent à certains, elles émeuvent les cœurs les plus sensibles. Leurs pull-overs avachis et leurs petites jupes sans forme, elles ont pris l'habitude de les jeter quand ils leur semblent vraiment trop crasseux. La journée est une balade sans fin, toujours à pied, le pas alerte. Édith semble ignorer la fatigue, elle chante plusieurs heures par jour sans que sa voix lui fasse jamais défaut. Sauf peut-être le matin, quand les dérives de leurs nuits festives lui ont embrumé les cordes vocales. Mais passé midi les chapelets de sons qui s'échappent de ses lèvres semblent bien au contraire l'apaiser. La dernière chanson achevée sous les vivats, Momone ramasse les sous, et quelques rues plus loin Édith chantera comme si elle n'avait pas encore chanté de la journée, la voix claire et vibrante. Parfois, des attroupements se forment autour de l'artiste. Il lui arrive même de devoir bisser une chanson. Certains jours, trois cents francs en petites pièces, une véritable fortune, remplissent leurs poches toutes déformées. Elles ne sont pas riches pour autant ! Entre la chambre d'hôtel, les tournées générales de troquet en bougnat et les potes dans la dèche qu'il faut bien aider, les poches sont toujours vides sur le chemin du retour. Édith s'en moque bien : demain est un autre jour et le béret de laine de Momone, tel un puits sans fond, se remplira une fois de plus.

D'un comptoir à un autre, Édith, le regard pétillant, le verbe facile et le chant aussi naturel que celui des oiseaux, attire à elle toutes les âmes errantes de la rue.

Pigalle, République, Belleville ou Ménimulche sont autant de terres d'élection pour qui aime les rencontres furtives, les rues de lumières et de plaisirs, les coups de jaja poisseux et les franches rigolades. Édith est de ceux-là. Elle aime la liberté de ne pas se coucher autant que celle de ne pas se lever, la liberté de vivre au risque de mourir, quitte à avoir faim, froid ou même mal... Autour d'elle, des marlous et des ivrognes qui, aussi sensibles que des enfants, noient leurs malheurs dans le mauvais rouge, mais aussi des filles de joie qui enfilent leurs péchés comme des perles, des tenancières maquillées comme des voitures volées, les petites gens des bonheurs simples et des malheurs immenses, des trouffions de passage qui reniflent les amours faciles, des engagés de la Coloniale dont les yeux voient du pays et dont les corps sont abonnés aux plaisirs d'une heure.

Un soir, aux derniers frimas de l'hiver 1932, dans un troquet aux alentours du fort de Romainville, les deux acolytes croisent un petit gars aux cheveux blonds venu là chercher son vin. Les regards de Louis Dupont et d'Édith se croisent et il est déjà trop tard. Le soir même, le gars s'installe dans la chambre meublée des deux frangines. Tout fier de lui, il explique qu'il est maçon, mais qu'avec son « tri » le travail de livreur lui rapporte bien davantage, dans les cent soixante francs par semaine. Que n'a-t-il pas dit là ? Édith hurle de rire, elle qui rafle parfois trois cents francs dans une seule journée. P'tit Louis est vexé mais elle le rassure, lui dit qu'elle s'en fout de son argent, qu'il lui plaît, un point c'est tout. À dix-sept ou dix-huit ans, on construit une romance sur des petits riens. Édith fait l'expérience de l'amour. De ce frisson qui tant de fois dans les années à venir lui parcourra l'échine, celui qui fera tressaillir sa voix de ces trémolos dont son public est déjà si friand. Pour elle, c'est le premier amour et déjà le dernier, elle en est certaine.

Mais P'tit Louis n'apprécie guère le métier de sa compagne. Chanter dans la rue, exposée sans cesse aux regards des hommes, ce n'est pas correct. L'amoureuse consent alors à quitter ses théâtres balayés par les vents pour se faire embaucher chez Toppin et Marguet, un fabricant de chaussures. Du matin au soir, plus de dix heures par jour, six jours par semaine, Édith se voit contrainte de vernir des galoches. L'odeur de poix qui soulève le cœur, les bruits de la rue qu'elle aime tant sont étouffés par le ronron des machines et la lumière du soleil aux abonnés absents. C'en est vraiment trop pour une fleur de pavé ! De toute façon, les croquenots, elle préfère les user sur le macadam plutôt que de les vernir dans un cachot. La rue lui manque, elle découvre combien elle aimait chanter sur son coin de trottoir, combien de joie lui donnait l'écho de sa voix frappant les façades des faubourgs. Elle fera une nouvelle tentative dans un établissement de pompes funèbres, des journées entières à peindre puis enfiler des perles pour les couronnes mortuaires. Quelques semaines seulement auront raison de ses bonnes résolutions.

Aux premiers temps de son idylle, Édith est tombée enceinte, P'tit Louis a beau lui répéter qu'elle doit définitivement renoncer à la rue, elle s'y oppose. Il aimerait qu'elle l'attende bien sagement dans leur misérable meublé. Elle devrait briquer, faire la popote... Parfois Édith promet, mais l'instant d'après elle mange à la va-vite à même la boîte de conserve et s'échappe avec Momone parce que l'envie est irrésistible. Et peu lui importe la trempe que lui collera P'tit Louis à son retour ! Dans un grand éclat de rire, elle dévale les escaliers tandis que Momone s'esclaffe, heureuse d'avoir arraché son amie à ses ridicules promesses. L'approche de l'accouchement n'entame pas non plus son entrain. Le 11 février 1933, à l'hôpital Tenon où elle-même a vu le jour dix-sept ans plus tôt, Édith Gassion met au monde une petite fille, Marcelle Dupont, officiellement reconnue par son père.

Le père Gassion, que cette grossesse avait mis hors de lui, s'apaise à la vue de la petite, que sa mère a déjà rebaptisée Cécelle. Pour la deuxième fois de sa vie, Édith reçoit un baiser de son père. Finalement satisfait d'être grand-père, il se rend au chevet de sa fille un grand sac de vêtements de bébé à la main – ceux de Denise, sa dernière rejetonne, qui s'apprête déjà à fêter ses deux ans. Cécelle au creux de ses bras de mère-enfant, Édith doit reprendre le fil de son existence. Gagner sa vie mais aussi celle de sa môme. P'tit Louis, fier et joyeux à l'instant de la naissance, ne parvient guère à assumer son rôle de jeune papa. Lorsqu'il ne pilote plus son triporteur le livreur traîne la savate avec les copains, et c'est à Édith de se débrouiller avec la gosse. Mais de toute façon les yeux bleus de P'tit Louis ne la font plus rêver.

Édith enveloppe Cécelle dans ses langes et, avec Momone, elle retrouve la rue et ses chansons. Le père Ribon, vieux copain de Gassion, sa femme Suzanne et Édith forment bientôt un nouveau trio. Rien ne saurait la mettre plus en joie que le partage de la musique. Cette fin d'année 1933, un nouveau public les attend dans les casernes de Paris et des proches environs. En moins de quatre mois, ils en visitent une quinzaine. Il y fait bon quand l'hiver balaie la rue de ses froids, et puis les spectateurs ont de l'allure – elle aime ces hommes robustes, ces gars qui rassurent, ces regards francs qui vous enveloppent. Dans la caserne des Tourelles, porte des Lilas, l'un de ces grands types se fait remarquer. Il a ces yeux d'un bleu perçant dont Édith est si friande, des cheveux courts aussi blonds que les blés, un corps mince mais solide. Il s'avance vers la chanteuse et, sous prétexte qu'il n'a pas d'argent, lui propose un baiser. Marché conclu ! Elle chante en ne pensant plus qu'aux lèvres qui frôleront les siennes. Si l'amour est censé donner des ailes, à Édith il donne de la voix. La promesse du baiser une fois tenue, les deux jeunes gens parlent longuement, et conviennent de se revoir le lendemain soir à sept heures.

Le chemin du retour est une caresse, elle papillonne, chantonne à la seule pensée des retrouvailles du jour suivant. Ce gars-là la fait rêver, ce n'est pas un gosse comme P'tit Louis. Pourtant, à l'heure du rendez-vous, quelle déconvenue ! Le soldat n'a rien trouvé de mieux que de se battre, ce qui lui a directement valu le trou. Toutefois, le sous-officier de garde reconnaît Édith. Pour effacer la moue de tristesse qui barre son visage, il envoie chercher le sujet de son tourment. Surpris qu'elle soit venue, le beau gosse se montre d'abord glacial, puis se réchauffe à son regard tendre. Ils se reverront le lendemain et encore les jours suivants. Des promenades du côté de Meudon sur le porte-bagages de son gars de la Coloniale, des baisers volés dans les bosquets, et puis un jour Édith décline l'offre qu'il lui fait. « Il exigeait l'impossible », dira-t-elle bien plus tard. L'impossible, c'était le mariage pour la vie. Les adieux sont déchirants, le manque lancinant, mais de ces troubles si douloureux elle semble apprécier chaque coup d'aiguille. Le cœur en miettes et l'âme endolorie, elle se sent plus vivante, son chant n'en sera que plus vibrant : elle reprend sa route…

P'tit Louis n'a pas disparu de son paysage, mais elle sait qu'entre elle et lui tout est définitivement consommé. S'étant refusée au légionnaire de ses rêves, il ne lui reste plus qu'à congédier l'autre. Sa gosse sous le bras, son maigre trousseau au fond d'un sac, elle s'en va et s'installe au cœur de Pigalle, à l'hôtel Régence. De sa fenêtre sur cour elle devine les néons rouges de la rue ; ça clignote sans répit, comme si la nuit noire n'avait pas droit de cité dans ce coin de Paris. La gosse et Momone dorment déjà mais Édith a bien trop à faire. Elle rêve de ces boîtes de nuit et de ces music-halls qui pullulent à Pigalle, de la scène baignée de lumière qui saura l'accueillir. Enfin elle s'endort.

Le jour se lève sur Pigalle. Les corps fourbus des filles de joie continuent de se vendre aux retardataires, à des hommes tourmentés par leurs désirs du petit matin. En râlant, les bignoles lavent à grande eau le seuil de leur immeuble. Entre elles, elles se plaignent des marchandes de plaisirs dont les talons esquintent le parquet de leur entrée, des clients qui balancent leurs mégots de maïs sous les paillassons et dans les boîtes aux lettres. Ce grouillement du petit matin, Édith n'a pas souvent le loisir de l'observer. À cette heure-là, elle dort. Elle a toujours peiné à concevoir un début de journée avant midi. Depuis la naissance de Cécelle, elle a cependant dû revoir l'heure de son réveil. Aujourd'hui, elle se lève et s'habille le mieux possible : elle entend bien se faire embaucher dans une boîte de nuit.

Une copine garde la gosse pendant que Momone et Édith se dirigent vers le Juan-les-Pins, une boîte de nuit située à quelques pas d'ici. Charlie, le portier, aussi aimable qu'une porte de prison, leur intime l'ordre de passer leur chemin d'une voix qui n'incite guère au dialogue mais Édith proteste.

« Je suis chanteuse ! » se défend-elle.

Lulu, la tenancière un rien hommasse, s'approche, curieuse de savoir ce que ces deux traîne-savates peuvent bien venir chercher ici. Avec leur dégaine, sans doute pas un job d'hôtesse ! Édith rétorque qu'elle a une voix, qu'elle veut chanter ; elle ajoute que sa frangine est une acrobate. Momone, les genoux en dedans et les yeux baissés, se demande à quelle sauce elles vont être mangées. Lulu, avec son allure de julot, ne doit pas être si mauvaise que ça puisqu'elle les laisse entrer dans le cabaret. Son clope vissé au coin du bec, elle ne demande plus qu'à voir et à entendre. Édith se lance. Elle lui balance ses trémolos en pleine face, et la Lulu n'y est visiblement pas totalement insensible.

« Va falloir changer de répertoire », grommelle-t-elle. On ne vient pas au Juan-les-Pins pour sangloter sur la misère du monde ! Ici ça rigole et ça parle fesses. Édith promet qu'elle trouvera les bonnes chansons. C'est au tour de Momone d'être jaugée par Lulu. À poil, qu'elle veut la voir ! Momone s'exécute, non sans honte, et se fait au passage traiter de sac d'os. Lulu conclut pourtant que ça peut plaire à certains, son côté petite fille sans nichons ni fesses.

Rendez-vous est pris pour le samedi suivant à vingt et une heures, moyennant quinze francs par soir. Édith est folle de joie. Ce premier engagement est une promesse de succès, elle parle déjà d'imprésario... Son optimisme est toujours aussi débordant, mais cette fois nettement moins communicatif auprès de Momone, qui se demande ce que peut bien leur réserver de bon ce maudit boxon. Édith se croit engagée dans un cabaret alors qu'en réalité elle va s'époumoner dans un bar à putes. Aussi studieuse lorsqu'il s'agit de chanter que tire-au-flanc par ailleurs, elle décide de s'imprégner des chansons en vogue. Elle se nourrit des airs de Fréhel, Damia et Marie Dubas. Le jour elle chante dans la rue et le soir au Juan-les-Pins, déguisée en matelot, une idée saugrenue de la tenancière, Juan-les-Pins, ça rime avec la mer et les marins. Édith se moque bien du pompon qui gigote sur son béret et de sa ridicule marinière, du moment qu'elle chante. Affublée de la sorte, elle pousse la goualante jusqu'au petit matin, tandis que Momone, seulement vêtue d'un cache-sexe de misère, danse avec un ballon. Malheur à elle si au détour de ses mouvements le maigre bout de tissu laisse apparaître son pubis ! Lulu distribue alors des amendes.

À cinq francs l'unité, entre les quelques minutes de retard, le cache-sexe qui se fait la malle et les sourires jugés trop rares, les filles ont vite fait de turbiner gratis. Parfois trop crevées après une journée entière à arpenter les rues, Édith et Momone s'affalent sous les banquettes et dorment du sommeil du juste. Les entraîneuses les couvrent. De leurs jambes elles cachent les corps vautrés à même le sol. Si Lulu a le malheur de repérer leur coup de fatigue ou quelque signe de paresse, elle ne se gêne pas pour distribuer des taloches. Le tour de Momone revient souvent.

Les semaines passent et au Juan-les-Pins Momone finit par prendre du grade. Si maigrelette soit-elle, elle a désormais droit au tabouret des entraîneuses. Le but du jeu : faire boire aux clients un maximum de champagne tout en écoutant le flot ininterrompu de leurs confidences. Chaque bouchon qui pète, c'est cinq francs dans son escarcelle. Momone excelle bientôt dans cet art, mais elle oublie de verser le contenu de sa coupe dans les pots de fleurs. Elle est souvent ivre lorsqu'elle rejoint l'hôtel au petit matin, supportée par Édith, parfois tout aussi éméchée.

Une ombre au tableau : Cécelle ! Une pareille vie de patachon, ce n'est pas simple avec la gosse. Pendant la journée, Cécelle fait partie de l'équipée, quand Édith pousse la goualante, mais le soir c'est une autre affaire. Pas question de l'amener chez Lulu ! À l'heure de rejoindre le cabaret, Édith confie Cécelle à ses copines, à des tapineuses en pause, à la concierge de l'hôtel, ou bien elle la laisse seule dans la chambre après qu'elle l'a vue s'endormir. Aussi ne bataille-t-elle pas lorsque P'tit Louis, sans crier gare, vient récupérer sa gosse. Un soir, quand Édith rentre à l'hôtel, la logeuse la prévient du passage de son ex. Si elle veut récupérer la petite, c'est rue d'Orfila qu'elle doit se rendre. Elle sait que P'tit Louis veut qu'elle revienne auprès de lui ; à son chantage elle ne répond pas, persuadée de toute façon qu'il saura mieux qu'elle veiller sur leur môme. Elle se répète que le bonheur n'est pas pour elle… Être mère, aimer un homme, chanter comme elle l'entend, tout cela est bien plus qu'elle n'en pourrait exiger sans rougir. Édith accepte l'épreuve, et à sa souffrance elle s'abreuve. Un grand rire balaiera ses larmes, mais le cœur, lui, n'oublie jamais.

4

Le piaf fait son nid

On la sent mouillée, transie, glacée par cette bruine qui trempe l'asphalte et où passent d'inquiétantes silhouettes... La Môme Piaf la chante aussi vraie qu'elle l'a sentie ruisseler sur ses épaules maigres.

Le Petit Parisien,
novembre 1935.

C'était « un soir à dégueuler la vie tellement on était cafardeuses », se souviendra Simone Berteaut bien des années plus tard. Un peu grises et surtout éreintées, Édith et Momone viennent de quitter le Juan-les-Pins de Lulu pour rejoindre leur hôtel quand, au détour de leur chemin, se pointe P'tit Louis. Que peut-il encore exiger d'Édith ? Elle lui a déjà laissé son unique trésor, sa fille. C'est au sujet de Cécelle, justement. Elle ne va pas bien, on l'a transportée à l'hôpital... Le sang d'Édith ne fait qu'un tour, à la seconde sa fatigue est oubliée, elle court aux Enfants-Malades, rue de Sèvres. Les effluves d'éther, la lumière blafarde des longs couloirs carrelés de blanc, cette chambre où sa petite livre combat, et une infirmière qui lui demande avec autorité où elle va.

« Je cherche Marcelle Dupont, je suis sa mère. »

Tel un couperet tombe la sentence de la femme en blanc : il était trop tard quand on l'a amenée. La méningite a eu raison de ses dernières forces. En ce 7 juillet 1935, Cécelle n'est plus. Quand on a deux ans et cinq mois, on peut aussi mourir aux premières heures d'un petit matin blême.

À la morgue, sous un tout petit drap de coton blanc, repose Cécelle, ses cheveux blonds en couronne auréolant son visage lisse. Édith voudrait une mèche de son enfant mais n'a pas de ciseaux. Le veilleur du lieu farfouille dans le casier des ustensiles utilisés pour préparer les corps sans vie, il lui tend une lime à ongles. Avec cet outil guère approprié, elle taille quelques cheveux et monte le drap sur le petit corps sans vie. Comme assommée, au bras de Momone, elle se réfugie dans le premier troquet venu. Un Pernod pur en pousse un autre ; dans le petit jaune les idées noires finiront bien par se noyer. Des piliers de bar aideront Momone à coucher Édith, soûle comme jamais.

Chevillée à son désespoir, encore embrumée par la griserie des dernières heures, elle doit pourtant se redresser et porter en terre sa petite. Sans le sou, il lui faut trouver les cent francs que réclament les pompes funèbres, or elle n'a même plus la force de chanter. Mais les amitiés de la rue, si fugaces et volatiles soient-elles, se mobilisent pour lui venir en aide. Les filles du trottoir sondent leur décolleté, un julot ou deux déplient pour l'occasion leurs portefeuilles en croco, tandis que les copains de boisson renoncent à un de leurs petits blancs secs. La journée s'achève et Édith ne compte que quatre-vingt-dix francs dans le fond de sa poche.

Elle chemine alors le long du boulevard de la Chapelle, prête à tout accepter pour gagner les dix francs qui lui font défaut. Sait-elle qu'elle devra se vendre ? Ce n'est pas certain... Une infinie tristesse plombe ses semelles de corde, elle attend du destin qu'il lui montre la voie. Un homme bien comme il faut s'approche d'elle, et ensemble ils se dirigent vers un hôtel de passe. Il trouve qu'elle n'a décidément pas la tête de l'emploi, dans la chambre il le lui dit, lui demande pourquoi elle fait ça. Dix francs pour enterrer ma fille, lui répond-elle. Le client n'a plus le cœur à la bagatelle, il lui donne les dix francs et s'en va. C'est Édith elle-même qui, au faîte de sa célébrité, rapportera cette scène avec force détails. Auprès de Jean Noli, journaliste de *France-Dimanche*, à qui elle livrera mille et une versions de sa vie, plus édulcorées et fantaisistes les unes que les autres, elle prétendra même s'être acquittée de la passe. Fille de la rue et de ses rumeurs, abonnée aux bavardages et affabulations du macadam, elle ne cessera jamais de donner des récits délirants et souvent contradictoires de sa propre existence. Aux silences sourds de son passé, à ses absences de mémoire et de témoins, l'enfant sans mère se sera habituée à répondre par des fables cousues de fil blanc.

Les obsèques indigentes, mais néanmoins décentes, de Cécelle ont lieu le 10 juillet dans le cimetière de Thiais. Édith voit s'enfoncer au chaud de la terre le si petit cercueil blanc, et tomber en pluie sur lui des poignées de sable. Elle n'a pas vingt ans que la chair de sa chair a déjà rejoint le monde des ombres ; il ne lui reste plus rien, rien que des souvenirs à effacer, rien que des chansons à semer aux quatre vents. Le soir même, elle sera chez Lulu, elle chantera parce que lorsqu'elle chante elle se sent bien.

Sa fille en terre, elle ne reverra plus P'tit Louis, ne retournera pas rue d'Orfila. Le ciel de Pigalle suffit à l'étourdir, plus rien ne saurait l'encourager à filer droit, et surtout pas Momone, plus malicieuse qu'elle encore. Édith peut zigzaguer et dégringoler à sa guise. Naturellement attirée par les mauvais coups, les escrocs à large carrure et les souteneurs en tout genre, elle se laisse dériver. Comme si elle devait se punir de toute sa tristesse et en payer la faute au prix fort. Alors, le premier maquereau qui croise sa route, elle en tombe éperdument amoureuse. Cet Albert au sourire enjôleur fleure bon le danger. Il est l'irrésistible guêpier dans lequel Édith se vautre avec volupté. Elle lui donne tous les droits sur elle sauf celui de la jeter sur le trottoir. Ses résistances le mettent pourtant hors de lui ; il la gifle, elle le mord. Au terme d'une bagarre furieuse, le souteneur se rend et décide qu'Édith pourra continuer à chanter dans les rues à condition de lui verser chaque jour trente francs comme Rosita, son autre fille. Édith ne rechigne pas, le marché lui semble juste. Et puis cet homme lui plaît tant, sa force lui fait du bien, la rassure.

Mais Albert exige bientôt davantage... Sa petite taille, sa fragilité et son air ingénu sont en effet des trésors pour un marlou de son acabit. Aussi a-t-elle désormais pour mission de repérer de belles dames embijoutées comme des châsses. À charge ensuite pour Albert de séduire les proies ainsi désignées et de les attirer dans une impasse sombre pour mieux les dépouiller de leurs joyaux. Ainsi, le samedi soir et le dimanche, dans son plus bel apparat, il se rend dans les dancings indiqués par Édith. Enivrée par la force des bras d'Albert, le corps exalté par des danses endiablées, l'élue du jour accepte au petit matin d'être raccompagnée par le bellâtre qui prétexte une insécurité galopante dans le quartier. Au détour de l'impasse Lemercier, la dame qui s'attend à des baisers se retrouve bâillonnée par la main gauche de son séducteur de pacotille tandis que la droite maltraite ses membres et son cou pour les alléger de leurs riches parures. À la Nouvelle Athènes, imperturbable, Édith attend le retour de son homme. Le plus souvent satisfait de son butin, il fera couler le champagne à flots.

Les souteneurs dissimulent les lames aiguisées de leurs couteaux au fond de leurs poches, des filles naïves qui rêvent d'amour se retrouvent sur un coin de tapin soumises aux désirs des passants, et Édith, elle, se fraie un chemin dans ce dédale de règlements de comptes, de menaces et d'amours sans amour. Le danger est un délice... Mais lorsque Albert et son acolyte, André, décident de contraindre la belle et douce Nadia à la prostitution, Édith s'enflamme. Elle la supplie de s'enfuir. Mais Nadia est amoureuse d'André, elle voudrait être capable de céder à ses volontés. Plutôt mourir que de le perdre, dit-elle à Édith avant de finalement prendre la tangente. Édith voit une dernière fois la blondeur de ses cheveux se fondre dans la foule. Cinq jours plus tard, son corps est repêché par la brigade fluviale, elle s'est jetée dans la Seine pour échapper à son malheur. Édith comprend qu'elle fricote avec la mort, il lui faudrait fuir le milieu... Ce soir où la nouvelle de la mort de Nadia lui glace les reins, Édith attend Albert au bistrot. Lorsqu'il paraît, elle lui crache à la figure en guise de bienvenue. Le temps qu'il essuie son visage, elle s'est déjà engouffrée dans la rue et court à toutes jambes. Elle voudrait échapper à Albert, à cette pègre qui lui colle à la peau et la séduit trop dangereusement.

Les jours suivants, sans nouvelles d'Albert, la candide s'imagine avoir recouvré sa liberté, elle se persuade que son souteneur ne lui cherchera pas de noises. Un soir, pourtant, la riposte survient. Deux hommes l'encadrent et la pressent de les suivre sans résistance. Enfermée toute la nuit dans une chambre, Édith n'en mène pas large. Au petit matin, elle reconnaît le pas d'Albert dans l'escalier. Morte de peur mais aussi audacieuse qu'inconsciente, elle le brave, le provoque :

« Tu peux me tuer si tu veux, je ne reviendrai jamais avec toi. »

Se produit pourtant l'impensable. Son dur à cuire, son mac, s'effondre sur le lit et pleurniche comme une petite fille. La reddition de son homme, échoué sur le lit et sanglotant, Édith l'a-t-elle imaginée après avoir lu quelque feuilleton à l'eau de rose ? Faut-il voir en Albert un homme à bout de nerfs ou très épris ? Une chose est sûre : l'homme qui effraiera Édith n'est pas né.

Abandonnant son souteneur à ses sanglots, elle se sauve une fois de plus. Mais l'affaire n'est toujours pas terminée. Un soir de franche rigolade entre copains dans un bar de Pigalle, elle reçoit la visite d'un des hommes d'Albert. Celui-ci veut la voir tout de suite à la Nouvelle Athènes. Il fait prévenir qu'il y aura du grabuge si elle se défile. Édith peut bien s'en défendre, mais cette perspective de bagarre et de règlement de comptes en bonne et due forme lui met du baume au cœur. Elle n'a d'autre souhait que celui d'être aimée, convoitée et âprement disputée. La voilà comblée ! Ses amis ne veulent pas qu'elle réponde à cette invitation qui ressemble à une promesse d'exécution sommaire ; déjà des couteaux sont tirés sous la table, d'autres gars brandissent des bouteilles en guise de matraque, mais Édith se lève fièrement, attrape son cabas et son béret.

Lorsqu'elle retrouve Albert quelques rues plus loin, il est accoudé au bar, dans toute sa superbe de seigneur de Pigalle. Autour de lui, ses hommes de main prêts à dégainer. Édith n'a qu'à bien se tenir… Pourtant, lorsqu'il lui ordonne de le suivre, elle hurle :

« Tire si tu es un homme ! » Pas de sanglots cette fois, mais bien au contraire un regard glacé et une terrible détonation dans le silence du lieu. Un homme qui se tenait près de lui a détourné son bras vers le plafond et la balle s'est perdue. Édith, tout de même terrifiée par la mise en scène, ne demande pas son reste ; une fois de plus elle prend ses jambes à son cou. C'est ainsi qu'Henri Valette, dit Albert, sort de la vie d'Édith Gassion.

À un dur de dur tel que lui, elle a tout de même fait avaler bien des couleuvres. Elle ne s'est pas rendue à la loi du milieu qui aurait dû la condamner au tapin, et elle ne s'est pas privée non plus de gaillardement tromper son protecteur. Fanfaronnade ou vérité, Édith ne dissimulera pas son idylle avec Jeannot le marin, qui a duré le temps qu'Albert sorte de la prison de la Santé, où il croupissait depuis quelques mois. Il y a eu règlement de comptes aux poings pour les deux hommes, et Édith aurait bien pu se prendre un mauvais coup de canif de son homme si la Maréchale, la tenancière de l'hôtel, n'était pas parvenue à jouer les médiateurs.

Quand elle ne se laisse pas prendre au tumulte des romances, Édith chante. La rue le jour, le Juan-les-Pins de la Lulu le soir, mais aussi d'autres enseignes, la Coupole, le Sirocco, le Tourbillon, sans compter les casernes. Pour les soldats, elle est Miss Édith. Dans les cabarets elle est Denise Jay, Tania ou encore Huguette Hélia. Au gré de ses humeurs et de sa fantaisie, Édith Gassion s'invente des vies et des noms de vedette, elle cisèle des rêves de chansons et d'amour. Le jour, au bras de Momone, elle quitte les casseurs et autres marlous de Pigalle pour d'autres rues de Paname – Montmartre, République ou Ménilmontant… – mais refuse toujours Saint-Germain-des-Prés. Elle n'aime pas les gens prétentieux de cette rive gauche.

Un après-midi des premiers jours d'octobre, le souffle de sa voix la mène finalement jusqu'aux belles avenues de l'Étoile. Un quartier qu'elle ne fréquente pourtant jamais, trop propre et bien rangé pour une fille comme elle. Momone et elle ont opté pour l'angle de la rue Troyon et de l'avenue Mac-Mahon, à quelques mètres de la station Étoile. En sortant du métro les voyageurs ne pourront pas la rater, se dit-elle. Déguenillée dans son manteau avachi à l'ourlet décousu, les mollets nus que les premières fraîcheurs de l'automne font frissonner, Édith entonne une ritournelle de Jean Lenoir :

Elle est née comme un moineau,
Elle a vécu comme un moineau,
Elle mourra comme un moineau !

Nantis, simples employés ou traîne-misère, comme d'habitude, tous s'approchent du drôle d'oiseau. Parmi eux, un beau monsieur est particulièrement attentif à ce qu'il entend. Un tantinet dandy avec son grand pardessus à col d'astrakan, ses mains moulées dans des gants de prix et le verbe gentiment maniéré, il accuse la petite chanteuse de vouloir se casser la voix.

« Tu n'es pas folle ? » lui lance-t-il.

Édith n'est pas fille à se laisser dicter sa conduite et sans détour l'envoie balader : elle doit bien gagner sa vie.

« Je dirige le cabaret Gerny's. Viens me voir lundi à seize heures. On verra ce qu'on peut faire pour toi », rétorque-t-il.

Sur un coin du journal qui sort de sa poche, il inscrit son nom et son adresse, le déchire et le lui tend accompagné d'un billet de dix francs. Dans sa poche, Momone serre la recette du jour et bien plus fort encore le morceau de journal que vient de lui confier sa frangine. Tout au long du chemin qui les ramène à Pigalle, Édith la harcèle :

« Tu l'as bien, le papier ? »

Elles vont même voir la façade de ce Gerny's ; c'est bien autre chose que le boxon de Lulu. « Louis Leplée, 54, rue Pierre-Charron. » Ces mots tracés sur un coin de papier journal, elle n'a pas fini de les lire et de les relire.

« Du pipeau, cette embauche au Gerny's », lui balance Fréhel, la chanteuse, accoudée au zinc du Pigalle.

Édith a poussé la porte du troquet le cœur en joie, prête à fêter sa rencontre providentielle de l'après-midi avec les copains, mais on veut déjà la décourager, l'inciter à se méfier. De toute façon, Fréhel, la grande interprète de *Mon homme* et *Du gris que l'on roule*, semble prendre plaisir à démotiver Édith, à lui donner de mauvais conseils. Parce qu'elle ne croit pas en son talent ou qu'elle la jalouse. Devant les copains, Édith fait la fière. On lui rabâche que Leplée est une tante, qu'il a dirigé une boîte de travestis et que lui-même n'est pas le dernier à chausser les talons aiguilles et à enfiler des fanfreluches de cocotte. Elle s'en moque bien. Pourtant, dans la solitude de sa petite chambre, elle se ravise. Les craintes l'assaillent. Et si ce beau monsieur ganté s'était moqué d'elle, et si tout cela était trop beau pour être vrai... Non, finalement, elle n'ira pas ! Les contes de fées ne sont pas pour les filles de son acabit.

Les nuits d'Édith sont longues... et ses matinées, c'est dans les bras de Morphée qu'elle les passe, émergeant rarement avant une heure de l'après-midi. Ce lundi, il est déjà trois heures quand elle pense à l'homme rencontré rue Troyon, à ce rendez-vous de quatre heures auquel elle a décidé de ne pas se rendre. Fourbue, la tête lourde, Édith attrape ses nippes, finalement disposée à sauter dans le métro. Après tout, qu'a-t-elle à perdre ?

La tête à l'envers, lendemain de fête oblige, peu gracieuse dans ses frusques défraîchies, elle pousse la porte du Gerny's avec une heure de retard. Leplée est bien là à l'attendre. Il a l'air irrité et peu convaincu par les explications d'Édith, qui lui prétend qu'elle n'a pas de montre. L'endroit est plutôt chic, ça n'est pas l'un de ces bouis-bouis de Pigalle ! D'un geste élégant et galant, le maître des lieux la prie de s'approcher de l'estrade où l'attend un pianiste. La voix enrouée, Édith attaque sa chanson fétiche, *Les Mômes de la cloche*.

D'un bout à l'autre de la semaine,
Sur les boulevards, dans les faubourgs,
On les voit traîner par centaines
Leurs guêtres sales et leurs amours...

Les mots s'enroulent merveilleusement les uns aux autres tandis que les sons délicats du piano enveloppent avec délices la gouaille d'Édith. C'est tout un monde qui pénètre dans ce lieu si élégant. Celui des amours malheureuses des petites gens, des fins de mois difficiles, des cruelles errances des sans-famille... Leplée entend la rumeur de la rue, les vendeurs à la criée, les orgues de Barbarie, le pas cadencé des marchandes d'amour sur le macadam. Ce petit bout de femme a le don de peindre de sa voix toutes les couleurs de la rue. Leplée est ému, bouleversé par ce prodige. Les yeux perdus dans un ciel qui n'appartient qu'à elle, la gosse déplie ses bras, agite ses mains, joue de ses doigts, enchaînant ses ritournelles comme autant d'incantations. *Nini Peau d'chien, Nuit de Chine, J'ai le cafard, Comme un moineau* s'égrènent sans que Leplée ait le courage d'interrompre la petite chanteuse. Il lui demande son nom.

« Édith Gassion, mais aussi Huguette, Élia, Tania, Denise Jay... », annonce-t-elle fièrement.

Aucun de ces sobriquets ne satisfait le patron. Il lui faut un nom de fleur de pavé, riche des effluves de la rue, un nom qui volette haut dans le ciel de Paris, qui rime avec liberté...

« Tu es un moineau de Paris », lui dit-il. Malheureusement la Môme Moineau existe déjà. Combien de mots pour dire « moineau » ? Un friquet, un gros-bec, un piaf…

« Oui, un piaf ! Tu es un piaf. Tu es la Môme Piaf ! » s'échauffe Leplée, ses jolies mains manucurées tournoyant autour de son visage si soigné.

C'est décidé, la Môme Piaf se produira au Gerny's dans quatre jours, à partir de vendredi soir et pour quarante francs par soirée. En attendant, pas question de mollir ni de festoyer avec les copains, elle doit venir répéter dès le lendemain. Plus de Lulu qui tienne, pas de rendez-vous galants plus ou moins minables. Édith se concentre sur ce vendredi de toutes les promesses. Le jour, elle rejoint sagement le Gerny's où l'attend le pianiste, et le soir elle attrape ses aiguilles à tricoter pour finir le pull qu'elle portera le grand soir. Elle d'ordinaire si désordonnée, insoumise à l'ordre et rebelle à toute discipline, ne ménage ni ses forces, ni son courage. Lorsqu'il s'agit de chanter, elle ne connaît ni la paresse ni la complaisance. C'est même naturellement qu'elle fait preuve d'une assiduité hors pair et d'une bravoure à toute épreuve. Dix fois, vingt fois, s'il le faut, elle reprendra cette phrase qui coince, fera rebondir cette note qui ne veut pas passer. Elle y revient de plus belle, en toute humilité.

Arrive enfin vendredi. Entre deux lavabos dans les coulisses du Gerny's, Édith tricote à s'en décrocher les doigts mais le pull n'a toujours qu'une seule manche… Que va dire M. Leplée, lui si chic, lorsqu'elle va paraître fagotée dans sa petite jupe et son pull inachevé ? On l'appelle pour une ultime répétition. Elle enfile son pull borgne et se pointe sur la scène. Leplée n'en revient pas :

« Cette fille est folle, elle va chanter avec un bras nu ! » hurle-t-il.

Sans décolérer, la voix trop haut perchée et les bras qui s'agitent comme des moulinets, il supplie qu'on trouve de quoi habiller cette môme. Une femme paraît dans la pénombre. C'est Yvonne Vallée, l'épouse du grand Maurice Chevalier. Elle voit la mine dépitée d'Édith, cette petite femme honteuse de n'avoir pas su terminer son tricot, de n'avoir pas un vêtement correct à se mettre sur le dos. D'un coup, dans ce décor de riches, dans ce temple où elle va enfin pouvoir chanter au son d'un piano devant un parterre de gens comme il faut, sa vie de misère la rattrape au galop et, fourbe et malicieuse, se joue d'elle. La voilà ridiculement plantée, comme un pauvre hère, au milieu de personnes si bien élevées qu'elles ont pitié de son désarroi. Yvonne Vallée surgit et dénoue l'étoffe violette qui danse autour de son cou.

« Couds-la à ton pull-over, on n'y verra que du feu », lui souffle-t-elle tendrement.

« Dans la rue, la voix d'une petite fille m'a pris aux entrailles. Elle m'a ému, elle m'a bouleversé, et cette enfant de Paris j'ai voulu vous la faire connaître. Elle n'a pas de robe de soirée et, si elle sait saluer, c'est parce que je le lui ai appris hier. Elle va se présenter à vous telle qu'elle était quand je l'ai rencontrée dans la rue : sans maquillage, sans bas, avec une petite jupe de quatre sous... De la rue au cabaret, voici la Môme Piaf ! »

Leplée achève son laïus et aussitôt un projecteur vient happer Édith dans l'obscurité où elle tente encore de se retrancher. La lumière blanche mord sa frêle silhouette. Édith se rend timidement à ce public venu la découvrir. On la scrute. Elle est une bête curieuse, le piaf du macadam, un oiseau des rues pittoresque pour des bourgeois qui, le temps d'une soirée arrosée de champagne, viennent s'encanailler, respirer l'air du Paname d'en bas. Mais sa voix s'élève, rocailleuse et chaude à la fois. Comme le tonnerre qui roule, elle impose un lourd silence. Elle rejette la tête en arrière et ferme les yeux, face à elle on est saisi, ébahi. Ce teint de fantôme, ces yeux trop grands et hagards, cette silhouette chétive qui manque de plier, cette voix vibrante qui fait mine de se rompre pour mieux grandir… Pathétique et en apparence souffreteuse, Édith chante comme on meurt, mais au premier signe d'agonie elle renaît, redouble d'ardeur et de force pour transpercer l'âme de son auditeur. Lorsque s'éteint la dernière note, un frisson de stupeur parcourt la salle. Silence. Ce doit être une seconde, deux tout au plus, mais pour Édith c'est une éternité. On ne veut pas d'elle, que fait-elle dans cet endroit si chic ? À s'approcher du soleil, elle s'est brûlé les ailes. Mais les doutes n'ont pas le temps de faire leur nid dans son cœur que le tumulte des applaudissements retentit avec fracas. Comme une détonation qui perce la nuit.

« Elle en a dans le ventre, la Môme ! » s'exclame Maurice Chevalier.

« Tu les as eus, tu les auras demain et tous les jours qui suivront », jure Leplée.

Seuls quelques privilégiés connaissent déjà la Môme Piaf… Le Gerny's n'est pas une salle de concerts, encore moins un music-hall populaire ; c'est un restaurant-cabaret où chaque soir Édith se produit devant quelques dizaines de personnes seulement. Mais il s'agit de ces gens dont on parle à Paris, la crème, le beau linge, « de la grosse légume » aux yeux émerveillés d'Édith. Entre tous, un homme la bouleverse, Jean Mermoz. Courtois comme on ne l'a jamais été à son endroit, le pilote de l'Aéropostale lui demande si elle accepterait une coupe de champagne. Timidement, presque honteuse de n'être que ce qu'elle est, elle s'approche du bel aviateur. Il l'appelle « mademoiselle », et achète toute sa corbeille de fleurs à la bouquetière pour les tendre à Édith dont le chant vient de le ravir. Ce conquérant du ciel la fait rêver. Elle si croyante s'imagine qu'aux commandes de son oiseau de métal le beau Mermoz frôle les ailes des anges et la barbe blanche du maître des cieux. Dans sa carlingue, d'un continent à l'autre, par-delà les océans, ce héros de l'Aéropostale est le messager des amoureux, il porte leurs lettres enflammées, elle en est certaine… Elle est intarissable lorsqu'il s'agit d'évoquer son héros, et les copains de Pigalle, pour la taquiner, l'appellent Mme Mermoz. Le pilote est venu écouter Édith plusieurs fois au Gerny's, mais quelques mois plus tard, un jour de 1936, son hydravion se perd en mer au large de Dakar. Mermoz n'a que trente-cinq ans.

La petite estrade du Gerny's attire aussi Jacques Canetti. Il est dans la salle le deuxième soir où Édith se produit. Enthousiasmé par son talent, il l'invite à être la vedette de *L'Inconnu du dimanche*, son émission sur Radio-Cité. Rendez-vous est pris pour ce dimanche 27 octobre 1935. Bien inconsciente de l'importance de l'événement, Édith arrive les mains dans les poches dix minutes avant le début de l'émission. Sans partition ni pianiste, elle s'apprête simplement à donner de la voix comme elle en a l'habitude. Branle-bas de combat dans les studios : on prévient à la hâte Walter Joseph, le pianiste de la station, mais il est déjà trop tard, on est à l'antenne. Canetti a le réflexe de s'installer au piano pour accompagner Édith, ce qu'il n'a jamais fait, tandis que la chanteuse, d'une spontanéité toujours aussi déconcertante, entonne sa première chanson. Heureusement pour Canetti, le pianiste en titre arrive sur les chapeaux de roues à la fin de la première chanson et peut jouer les trois suivantes prévues au programme.

Ensuite, rien ne peut plus s'opposer au bon accueil du public. Des heures durant, un flot ininterrompu de questions et de louanges assaille le standard de la station de radio. On veut savoir qui est cette fille, on demande à l'écouter encore et encore. Canetti promet que la Môme Piaf sera fidèle au rendez-vous la semaine suivante et puis encore celle d'après. Édith signe finalement pour treize émissions. Chaque dimanche, pendant plus de trois mois, elle rejoint le cinéma Le Normandie dans le VIIIe arrondissement, lieu d'enregistrement de l'émission, où l'attend un public toujours plus nombreux et enthousiaste. Mais tandis que la rumeur publique s'empare de cette gosse dont la voix réjouit le Gerny's, qu'on se presse chaque soir pour goûter à ce grand trouble, Édith n'abandonne pas pour autant la rue. Elle entraîne Momone et chante sur le macadam. Quand les pièces pèsent trop dans le béret de Momone, elles courent les dépenser avec les copains. Rien de bien nouveau sous le soleil de la Môme Piaf.

Pour Leplée, qu'Édith appelle désormais « Papa », la tâche ne fait encore que commencer. À sa jeune protégée il veut apprendre à se présenter au public, à saluer, à choisir un répertoire bien à elle au lieu de s'en tenir à ses sempiternelles reprises de Damia ou Fréhel. Si elle se montre parfois indomptable et imprévisible, Leplée s'émeut aussi de la candeur d'Édith, du troublant mariage de sa force et de sa fragilité. Il veut lui donner ce qu'il aurait donné à sa propre fille s'il avait été père. Papa Leplée est le premier homme à l'aimer, à veiller sur elle sans rien exiger en retour. Et puis, comme elle, il a la passion des chansons… Il lui confie qu'il est le neveu du grand Polin, cette vedette de caf'conc'qui fut à la fin du XIXe le roi des comiques troupiers. Un képi vissé sur la tête et affublé d'une culotte en peau de mouton retournée, il chantait *Mademoiselle Rose, La Petite Tonkinoise, La Caissière du grand café*. Mais Papa Leplée et Édith ont un autre intérêt commun, les beaux garçons. Ensemble, ils s'émerveillent et jouent de leurs charmes au passage de quelques gars aux muscles saillants. Tous deux aiment ces gaillards aux carrures robustes et se damneraient pour un soldat ou un mauvais garçon. Le Gerny's en voit passer quelques-uns.

Mais quand vient l'heure de travailler, Leplée est inflexible. Plus question pour Édith de penser à la gaudriole. Et pas davantage de se laisser entraîner par la Momone… D'ailleurs, Leplée ne l'aime pas, il sent affleurer en elle une jalousie qui n'augure rien de bon, elle est un petit diablotin qui tire sans cesse Édith vers le bas. Il lui arrive d'enfermer sa protégée dans le cabaret pour être certain qu'elle ne cédera pas aux tentations de débauche de Momone.

Quand il la persuade de la nécessité de se constituer un répertoire original, Édith s'exécute. Elle part à la rencontre de son copain Freddo Gardoni, un accordéoniste de la butte Montmartre avec qui elle a déjà fait les quatre cents coups. Il lui faut des chansons toutes neuves, jamais chantées, jamais entendues.

« Va voir de ma part les éditeurs de musique de la rue Saint-Denis et de la rue Réaumur », lui propose-t-il – ajoutant que, méfiants comme de vieux pirates, ces gens-là ne lui ouvriront pas facilement leurs coffres.

Comme annoncé, Édith voit claquer une à une les portes de ces marchands de chansons. Elle n'est pas assez connue, il lui faut d'abord faire ses preuves, enregistrer un premier disque. On n'a que faire de son petit succès au Gerny's.

Pourtant, lorsqu'elle passe le seuil des éditions Decruck, boulevard Poissonnière, elle a cette fois un atout en main : le patron, Maurice Decruck, l'a en effet entendue au Gerny's. Il ferait bien quelque chose pour elle, mais il n'est pas prêt à se départir de l'un de ses trésors inédits, susceptibles de lui rapporter un maximum dans le gosier d'une artiste connue. Le voilà qui écume ses tiroirs, les allégeant de quelques chansons médiocres qui n'inspirent pas Édith. La Môme sait exactement ce qu'elle veut, elle connaît les notes et les mots qui par sa voix feront mouche. Les unes sont ringardes, les autres prétentieuses – trop éloignées de son univers de petites gens. L'homme use ses dernières cartouches quand arrive Annette Lajon, une jeune chanteuse promise à un beau succès. Elle capte désormais toute l'attention du maître des lieux. Ils doivent travailler ensemble sur une création. Édith s'écarte et se poste discrètement dans un coin de la pièce alors que cette Annette Lajon entonne la nouvelle chanson pour laquelle elle a fait le déplacement.

Il avait un air très doux,
Des yeux rêveurs un peu fous
Aux lueurs étranges,
Comme bien des gars du Nord,
Dans ses cheveux un peu d'or,
Un sourire d'ange...

Suit une histoire de cœur blessé, l'ardente ivresse des baisers, le tout dans un décor de pluie, de cafard et d'alcool. C'est du pain bénit, une vraie goualante à vous tirer les larmes comme Édith les aime. Elle veut cette chanson. « C'était comme un éblouissement. Ou plutôt comme si je venais de recevoir un magistral coup de poing au plexus », se souviendra-t-elle des années plus tard, encore émue par le choc que lui a causé la première écoute de *L'Étranger*. Une chanson dont la musique est signée Marguerite Monnot – Marguerite qui tournera bientôt avec elle toutes les pages de sa vie...

Édith est prête à tout pour dérober cette complainte qui prend vie entre les lèvres d'Annette Lajon. À la dernière note, elle s'approche timidement de la chanteuse et, bien qu'assez indifférente à son interprétation, elle ne tarit pas d'éloges. La voilà même qui supplie l'interprète d'opérer de nouveau ce miracle. Attendrie par cet enthousiasme qu'elle croit venir du cœur, Annette Lajon reprend *L'Étranger*, et même une troisième fois. Pourtant Édith n'écoute pas la voix, seuls l'intéressent ces mots qui roulent et sonnent à la perfection. Concentrée comme jamais, elle mémorise la mélodie et les paroles. Elles lui appartiennent à jamais.

Annette Lajon, flattée, ramasse ses affaires et empoigne la sacro-sainte partition sans se douter que la Môme en a déjà les notes en bouche. La chanteuse comblée a à peine quitté les lieux qu'Édith supplie Maurice Decruck de lui céder cette chanson. Il ne pliera pas : *L'Étranger* appartient à Annette Lajon. Édith, hors d'elle mais déterminée, hurle en claquant la porte qu'elle chantera cette chanson qu'il le veuille ou non. Le soir même, elle tient sa promesse. Au pianiste du Gerny's, Jean Uremer, elle a chantonné la mélodie et dans l'instant il lui a concocté un accompagnement. Quant aux paroles, peu importe si elle en a semé quelques-unes, le tout se tient. Édith ne s'est pas trompée, ses spectateurs du Gerny's accueillent on ne peut mieux cette nouveauté.

Un soir, Annette Lajon alertée se rend au Gerny's. Édith, qui ignore cette visite, chante *L'Étranger* comme elle le fait maintenant chaque soir. Lorsqu'elle apprend la présence d'Annette dans la salle, elle vient la saluer et s'excuse au passage de son emprunt culotté. Pourtant, l'interprète dépouillée n'en veut pas à Édith ; elle lui avoue même que pour une si belle chanson elle aurait peut-être fait la même chose. Cette scène pacifique n'a pas grand-chose à voir avec le récit de Momone qui, des années plus tard, inventera une mémorable paire de gifles qu'aurait reçue Édith. Une affabulation parmi tant d'autres. La rue a ses conteurs, Momone est de ceux-là.

5

Quand la misère revient au galop

Il y en a qui viennent au monde veinards,
D'autres, au contraire, toute leur vie sont bignards...
Y en a qui croient être des hommes affranchis.
Aha ! Y m'font marrer avec tous leurs chichis.
Nous, on sait bien que ça finira au grand air,
Le cou serré dans l'truc à m'sieur Débler,
À moins qu'un soir un mahoutin, un costaud
Nous r'file un coup d'son surin dans la peau.
Ça finit vite, sans eau bénite.
Nos héritiers qui touchent tous des bigorneaux
Nous les toquards on claque dans un sale coup
Oh ! Que ce soit là ou ailleurs, on s'en fout !

Les Hiboux
(paroles de É. JOULLOT, musique de P. DALBRET, 1936).

Demain, Édith aura vingt ans. Mais cette veille d'anniversaire, ce 18 décembre 1935, est un jour bien plus important. Elle a rendez-vous avec Jacques Canetti, son bienfaiteur du dimanche, au 67, boulevard de la Gare, dans le XIIIe arrondissement, dans les locaux de la célèbre firme de disques Polydor. Directeur des programmes de Radio-Cité, Canetti est aussi producteur dans cette grande maison. Le succès de son émission dominicale est tel qu'il n'a eu aucun mal à convaincre ses dirigeants de faire enregistrer Édith. Deux accordéons, un piano et une guitare accompagneront la Môme. Pour la première fois, Édith grave ainsi sa voix dans la cire. *Les Mômes de la cloche, La Java de Cézigue, Mon apéro* et bien sûr *L'Étranger* figurent sur ce premier disque.

Deux mois après cette séance d'enregistrement à laquelle Édith s'est livrée avec une aisance déconcertante, elle est conviée à un grand gala au cirque Médrano, le premier d'une carrière qui sera jalonnée d'un nombre incalculable de récitals. À l'affiche de ce spectacle donné en hommage au clown Antonet, Marcel Achard, Maurice Chevalier, Marie Dubas, Fernandel, Jean Gabin, Mistinguett, Tino Rossi, Michel Simon et bien d'autres artistes encore. Les portes de la cour des grands semblent s'ouvrir devant Édith. De ses yeux aux reflets bleutés elle observe avec émerveillement toutes ces personnalités, mais plus encore elle se réjouit de chanter devant un vaste public, accompagnée par des musiciens de talent. Ces dernières semaines, la Môme a même fait une brève apparition au cinéma, juste le temps d'une chanson, dans *La Garçonne*, un film dont l'illustre Marie Bell est la vedette.

Papa Leplée et Canetti veillent avec admiration et tendresse sur Édith, mais elle gagne aussi la bienveillante amitié de Jacques Bourgeat. Aux premiers jours de ses prestations au Gerny's, Leplée l'a présenté à Édith.

« C'est un poète » lui a soufflé Leplée, et aussitôt elle a prié l'artiste de lui écrire des chansons.

De près de trente ans son aîné, Jacques Bourgeat est un homme doux, calme et cultivé comme elle n'en a jamais connu. Pas un de ces fils à papa qui ont usé leurs fonds de culotte sur les bancs de l'école, mais un électricien de tramway pauvre comme Job et sans instruction qui a passé des heures innombrables au Louvre et à la Bibliothèque nationale. Il lui fallait comprendre les choses du monde, lire et ressentir les poèmes... Il a même créé une publication rien que pour les avertis de son espèce, *Le Courrier des chercheurs et des curieux*. Il rend souvent visite à Édith l'après-midi, à son hôtel, quand elle émerge à peine du sommeil. Il passe aussi la chercher au Gerny's sur le coup de trois heures du matin ; tels deux copains de régiment ils rejoignent Pigalle, où pour six francs on leur sert une soupe et un steak. Une amitié sans malentendu aucun se tisse au fil de leurs confidences, de ces longues heures passées à refaire le monde. Tout au long de sa vie, elle lui écrira plus de deux cents lettres – aucun amoureux d'Édith ne pourra se targuer d'en avoir reçu autant.

Elle n'a pas de culture et les livres sont pour elle de grands grimoires austères et mystérieux qu'elle n'a jamais vus que dans les vitrines des librairies. Pourtant, son appétit pour les histoires, sa curiosité et son instinct sont immenses. Surtout quand Jacquot est le conteur. Elle quémande ses conseils et ses leçons, lui fait part de ses observations, de ses réflexions. Il lui fait la lecture du *Banquet* de Platon, elle le lit à son tour et le relit encore. À Édith si croyante de manière instinctive et superstitieuse il tend la Bible : elle ne la lâchera plus. « Ce gros volume où commence Dieu », comme elle dit, elle le place sur sa table de chevet au côté de la statuette de sainte Thérèse de Lisieux. Jacquot, lui, se réjouit de l'argot d'Édith, de ses mots si justes et colorés, de ce ton gouailleur tranchant comme aucun, de ses éclats de rire qui font sursauter et portent à l'hilarité générale, de sa désinvolture lorsqu'elle prend à partie le premier passant venu. Tel l'enfant qui se présente au monde, ses yeux pétillent quand, avec des mots simples, Bourgeat lui narre les petites et grandes histoires du monde. Elle les reçoit en pleine face, s'en émeut, rit et pleure. De ses larmes chaudes elle clôt le récit que Jacquot lui fait de la mort de Socrate, lorsqu'on contraint le vieux philosophe à boire la ciguë. Quelle n'est pas sa tristesse encore lorsque, au cours d'une de leurs fréquentes promenades dans la vallée de Chevreuse, son ami lui explique que les fleurs des liserons se ferment à jamais le soir venu. Après le dîner, elle souhaite revoir les liserons, s'assurer de leur sommeil. Pliée en deux au-dessus des fleurs, elle peut alors vérifier que les corolles sont bel et bien closes, et sans mot dire elle remonte dans sa chambre d'hôtel. Jacquot n'oubliera jamais qu'il l'entendait, dans sa solitude, pleurer le dernier soupir des fleurs. Édith joue les risque-tout et les casse-cou mais son cœur, trop tendre, s'émeut sans fard et fond bien souvent comme neige au soleil. Aussi forts sont ses coups de gueule et sévères ses emportements, aussi torrentiel sera le flot de ses larmes et véritable la ferveur de ses émois.

Les enregistrements de disques s'enchaînent ainsi que les propositions de galas, et chaque soir le Gerny's refuse des clients faute de place. Édith pourrait se sentir tirée d'affaire, promise pour la première fois à un avenir meilleur. Mais ce serait sans compter avec un destin décidément cruel qui ne manque pas une occasion de la gifler.

Le 5 avril 1936, elle quitte Papa Leplée en lui faisant la promesse de ne pas faire la java ce soir-là. Elle doit être en grande forme pour l'enregistrement public qui a lieu le lendemain à la salle Pleyel. Leplée pose une chaste bise sur le front de sa protégée, mais déjà Édith s'apprête à rejoindre les copains. Elle ne parvient pourtant pas à chasser de son esprit la confidence que Papa Leplée vient de lui faire : il a fait un rêve dans lequel sa mère lui annonçait qu'il viendrait bientôt la rejoindre. Superstitieuse, Édith n'aime pas les pressentiments. Un de ses amis a organisé une petite fête avant son départ pour le régiment ; alors, dans le confort de sa petite bande, elle égrène les heures et ne pense plus guère à ses promesses et aux inquiétantes prémonitions de Papa Leplée. Elle pousse la chansonnette, refait le monde et picole un peu plus que de raison. Au bout de la nuit, elle retrouvera le vieil ami de son père, Camille Ribon. La griserie du moment la porte à quelque mélancolie, à des confidences désordonnées. Après la liesse, le vin triste ! Bientôt les idées se désembrument, mais c'est déjà le petit jour. Elle n'a pas tenu sa promesse à Papa Leplée, elle a la gueule de bois et se trouve dans l'impossibilité de se rendre à la salle Pleyel… Elle doit vite lui téléphoner, s'excuser d'avoir manqué à sa parole, d'être là à errer, défaite et chancelante.

D'une cabine téléphonique, elle compose le numéro. On décroche. Sans laisser parler son interlocuteur, Édith déverse sa litanie d'excuses et propose de remettre le rendez-vous à midi. La voix tranchante la prie de venir tout de suite. Jamais Papa Leplée n'a été aussi sec. Elle s'attend à un blâme du tonnerre. Dans le Paname désert du petit matin, son taxi parvient bien vite au 83 de l'avenue de la Grande-Armée, devant le bel immeuble en pierre de taille où réside Leplée. Au lieu du silence d'un jour qui s'éveille, Édith découvre un tumulte d'allées et venues, des agents de police qui bloquent les issues, des voisins en quête d'informations. Alors qu'elle s'apprête à pénétrer dans le hall, un policier l'arrête au passage. En cette petite bonne femme au visage froissé de fatigue, il devine tout de suite la Môme Piaf. Visiblement on l'attend de pied ferme, elle est priée de monter.

Au sixième étage, l'appartement, porte grande ouverte, est le théâtre d'un inquiétant désordre. Édith trouve Laure Jarny, la directrice du Gerny's, en larmes au fond d'un fauteuil du vestibule.

« On a assassiné le patron », lance-t-elle à Édith qui la presse de questions.

Telle « une morte vivante », ainsi qu'elle le racontera elle-même, Édith traverse l'appartement de son bienfaiteur sans comprendre. On parle autour d'elle, mais ce ne sont que des mots creux qui parviennent à ses oreilles, des palabres vidées de leur sens qui résonnent comme des cris. Du seuil de la vaste chambre où elle se tient raide comme un piquet, elle voit, étendu sur son lit, le corps sans vie de Papa Leplée. Le seul homme qui ne lui ait jamais voulu que du bien gît là, sous ses yeux hagards. Elle voudrait être morte. Du reste elle sent sa vie glisser, glisser entre ses doigts.

Comme chaque matin de très bonne heure, Mme Cecci, la femme de ménage de Leplée, était entrée dans l'appartement à pas feutrés pour ne pas réveiller le maître des lieux. Elle vaquait à son ménage quand on a sonné. C'est alors que quatre hommes ont surgi, puis ont ligoté et bâillonné la pauvre femme à l'aide d'une ficelle et d'une cravate. La tête enserrée dans une serviette de bain, la domestique a alors entendu, venant de la chambre de Leplée, des éclats de voix puis un coup de feu. Ce récit de Thérèse Cecci, découverte ligotée par Mireille Maunier, la voisine de palier qui se trouve être aussi une journaliste de la revue *Cinémonde*, est loin de répondre à toutes les questions des enquêteurs. On ne va pas tarder à s'intéresser à la Môme Piaf, à sa sulfureuse réputation, aux douteuses amitiés qu'elle entretient dans les troquets et les lupanars de Pigalle. Et d'ailleurs, où sont passés les vingt mille francs que venait de toucher Leplée pour la vente de cet appartement qu'il possédait non loin des Champs-Élysées ? Édith était au courant de ce gain, elle a très bien pu renseigner l'un de ses camarades, l'encourager à détrousser son patron.

L'affaire a mal tourné, le coup est parti tout seul. Et puis où était-elle, la Môme, toute la nuit ? Dehors, avec ses copains marlous, à festoyer jusqu'à plus soif ? La beuverie a pu dégénérer…

Les enquêteurs n'ont que faire du désarroi d'Édith, que savent-ils d'ailleurs de la tendresse infinie qui la liait à Leplée, de ce jour d'octobre où, de l'errance du trottoir, il l'avait portée jusqu'à son cabaret – puis mise à l'abri dans son cœur ? Pour Édith, c'est le monde qui s'écroule, le destin qui une fois encore se joue d'elle lui prend ce qu'il a feint de lui accorder.

Pendant deux jours, la police cuisine Édith. On veut tout savoir de ses dernières heures, elle doit donner des noms, évoquer ses mauvaises fréquentations, parler d'Albert le souteneur, de Jeannot le marin… Elle et Jeannot sont bientôt tirés d'affaire, de nombreux témoins attestent les avoir vus faire la java jusqu'au petit matin. Camille Ribon témoigne également. La police se lance bientôt sur la trace de Georges le spahi. Inverti à ses heures, et surtout lorsque la bagatelle s'avère rentable, il aurait eu une petite liaison avec Leplée. Mais il présente un excellent alibi pour cette nuit-là, et le voilà relâché lui aussi. Les journalistes ne manquent pas de mettre le nez dans cette affaire, et c'est caméra au poing qu'ils harcèlent de leurs questions la pauvre Édith. Les actualités cinématographiques montrent la Môme assise à une table dans un bistrot. Les yeux rougis, soutenant péniblement sa tête de sa main droite, d'une voix aussi éraillée que lasse elle demande qu'on la laisse tranquille.

« Je n'ai plus d'amis. Je n'ai plus personne maintenant », pleure-t-elle dans son mouchoir.

La presse va bientôt lâcher l'affaire Leplée, mais elle compte désormais émouvoir dans les chaumières avec le cas Piaf. La Môme est un personnage bien trop pittoresque et pathétique pour qu'on se prive de noircir du papier journal à son sujet. Les reporters fouillent dans le passé de la Môme, déterrent ses amours tumultueuses, ses troubles amitiés, ses nuits trop arrosées. Des romans-feuilletons aux accents de scandale et de drame lui construisent une réputation d'alcoolique alors que deux verres suffisent à la rendre grise, de nymphomane alors qu'au sexe elle préfère l'amour. Elle a tant voulu s'étourdir de la tendresse des hommes, gagner leur protection, que la déception n'a pas tardé à l'étreindre. Elle a ainsi vu s'évanouir leurs belles promesses. Il lui a toujours fallu fuir pour trouver ailleurs cet amour idéal qui lui offrirait le réconfort rêvé. Tandis que les manchettes brossent le portrait d'une écervelée aux mœurs dissolues, Édith, désenchantée et abattue, se débat simplement pour survivre.

Les cabarets qui, hier encore, lui faisaient des avances afin qu'elle se produise sur leurs planches ont jeté leurs offres aux orties. Une fois de plus, elle se persuade que la rue est son destin, et déjà elle exhorte Momone à ressortir son béret de laine. Si les soi-disant amis des semaines précédentes se sont d'un coup détournés d'elle, les plus fidèles, eux, ne l'ont pas abandonnée. Jacques Bourgeat, Jacques Canetti et l'accordéoniste Robert Juel, auteur des paroles de la chanson *L'Étranger*, décrochent pour leur protégée et amie un petit contrat chez Marius, rue des Vertus.

Non loin de là, O'dett, l'animateur vedette du Trône, un cabaret plutôt chic de la place Pigalle, prie son directeur artistique, un certain Bruno Coquatrix – qui quelques années plus tard donnera ses lettres d'or à l'Olympia –, de dénicher cette Môme Piaf. La publicité qu'on lui fait dans la presse depuis l'assassinat de Leplée, si négative soit-elle, ne peut qu'attirer les spectateurs, imagine ce patron décidément précurseur en matière de marketing. Le jeune Coquatrix met enfin la main sur Piaf et lui propose un contrat. Il lui avance même de l'argent pour qu'elle s'achète une tenue de scène correcte. Fascinée par une robe longue d'un rouge éclatant, Édith devra cependant se soumettre au jugement de Coquatrix et opter pour une petite robe noire toute simple qu'elle ne quittera pas de sitôt. De longues manches masquent ses bras trop maigres et deux poches s'ouvrent sur le haut des cuisses, là où, lorsqu'elle chante, la Môme a pris l'habitude de plaquer ses mains. Chaque soir, le cabaret se remplit, mais dans la salle on ricane, on se moque de cet oiseau tombé du nid, on fait allusion à l'affaire Leplée, à sa vie de traîne-misère. La Môme n'est plus qu'un monstre de foire. Écoute-t-on seulement sa voix ? Rien n'est moins sûr... D'ailleurs, lorsqu'il est question de renouveler son engagement, elle refuse. Plus question de chanter dans ces conditions-là.

Paris qui la malmène, sa carrière qui se brise, la tristesse de la perte de Papa Leplée... Au lit des hommes Édith cherche la consolation. Parce qu'elle se sent morte au-dedans, elle jongle avec les amours pour reprendre vie. À Jeannot le marin succèdent trois hommes d'un coup, Pierre le marin, Léon le spahi et René l'ancien mineur venu du Nord, de grands gaillards qui ne tarderont pas à comprendre qu'ils partagent une seule et unique femme, la petite chanteuse de rue. Si Léon lâche bientôt l'affaire tandis que Pierrot, tout sucre tout miel, reste pendu aux jupes d'Édith, René, lui, jure de se venger. Il faut dire qu'Édith lui a joué un tour pendable. En effet, lasse de la cabale parisienne qui veut sa peau, elle vient d'accepter un engagement dans un spectacle de jeunes interprètes qui doit la conduire dans de nombreuses villes de province tout au long de l'été. Ayant décidé de passer sa dernière nuit parisienne auprès de Pierrot, et ne parvenant pas à se débarrasser de René, elle le sème dans un magasin en s'échappant par la sortie de secours. Une fois libre – du moins le croit-elle –, elle s'empresse de rejoindre Pierrot dans sa petite chambre du rez-de-chaussée de la rue des Abbesses. Mais au lieu de s'aimer une dernière nuit avant le grand départ, le couple doit composer avec l'imposante silhouette de

René, qui fait les cent pas sur le trottoir pour cueillir Édith à sa sortie de l'immeuble.

À sept heures du matin, après une nuit blanche, René lève enfin le siège ; une heure plus tard, Édith s'enfuit à son tour pour attraper le train qui doit la conduire à Plombières, la première ville de sa tournée. René, pourtant, ne se contentera pas de ce chassé-croisé. Pendant vingt ans il poursuivra Édith... Deux ans plus tard, alors qu'elle s'apprête à débuter dans le célèbre music-hall de l'Alhambra, il la menace de compromettre son tour de chant. Installé à Lille à sa sortie de prison, où il a séjourné trois ans pour quelques bagarres et larcins, il la poursuit et la menace lors de chacun de ses passages dans la ville. Cette histoire ne connaîtra son dénouement qu'en 1956... Un jour René s'approche d'elle et porte la main à sa poche, cette même poche droite où il a toujours camouflé son cran d'arrêt. Édith frémit, mais c'est la mèche de cheveux dorés de Cécelle, ainsi que son unique photo, qu'il lui tend. Il les lui avait dérobées pour faire pression sur elle, la contraindre à revenir auprès de lui.

« Prends ça, j'ai compris que je t'ai perdue pour toujours », lui souffle-t-il, la mine grise et les yeux baissés.

Ce 22 juillet 1936, alors qu'Édith est heureuse de quitter Paris, la cabale qui la blesse et ses amants qui finalement ne comblent pas ses aspirations, la France découvre les vacances, un soupçon de liberté et d'oisiveté... Il y a deux mois, le pays portait Léon Blum et le Front populaire au pouvoir. Après de grandes manifestations les accords Matignon viennent d'être signés : les salaires sont augmentés, et surtout sont institués la semaine de quarante heures et les quinze jours de congés payés. La France semble connaître son premier été. Les clapotis de l'eau accompagnent les jeux des jeunes enfants, leurs mères alanguies sur le sable exposent leurs peaux laiteuses à un soleil ardent, les pères et leurs fils courent après de belles balles de cuir achetées pour l'occasion. Et Édith goûte, elle, à sa première tournée, elle chante dans cette France radieuse qui fleure bon le soleil et la mer. Nice, Toulon, Palavas-les-Flots, Sète… Biarritz, enfin, aux derniers jours d'août. Paris semble bien loin. Mais le retour à Paname approche et c'est tant mieux : la Môme se languit de son royaume.

Mineure, Momone doit à l'affaire Leplée une brève escale dans les services de l'Assistance publique. La police n'a évidemment pas manqué de l'interroger sur sa vie de misère aux côtés de la Môme, sur leurs fréquentations et leur manière illégale de gagner leur pain. Heureusement, des copains ont su convaincre la mère Berteaut de réclamer aux services sociaux la garde de sa fille. Aussi Momone peut-elle prendre rapidement la clé des champs ; elle retrouve Édith au retour de son périple estival. Et c'est reparti pour la vie de patachon, les bringues bien arrosées et les franches crises de rigolade. À une différence près : Charles Lumbroso, un promoteur de spectacles qui aime bien Édith, ne l'a pas laissée tomber, il espère pour elle bien mieux que la rue. Dès qu'il le peut, il lui trouve des engagements. Quelques jours dans des cinémas de Paris et des alentours, deux semaines à Brest, également dans un cinéma… C'est la tournée des grands-ducs pour gagner sa vie.

Annoncée par la voix gouailleuse de Momone, Édith chante à l'entracte quatre chansons, moyennant vingt francs par jour. Son fidèle Robert Juel, l'accordéoniste, l'accompagne. Mais très vite, évidemment poussée par son mauvais génie de Momone, elle met le feu aux planches de ce petit cinéma paisible. Dès le premier soir passé à Brest, elle ne s'est en effet pas fait prier pour caresser le pompon rouge des jolis matelots dont regorge le port. Et le lendemain, immanquablement, les cols bleus débarquent dans le cinéma pour saluer leur nouvelle copine. En nombre, bruyants, chahuteurs et gentiment mal élevés à l'heure de leurs loisirs, ces vigoureux jeunes gens posent leurs pieds sur les sièges et se bourrent de cacahuètes qu'ils mangent salement, mais ça fait rire Édith. Ils reviennent les jours suivants et elle ne chante plus que pour eux. De toute façon, les habitués du lieu, bons bourgeois du centre-ville qui comptaient découvrir sur la toile Edwige Feuillère dans *Lucrèce Borgia*, ont fini par déserter. Pour divertir ses hommes, Édith chante *Corrèque et Réguyer,* l'histoire du grand Totor qu'est en ménage avec Totoche, et quelques chansons rigolotes empruntées à Fréhel. C'est évidemment sans les félicitations du directeur du cinéma qu'elle s'en va à la fin de son contrat. De retour à Paris, elle est bonne pour une remontrance de la part de Lumbroso, qui a dû essuyer les plaintes du directeur en question. Avec sa mauvaise foi déjà légendaire, Édith habille pour l'hiver le vieux grigou, l'accuse de manquer d'humour – mais finit tout de même par promettre de cesser ses bouffonneries. Avec ses grands yeux candides, elle embobine le bon Lumbroso, qui l'envoie dans un cabaret de Nice, la Boîte à Vitesses, une fois de plus flanquée de son âme damnée, la démente Momone.

Le soleil de la Côte, les façades ocre de Nice, ses accents qui chantent au cœur de ce mois de janvier 1937, rien ne saurait faire oublier à Édith que sa vie se délite, que sous ses pas le sol de toutes ses certitudes se dérobe. Que fait-elle à tristement cachetonner loin de Paname, ici, sans amour ni passion ? Ses pensées volent alors vers Raymond Asso, cet homme au profil d'aigle rencontré une première fois chez un éditeur de musique alors qu'elle chantait au Gerny's et revu récemment à la Nouvelle Athènes.

Longuement, son verre de brandy à la main, Asso lui a conté sa vie ; Édith, qui aime les histoires, a écouté comme une enfant sage. Son travail de gardien de troupeau au Maroc quand il n'avait que quinze ans, son engagement dans l'armée à dix-neuf, ses missions en Turquie et en Syrie puis la ronde des petits boulots pour mériter sa subsistance – chauffeur, représentant, gérant de boîte de nuit… Il lui a parlé de la Légion étrangère, du temps où il faisait partie des spahis, ces nobles cavaliers de l'armée française là-bas en Algérie, de l'autre côté de la grande bleue. Elle a pensé à sa grand-mère kabyle, perdue de vue depuis si longtemps déjà. Chaque détail de son récit lui a plu. Le soleil ardent qui brûle la peau, le sable du désert fin comme de la poussière d'or, les oasis verdoyantes qui émergent du néant au détour de quelque dune. À son tour, Édith a vidé son sac de misère – son père contorsionniste, P'tit Louis et leur Cécelle six pieds sous terre, le premier légionnaire qui a fait battre son cœur, les hommes de la Coloniale qu'elle a cru aimer parce qu'ils avaient vu du pays, les mauvais garçons qui fleuraient bon le danger, Papa Leplée assassiné…

Asso et Édith se sont quittés chastement, tard dans la nuit ; d'ailleurs elle n'a même pas pensé à la bagatelle avec lui. Cette nuit-là, Asso, lui, n'a pas trouvé le sommeil. « Ma vie avant ce jour-là n'a aucune importance », écrira-t-il quelques décennies plus tard à l'heure de rédiger ses Mémoires. C'est dire si le frisson qui alors lui parcourut le cœur était grand. La Môme lui avait plu aussitôt, elle l'avait ému, il aurait voulu accueillir contre lui son corps si petit et fragile, se jeter dans ses grands yeux avides, lui offrir les chansons qu'il écrivait dans le secret de sa chambre. Alors que les récits d'Édith s'entremêlaient dans son esprit, il a jeté sur une feuille blanche les mots qui le chahutaient.

Il avait de grands yeux très clairs
Où parfois passaient des éclairs
Comme au ciel passent des orages…

Puis le refrain lui est venu…

J'sais pas son nom, je n'sais rien d'lui,
Il m'a aimée toute la nuit,
Mon légionnaire.

Et me laissant à mon destin
Il est parti dans le matin
Plein de lumière !
Il était minc', il était beau,
Il sentait bon le sable chaud...

Ces mots ont été écrits pour Édith, et Marguerite Monnot a composé la musique qui les portera. Il s'est ensuite empressé de présenter à Édith sa création, mais la Môme n'a pas mâché ses mots : elle n'en veut pas de sa chanson ! Marie Dubas, en vedette à l'ABC, ne se fera pas prier pour l'interpréter.

La Môme, Asso l'aurait bien prise en main, éloignée de ses démons, en premier lieu de Momone, ensuite de sa clique de malfrats et de boit-sans-soif, mais encore aurait-il fallu qu'elle le souhaite... Elle lui apparaissait trop imprévisible et insouciante. Il lui avait proposé son aide et elle avait préféré détaler, sauter dans le premier train pour se produire à Nice dans cette Boîte à Vitesses qui n'offrait aucune promesse. Il avait griffonné son numéro de téléphone sur un bout de papier, elle l'avait enfoui au fond de sa poche. Elle pouvait l'appeler en cas de besoin, lui avait-il assuré. Moi, lui demander quelque chose, avoir besoin de lui, ça me ferait mal ! avait pensé très fort la jeune arrogante.

Pourtant, aux premiers jours de cette année 1937, Édith, que sa conscience malmène de plus en plus, écrit à Asso. De manière à peine déguisée elle l'appelle au secours. Il lui faut des chansons pour revenir à Paris, elle le prie de lui en écrire vite, de les lui envoyer à Nice. Son instinct de survie se met en branle, elle en oublie sa fierté pour réclamer sa nourriture : des chansons. Sans cela elle se sent comme une coquille vide. À cor et à cri elle réclame des mots pour se vêtir, des mélodies qui la réchauffent. Asso sait comment la dompter, il ne cède pas. C'est sa résistance qui la fera venir à lui. Des hommes Édith attend qu'ils l'assujettissent à leur loi ; cette fois Asso lui tiendra tête. À sa lettre il répond par une missive aussi sèche qu'irrévocable. Il n'a pas de chansons pour elle et n'en aura pas tant qu'elle ne changera pas sa façon de vivre et de travailler. Cet homme n'est peut-être pas aussi faible qu'il lui avait semblé, se plaît à croire Édith. La proie est désormais ferrée et prête à se rendre.

Sur ce quai de la gare de Lyon, un glacial matin de janvier, le soleil niçois n'est déjà plus qu'un lointain souvenir. Sans le sou et avec Momone pour seule associée, Édith, le corps ensommeillé par une nuit de voyage et l'âme aussi embrumée que le ciel de Paris, comprend qu'elle va devoir provoquer le destin. Le bout de papier griffonné par Asso n'a pas quitté le fond de sa poche, elle se décide enfin à le déplier. Dans le téléphone public, elle glisse ses ultimes deniers, et du bout de ses doigts gelés elle fait tourner le cadran. C'est la roue de la fortune, la roulette russe... En quelques mots elle se livre pieds et poings liés :

« Raymond, je suis perdue. Sauve-moi, sinon je suis obligée de retourner à la rue. Je ferai ce que tu veux. Je t'obéirai, je le jure, mais occupe-toi de moi, entièrement ! »

À ce nouvel appel au secours non dissimulé Asso répond laconiquement :

« Prends un taxi et arrive ! »

Plus rien ne sera jamais comme avant pour la Môme Piaf.

6

Il sentait bon le sable chaud

Ma pauvre petite… une sauvage sur le plan humain, elle ne savait pas manger, pas se laver…

Raymond Asso.

Il m'a appris à devenir un être humain. Il lui a fallu trois ans pour me guérir. Trois ans de tendresse patiente pour m'apprendre qu'il existe un autre monde que celui des putes et des souteneurs.

Édith PIAF.

Le combiné raccroché, Édith congédie Momone, pour un moment du moins, et rejoint Asso à l'hôtel Picadilly. Si elle tombe bientôt dans ses bras et trouve refuge dans son lit, elle a d'abord droit à une mise au point sans appel. Il lui fait promettre de renoncer à ses extravagances avec Momone, à sa vie dissolue qui l'empêche de devenir une bonne et grande chanteuse. Décidé à la piquer au vif pour la faire réagir, il lui reproche maintenant ses maladresses sur scène, la pauvreté de sa gestuelle, son absence de grâce lorsqu'elle se présente devant le public, sa diction trop souvent bâclée, son manque de culture… Il lui parle de discipline et de travail quand elle s'est toujours reposée sur son instinct et son talent naturel. Édith, comme anéantie, encaisse un à un sans mot dire les coups qu'il lui assène. Cette violence, c'est déjà de l'amour.

Elle décide de s'en remettre à cet homme-là. Sa détermination, sa force, lui inspirent confiance ; elles attisent son désir de lui. Avec et pour lui, elle travaillera ; à lui elle s'offrira. Soumise dans le creux de sa main de fer, elle promet d'oublier les faux plis qu'ont laissés sur elle l'enfance volée, les coups bas, les sales rencontres, les chemins de traverse, les jours d'infortune et les nuits de débauche. « Je suis bête, je te l'ai toujours dit, c'est toi qui as voulu me convaincre que j'étais intelligente… Mais tu vas trop vite pour me dire toutes les choses que tu m'as dites, et je me dégoûte, et je n'ai plus confiance en moi », écrit-elle à son Cyrano, ainsi qu'elle appelle Asso, sans doute eu égard à son appendice nasal imposant. « Je me vautrais dans la bêtise comme une sale petite bête dans la boue. Je m'y complaisais. Et dans la laideur aussi… J'éprouvais une sorte de mauvais plaisir à détruire, à me détruire, et à gâcher tout ce qui était beau », dictera-t-elle encore, sans indulgence aucune avec elle-même, lors de l'écriture de *Ma vie*, le recueil de ses souvenirs.

Édith ne cesse de se flageller, de se condamner et de se punir. Aussi reprend-elle parfois le chemin de Pigalle… Rien de tel qu'une nuit agitée entre potes pour lui coller une bonne gueule de bois, un goût amer dans la bouche et la nausée au cœur. De quoi se maudire et se mépriser un peu plus sûrement encore.

Raymond fait la leçon à Momone pour qu'elle décampe et cesse enfin de jouer les mauvais génies auprès de sa frangine, mais les deux parviennent toujours à se retrouver en dépit des chicanes et autres mauvais coups dont Momone n'est pourtant jamais avare. Elle est le seul passé d'Édith, ses racines, son point d'ancrage en ce bas monde, son âme damnée infernale mais délicieuse. Raymond, lui, ne pardonne aucun écart. De ses éclats de voix les plus sonores et de raclées carabinées il couronne les fredaines de sa protégée. Et elle promet toujours. Quand l'horloge égrène les heures et qu'Édith tarde à rentrer, Asso écume Pigalle, ses débits de boissons et leurs arrière-salles enfumées. Édith y boit peut-être un gorgeon, parfois elle fait le bœuf à s'en casser la voix. Il débarque et l'arrache à son petit monde. Asso le rabat-joie, le jaloux, pense-t-on. Il ne fait pourtant que la protéger de ses démons. Édith, alors, se sent aimée… Asso, désiré.

Maîtrisée et dirigée par Raymond, elle ne chôme pas. Amoureux de la femme et admiratif de l'artiste, lui n'a guère de mal à vanter les mérites de la Môme aux patrons de cabaret et aux directeurs de music-hall. D'autant que l'effervescence due à l'affaire Leplée est peu à peu retombée. Raymond parvient à faire engager Édith dans trois cabarets, Chez O'dett, le Latin et l'Ange Rouge. Il la convainc enfin d'enregistrer *Mon légionnaire* avant qu'elle ne rejoigne Bruxelles, où elle se produira trois semaines à l'Empire et au Broadway. Le jour de son retour de Belgique, elle entame une semaine de récitals à Bobino avant de repartir pour quelques jours à Liège et de retrouver la semaine suivante le cabaret parisien Chez O'dett. En surchargeant son planning, Asso fait en sorte de désintoxiquer Édith de ses mauvaises fréquentations. Pour parfaire cette renaissance de la Môme, il a tenté plusieurs fois de faire engager Édith à l'ABC mais son directeur, Mitty Goldin, ne veut rien savoir. Il ne signera pas avec une artiste débutante! C'est en partie grâce à Marie Dubas, dont Asso a été quelque temps le secrétaire après lui avoir donné sa chanson *Mon légionnaire*, qu'il parvient enfin à imposer Édith à Goldin. Asso a assiégé son bureau sans jamais se décourager. Chaque jour il est revenu à la charge, s'est fait éconduire pour rappliquer de plus belle le lendemain. C'est à l'usure qu'il a enfin eu raison de Goldin. La Môme gagne un lever de rideau du 26 mars au 15 avril de ce printemps 1937 à l'ABC, le plus beau cabaret de la capitale.

Trois semaines avant de monter elle-même sur les planches de l'ABC, Édith se trouve dans le parterre de spectateurs venus applaudir Marie Dubas le soir de sa première. Asso l'a entraînée dans ce cabaret afin qu'à quelques jours de ses débuts sur cette même scène elle ait une idée du chemin qu'il lui reste à parcourir. Édith ne pouvait supposer qu'il pût être aussi long, comme elle ne pouvait imaginer l'existence d'un si grand talent. Les soirs suivants, plus ponctuelle qu'une horloge suisse, elle assiste au spectacle de la chanteuse. C'est une leçon de chanson, de scène et d'émotion dont elle ne manque pas une miette. Recroquevillée dans son fauteuil, les mains serrées sur ses cuisses et le regard comme hypnotisé, elle voit ses certitudes s'émousser, elle se sent toute petite et gauche, empêtrée dans ses lacunes. La tête lui tourne, sa gorge se serre. C'est comme Marie Dubas qu'elle veut chanter, d'aucune autre manière. Plutôt se taire à jamais que de n'y pas parvenir. Il lui faut saisir ces gestes magiques qui d'une seconde à l'autre portent à la joie ou tirent les larmes, ces jeux de mains coquins et savants qui semblent caresser la mélodie, ce visage mobile qui ennoblit le verbe, ce salut gracieux qui fait d'elle une reine.

Chaque jour, un peu plus nourrie par ce qu'elle a vu et entendu la veille au soir, Édith travaille. Amarrée au piano de Marguerite Monnot, sa main caressant le bois verni de l'instrument, elle chante encore et encore. À en perdre haleine, tel le coureur de fond sur sa piste. Sous la houlette d'Asso, elle travaille de nouvelles chansons, sculpte sa gestuelle, peaufine son phrasé sans relâche.

« Avant, je chantais comme ça venait », avoue-t-elle.

Marguerite, qu'elle aime tant, lui enseigne les secrets de la musique. Si belle et si douce, magnifiquement lunaire et candide, du bout de ses doigts sur le clavier noir et blanc Guite dessine toute la virtuosité du monde. Édith en admire les couleurs, s'extasie de ses nuances.

« Elle n'habite pas la terre, elle loge ailleurs dans un monde plein de bleu, de choses propres et belles », s'émerveille la Môme au sujet de sa complice en musique.

Guite est l'ange quand Édith, elle, se sent diable.

Ce 26 mars 1937, elle a le sentiment de chanter pour la première fois. De belle taille et fort prestigieux, l'ABC est l'écrin rêvé ; Damia, Mireille, Tino Rossi, Lucienne Boyer, Fréhel l'ont déjà marqué de leur talent. Au fil du spectacle se succéderont divers artistes, mais c'est sur les premières notes des *Mômes de la cloche*, la chanson d'Édith, qu'on va lever le rideau rouge…

D'un bout à l'autre de la semaine,
Sur les boulevards dans les faubourgs,
On les voit traîner par centaines
Leurs guêtres sales et leurs amours…

Dans sa petite robe noire qu'elle n'a pas quittée depuis que Coquatrix lui a recommandé de la porter, seulement agrémentée d'une petite collerette de dentelle blanche à laquelle elle renoncera bientôt, Édith chante les misères de la rue. Ses quatre chansons s'enlacent parfaitement, pittoresques et pathétiques, à l'image de la petite chanteuse de rue. La cinquième et dernière retentit, *Corrèque et Réguyer*, choisie pour sa drôlerie.

Finalement tu peux t'en aller,
Mais c'est ell' qui va dérouiller,
Corrèque et Réguyer.

Les derniers mots de la chanson rebondissent sous un tonnerre d'applaudissements. Personne n'est alors disposé à congédier la Môme. Le public lui réclame maintenant *Mon légionnaire*, qu'elle vient d'enregistrer. Un double triomphe pour Asso qui, en coulisse, recueille toute la satisfaction de Goldin. D'un signe de la main, le maître des lieux prie le machiniste de relever le rideau et elle reprend *Mon légionnaire*. Ce sont les vivats de la victoire qui raccompagnent l'artiste. Dans les bras de Raymond, qui trois mois plus tôt abritait son désarroi, Édith trouve à nouveau refuge. Ses rires sonnent clair tandis que des larmes roulent sur ses joues si pâles.

« Ma Didi, ma Didou, tu as gagné », murmure Asso.

Le lendemain, elle se lève tard, comme à son habitude, mais Raymond, lui, plongé dans la presse du matin, savoure leur succès partagé. De page en page, une litanie d'hommages… On loue sa science, sa force, sa sobriété. « Merveille d'acrobatie et de grâce », « La voix même de la révolte », « La troubleuse d'ondes ». « Elle chantait l'autre jour une chanson sur la douane […]. On avait l'impression de passer la frontière à la barbe des douaniers. Épatant », se réjouit Henri Jeanson, journaliste et dialoguiste de cinéma. « Sa voix monte, métallisée, dirait-on de fer-blanc, dans une cour d'immeuble imaginaire où travaille la chanteuse des rues… » écrit Maurice Verne.

Auréolée de son nouveau succès, Édith apparaît toute revigorée et prête à tenir tête au monde entier. Et à Asso plus qu'à quiconque ! Si elle lui doit en partie son triomphe à l'ABC, elle ne tolérera pas plus longtemps qu'il ne lui appartienne pas totalement. Le Pygmalion n'a en effet jamais coupé les ponts avec sa femme Madeleine. Le soir venu, son Cyrano s'en retourne du côté de son foyer et ne lui revient que le lendemain. Maintenant Édith menace de le quitter s'il continue de ménager la chèvre et le chou. Asso renonce enfin au confort matrimonial pour cette passion orageuse. Il ne pouvait en être autrement… Irrésistiblement attiré, captivé, comme envoûté par Édith, il n'aurait pu courir plus longtemps le risque de la perdre. « J'ai accouché d'elle, souffrances comprises. Elle était à la fois ma maîtresse et mon enfant », confiera-t-il au crépuscule de sa vie.

Ce qu'Édith vient d'imposer sur la scène de l'ABC ne demande plus qu'à grandir et à se fortifier. Dans les studios où elle multiplie les enregistrements de disques, dans les cabarets parisiens, dans les casinos d'Annecy, de Vals-les-Bains ou de Chamonix, elle donne de la voix sans plus penser à se disperser dans les bouges de Pigalle, sans s'accorder les moindres vacances. De ville en ville, lentement, assidûment, elle gagne un à un les lauriers de sa gloire. Les artistes des années 1930 ne peuvent pas compter sur une émission de télévision pour imposer leur talent. Il faut du temps, d'incessants voyages et un travail de fourmi pour faire son nid dans le cœur du public. Comme le forgeron, chaque matin, allume son feu et bat le fer, l'artiste doit d'escale en escale retrousser ses manches et convaincre comme au premier jour. C'est ce que fait Édith, avec application, sagesse et dévotion. La Môme a désormais renoncé aux emprunts à Fréhel, Tino ou Damia ; c'est un répertoire cousu main et sur mesure qu'elle présente chaque soir à son public. Elle est la voix d'Asso, elle ne chante plus que lui, il n'écrit que pour elle… *C'est toi le plus fort, Les marins ça fait des voyages, Mon amant de la Coloniale, Le Mauvais Matelot, Mon légionnaire, Le Fanion de la Légion*… Autant de titres écrits par Asso, qui semble avoir fait siennes la vie et les affections d'Édith. Des aventures de mauvais garçons à la peau brûlée par le soleil, des ribambelles d'irrésistibles matelots aux yeux plus bleus que la mer, des amours contrariées à vous fendre le cœur… Édith est comblée !

Forte du succès de son premier passage à l'ABC, elle retrouve cette même scène le 19 novembre.

« Vous entendez la voix d'une môme… Mais la Môme est morte… C'est Édith Piaf que vous allez entendre », récite cérémonieusement la présentatrice du spectacle.

C'est Mme Breton, la femme de l'éditeur de musique Raoul Breton, répondant aussi au tendre sobriquet de la Marquise, qui a eu l'idée de donner du galon à Édith en la soulageant d'une partie de son pseudonyme. Son prénom de naissance flanqué du patronyme imaginé par Leplée, la chanteuse entre dans la cour des grands. Débarrassée de son identité d'artiste errante, Édith se voit enfin légitimée. « La Môme Piaf est morte. Vive Édith Piaf ! » écrit-on dans la presse comme on parlerait d'une reine. « Mademoiselle Piaf, ardente, indisciplinée, semble dressée sur une barricade d'où elle invective contre les injustes forces sociales. Elle est tour à tour la pauvresse rudoyée, la pierreuse en révolte, la môme convulsive qui ensanglante de ses ongles la poigne des agents… » lit-on encore. Édith Piaf, porte-parole du peuple, missionnaire des traîne-savates, pasionaria inspirée.

Cinq mois se passent et elle a de nouveau rendez-vous avec l'ABC. Pour ce troisième passage, qui débute le 15 avril 1938, elle est cette fois la vedette américaine de Charles Trenet, cette star incontestée dont chaque spectacle se joue à guichets fermés. Les trente minutes qui sont accordées à Édith pour ce récital ne contentent pas le public. Des centaines de pieds se déchaînent sur le sol de la salle, on applaudit à tout rompre. Les rappels se succèdent et elle doit se soumettre à l'appel du public. À la dernière note, la lumière blanche du projecteur semble s'évanouir sur elle juste avant que tombe le rideau de velours rouge. En coulisse Édith exulte. Asso recueille le petit corps tremblant de bonheur de sa chanteuse. Il vivra bientôt ses dernières victoires.

Le rythme de travail d'Édith ne cesse de s'accélérer. Comme l'avion qui s'élance dans le ciel, elle ne peut plus couper les gaz, il lui faut prendre de la vitesse et monter plus haut. À l'affiche dans deux ou trois établissements au cours de la même journée, elle chante en matinée et en soirée, jongle avec les répétitions, saute dans un taxi pour enregistrer une émission de radio, rejoint Marguerite le temps d'affiner une mélodie, Asso pour la lecture d'un nouveau texte.

Enfin, le 14 juillet 1938 voit s'interrompre le rythme frénétique des voyages et galas en province, tout au moins pour une quinzaine de jours. Dans le parc de la préfecture de Tulle, Édith interprète pour la première fois *Le Grand Voyage du pauvre nègre* de Raymond Asso. Le gala achevé, tous deux prennent le chemin de Chenevelles, dans la Vienne. Le nouvel accompagnateur d'Édith, Max d'Yresnes, les accueille en effet au château Lafont, sa propriété familiale convertie en luxueuse pension de famille. Les heures de farniente ne sont guère nombreuses. Asso parle à Édith de ses prochains rendez-vous avec le public, Genève début août, puis le casino de Deauville, Ostende, Bruxelles. Alors elle travaille avec Max d'Yresnes, elle veut qu'il lui enseigne les rudiments du solfège.

Avec gourmandise, elle s'empare des nouvelles chansons d'Asso. Son intuition et son savoir-faire se bonifient, elle trouve seule les intonations justes et les gestes les plus pertinents. Elle a même un avis sur les éclairages, sur son entrée en scène. Fini le temps du projecteur blanc qui aveugle ; Édith a droit désormais à des bouquets de bleus ou de rouges. Des lumières douces qui la caressent au lieu de l'écraser. Elle a également tout compris de l'art savant du lever et du baisser de rideau. Le baisser régulièrement, rien de tel pour faire rebondir l'intensité dramatique. Le public, craignant que ce ne soit la fin du spectacle, se déchaîne. Il te réclame, alors tu te fais désirer et tu reviens, répète Édith. S'il ne réagit pas et commence à se lever sans demander son reste, c'est mauvais signe, il faut alors relever le rideau aussi vite qu'on l'a baissé. Ces stratagèmes qui créent la magie du spectacle et tiennent en haleine les spectateurs amusent follement Édith. C'est comme un jeu, celui du désir et de la séduction. Elle aime voir le lourd rideau de velours se froncer et enfin se relever, hissé par les bras puissants du machiniste. Elle aime sentir la caresse de l'air sur son visage et ses jambes quand le rideau s'abaisse de nouveau. Elle a appris à regarder le public, à plonger ses grands yeux dans ceux des spectateurs, faisant croire à chacun qu'elle l'a bien vu.

Avec la même fougue, le même désir d'apprendre et de donner, Édith reprend la route jusqu'aux premiers jours de septembre. Après avoir exploré le nord de la France et s'être produite en Belgique, elle s'apprête à rejoindre Paris puis Marseille et même l'Afrique du Nord. Pourtant, une grande fatigue vient freiner son élan. De constitution fragile, elle doit apprendre à composer avec sa fatigue. Solide comme un roc, puissante et résistante à la scène, Mlle Gassion est à la ville beaucoup plus frêle et délicate. Il lui faut beaucoup dormir et prendre le temps de vivre, celui de l'oisiveté, comme jadis à l'époque de la rue. Le tourbillon qui l'avale désormais tout entière va à l'encontre de sa nature et de son rythme naturel, Asso l'a bien compris. Aussi l'astreint-il de nouveau à une bonne cure de repos au château Lafont, ce qui n'est pas vraiment pour enchanter Édith. La verdure et le silence de son parc ne font que lui donner le bourdon. Et d'ailleurs, elle a toujours eu la campagne en horreur. Elle s'y ennuie à cent sous de l'heure. Comme picotée par ses démons, elle se remet à penser à Momone qui, écartée par Asso, a fini par se marier et retrouver les ateliers de l'usine. Elle pleure Paname qui lui semble si loin, ses flonflons et sa rumeur sourde.

Pour vaincre l'ennui de cette villégiature, Édith s'attelle à son tricot chaque après-midi. Elle s'installe près de la maman de Max et des heures durant elles bavardent toutes les deux. Plus tard, remontée dans sa chambre, elle écrit à Raymond resté à Paris. Elle lui fait part de son vague à l'âme, du silence qui l'oppresse plus qu'il ne l'apaise. Elle lui parle de la guerre qui frappe aux portes de l'Europe. L'Allemagne s'apprête à annexer la Tchécoslovaquie... Édith, bien peu instruite des finesses de la chose publique et encore moins des arcanes de la stratégie internationale, s'inquiète surtout de son propre sort. Une réaction simple et saine, celle des petites gens. « Si jamais ça tournait mal, pas un sou, personne chez qui aller, je serais dans de sales draps », écrit-elle à son compagnon. Alors que la voix de la radio relate les fureurs allemandes, elle ne peut que craindre de nouvelles errances, la misère et la violence une fois encore. À l'église, elle prie Dieu pour qu'il empêche la guerre de se propager. Quand septembre s'achève, Piaf a retrouvé Paris, et Daladier, le président du Conseil, rentre de Munich où l'on vient de signer une prétendue paix. Le tressaillement qui a parcouru la France est maintenant oublié, croit-on...

La Tchécoslovaquie, c'est bien loin de Paris, et Édith n'écoute guère la radio. La guerre lui est sortie de la tête, elle a bien trop à faire. En studio, elle grave de nouveaux titres : *C'est lui que mon cœur a choisi, Le Mauvais Matelot* et *Madeleine avait du cœur*. Côté scène, elle triomphe en vedette à l'Européen puis à Bobino. Dans le même temps, une femme est entrée dans sa vie, une certaine Suzanne Flon, qu'Asso vient d'embaucher pour assurer l'intendance et le secrétariat de la nouvelle vedette. Asso l'a rencontrée au Printemps, le célèbre magasin, où elle officiait en tant qu'interprète. La demoiselle doit enseigner quelques notions d'anglais à Édith et veiller sur elle, mais à mots couverts Asso lui fait comprendre qu'elle doit surtout la surveiller et l'empêcher de donner libre cours à ses frasques. Du même âge, les deux jeunes filles ne tardent pas à devenir amies et à partager les rires plus sûrement que le travail. Quand Édith sent lui venir à l'esprit des chapelets de mots pour une chanson, elle appelle Suzanne à sa rescousse, et celle-ci s'empresse de les transcrire. Un jour, elle décide d'écrire un roman, l'histoire d'une petite employée. Suzanne prend en note les idées d'Édith et dactylographie ensuite à la vitesse d'un escargot. Elle tape seulement avec deux doigts, ce qui amuse beaucoup la patronne, qui n'est absolument pas dupe de la véritable fonction qu'Asso a attribuée à Suzanne. Édith s'en moque, du moment qu'elles rigolent bien toutes les deux…

Raymond si attentif et amoureux, Raymond l'artisan méthodique de cette route pavée d'or qui la porte enfin au succès, Raymond a inscrit son nom de vedette au fronton des théâtres de Paris. Édith sait tout ce qu'elle lui doit mais elle n'est plus amoureuse de lui. Pour vivre, pour chanter, elle doit sentir sa poitrine battre au diapason d'un amour. Aujourd'hui, en elle, tout est silence. Elle n'entend plus le tumulte de ses sens, l'appel du désir. La promesse du grand amour est muette, il lui faut aimer ailleurs et autrement pour revivre. Mais comment ne pas blesser celui qui a déposé à ses pieds toutes ses armes ? ses si belles chansons qui chaque soir lui permettent d'exister à l'heure du rendez-vous avec le public ? Édith a honte de vouloir détruire autour d'elle ce qu'il y a de plus beau, de plus solide et de plus sincère. Elle voudrait résister à cet appel et se soumettre, mais elle est déjà loin, en quête d'un amour qui saurait combler son aspiration, d'une admiration qui la conduirait à se dépasser, d'un frisson qui la rendrait à la vie.

Ce 1er septembre 1939, à quatre heures quarante-cinq du matin, les troupes allemandes violent la frontière polonaise. Le 2 septembre, sous les ors de la République, les Chambres votent les crédits militaires tandis que dans la rue les vendeurs à la criée brandissent inlassablement leurs journaux. En grosses lettres noires, les mots MOBILISATION GÉNÉRALE s'étalent laconiquement à la une. Le 3 septembre, les ultimatums français et britannique présentés à Berlin sont rejetés. La France et la Grande-Bretagne déclarent la guerre à l'Allemagne. Les roulements de tambours résonnent sous le ciel de France, les clochers se déchaînent à leur tour. Édith n'aura pas à quitter Asso, il s'en va de lui-même. Contraint, sommé par la mère patrie, il part pour Digne. Édith l'accompagne à la gare. Asso croit encore qu'à son retour elle sera là à l'attendre. Édith, elle, sait que l'Histoire est en train de décider pour elle et que leurs routes viennent de se séparer.

7

Le bel indifférent

Un magnifique gigolo au bord de ne plus l'être.

Jean COCTEAU.

En ces premiers jours de septembre 1939, Deauville ne s'endort pas paisiblement comme au crépuscule de chaque été. La guerre déclarée, la station de mer se claquemure subitement. Les chaises longues à toile rayée retrouvent à vive allure leurs cabanes de plage, les derniers estivants alanguis il y a encore quelques jours ne pensent plus qu'à retourner chez eux, dans les villes. Le 3 septembre, jour fatidique de la déclaration de guerre, Édith donne son ultime concert au casino de Deauville. Demain elle sera à Paris...

La capitale a elle aussi perdu de son allant. Parce qu'on ne pense plus guère à chanter, les cabarets se sont vidés net à l'annonce du conflit. Pendant près d'un mois, leurs portes resteront closes. N'ayant pas mis le moindre sou de côté, Édith guette la réouverture de quelque music-hall susceptible de l'accueillir. Le 30 septembre, enfin, elle est à l'affiche d'un cabaret, le Night-Club, et début octobre sur les planches de l'Européen. Non loin de Paris, sur le front, plus de dix mille soldats ont déjà trouvé la mort. Édith chante à pleine voix pour faire oublier l'horreur, pour couvrir le fracas des bombes. Ray Ventura et ses collégiens fredonnent avec succès *On ira pendre notre linge sur la ligne Siegfried*. Charles Trenet, lui, bat tous les records de ventes de disques avec *Le soleil a rendez-vous avec la lune*. Une touche de poésie caresse un monde en souffrance.

Au Night-Club, où sous un ciel de voiles de soie coulent à flots champagne et whisky, où se pavanent, belles et riches, des femmes enveloppées dans de précieuses fourrures, Piaf chante ses rengaines nourries de tourmentes et de vagabondages. Guerre ou pas guerre, le public en redemande. Un soir, un artiste qui se produit non loin de là, à l'Amiral, est venu écouter Édith. Dans la plupart des cabarets, un garçon se faufile toujours entre les tables pour remplir les coupes de champagne, et un bruit de fond se fait toujours entendre. Ici, au contraire, Paul Meurisse est saisi par l'intensité du silence et par la force avec laquelle la voix de Piaf captive ses auditeurs. C'est un bel homme élégant à la silhouette longue et fine, et sa manière de tenir son verre d'armagnac est digne d'un vrai gentleman. Quand Édith achève son récital, il la félicite, lui dit combien elle est merveilleuse. Il lui offre un verre et elle est sensible à son charme, à ses façons de grand seigneur.

Le lendemain, puis les jours suivants, ils prennent l'habitude de se retrouver, au Night-Club, à l'Amiral, où chaque soir il entonne sans trop de talent quelques chansons somme toute assez niaises, ou encore à la Caravelle, un bar à mi-chemin. Aucun homme auparavant n'avait aidé Édith à enfiler son manteau, ne lui avait ouvert une porte en s'effaçant devant elle pour la laisser passer. Meurisse parle sans jamais hausser le ton et n'use que de jolis mots. Rasé de près, il sent l'eau de toilette, la lavande et le cuir fin. Elle qui s'est si souvent entourée d'hommes forts et virils, volontiers mal élevés, voire carrément goujats, est bouleversée par ce galant-là. Sa curiosité attisée par tant de nouveauté et de différence l'amène bientôt à ne plus penser qu'à lui. Devant ce fils de directeur de banque, qui se serait retrouvé notaire si un beau jour ne lui avait pris la fantaisie de jouer les chanteurs, Édith se pavane et parade, offerte au grand amour.

Lorsque Paul l'invite à se joindre à lui et à quelques-uns de ses amis en sa garçonnière de la rue de Douai, elle ne se fait pas prier. Hormis quelques bouteilles de champagne tenues au frais dans l'éventualité d'un rendez-vous galant, rien à manger chez le célibataire mondain. Affamée, Édith n'hésite pas, d'un coup de fil, à tirer de son sommeil le patron de son hôtel afin qu'il lui apporte quelques vivres. Tout ce dont elle raffole : du saucisson, du fromage et du pain. Quand vient l'heure de prendre congé, Meurisse propose de déposer ses convives à leur domicile en voiture. Édith l'accompagne tout au long de ce périple, elle qui habite pourtant à quelques pas de la rue de Douai. Ils ne sont plus que tous les deux dans la voiture lorsque, aux abords de l'hôtel Alsina où réside Édith, Paul lui propose de monter chez lui pour finir la bouteille de champagne.

« Pourquoi ne resteriez-vous pas ici ? ose-t-il, avant d'ajouter : Rien ne m'énerve autant chez les femmes que leur manie d'attendre trois jours, un mois ou plus, avant de céder. Pourquoi faire tant de manières, puisque, de toute façon, nous nous plaisons ? »

Une présomption qui est loin de rebuter Édith. « Désarmée, convaincue, éblouie, j'ai dit oui », relatera-t-elle.

Mais s'éterniser au domicile de l'amoureux du moment, ce n'est pas son style. Elle convainc plutôt Meurisse d'élire résidence à l'Alsina, l'hôtel de l'avenue Jugnot où elle a toutes ses habitudes et son petit monde. D'abord Chang, son cuisinier chinois, qui au lieu de lui mitonner du canard laqué et du riz cantonais exécute chaque jour le plat de prédilection de sa patronne, un steak-frites, qu'il cuit sur un réchaud de fortune installé en équilibre sur une planche au-dessus de la baignoire de la salle de bains. Il y a aussi Andrée Bigard, la nouvelle secrétaire choisie par Asso après que Suzanne Flon a décidé de devenir comédienne. Sa mission tient plutôt de celle d'une bonne à tout faire ! Elle organise les journées d'Édith, plus exactement ses après-midi et ses soirées, étant donné que la chanteuse dort toute la matinée ; elle fait les courses, lit la presse et collecte les articles consacrés à Piaf, et surtout elle ne cesse de ranger le capharnaüm qui règne dans la chambre.

C'est dans ce logis fort encombré et dépourvu de confort, entre l'agitation d'Andrée Bigard et les petits pas du brave Chang, que débarque Paul Meurisse, habitué, lui, à l'ordre d'un appartement petit-bourgeois coquet et fonctionnel. Pour Édith, habituée aux bouges et aux petites chambres de fortune depuis son enfance, cet hôtel Alsina est pourtant on ne peut plus satisfaisant. Les réticences de Paul Meurisse à la vue de sa nouvelle résidence la mettraient en colère si elle n'était pas aussi amoureuse. Pourtant, éblouie par son homme, elle ne tique pas lorsqu'il lui annonce qu'il vient de louer pour eux deux un bel appartement meublé près de l'Étoile, au 10 *bis*, rue Anatole-de-la-Forge, bien loin de Montmartre et de Pigalle.

Avant que l'appartement n'accueille le couple et les mille et un désordres de la chanteuse, Meurisse doit prendre son mal en patience et loger avec Édith dans cet hôtel Alsina auquel elle semble très attachée. Le nouvel amoureux vient d'élire domicile dans la chambre de sa dulcinée quand on frappe à la porte. À la question « Qui est-ce ? » formulée avec agacement par Édith, un homme répond avec entrain : « C'est moi ! » Lui, c'est bien sûr Asso, l'amoureux en titre – puisqu'il n'a à ce jour pas été officiellement congédié. Voilà qu'une permission le rend à sa compagne. Sans avoir le temps de broncher, Paul est expédié dans la pièce voisine tandis que Piaf ouvre sa porte à Asso en l'abreuvant d'insultes. Avec sa mauvaise foi la plus rageuse, elle lui demande de quel droit il se pointe chez elle sans prévenir. Prié de déguerpir, l'homme du passé, humilié et bafoué, doit s'en retourner sans mot dire.

Le soir de cette scène, digne d'une pièce de boulevard, qui a rendu sa liberté à Édith et en même temps validé sa nouvelle idylle, Asso tombe sur Meurisse au bar de l'Amiral. L'amant délaissé demande à son successeur une cigarette :

« Vous fumez des Lucky Strike, je crois ? ajoute-t-il.
— Comment le savez-vous ? rétorque aussi sec Paul Meurisse, surpris.
— Je le sais depuis ce matin », réplique Raymond.
Ce seront les derniers mots d'un homme éconduit qui prend dignement congé de la femme qu'il aime et de son rival.

Paul ouvre la porte de leur nouvel appartement. À pas feutrés, presque timides, Édith le suit. Elle n'en croit pas ses yeux : son premier appartement ! Pourtant ce ne sont pas les deux chambres de belle taille, le salon lumineux, la salle à manger, les deux salles de bains rutilantes qui l'épatent, ni même les beaux vases dans lesquels Paul a pris soin de disposer de grands bouquets de fleurs. Elle ne voit que le piano à queue. L'instrument sera désormais le cœur battant de l'appartement. Elle ne parle plus que de lui, le scrute attentivement. Sur son clavier naîtront des chansons, grâce à lui on passera du bon temps, se réjouit-elle.

Mais si l'écrin est aussi paisible que de bon goût, la cohabitation des deux amants ne tarde pas à s'avérer houleuse. Les belles manières de Paul qui avaient tant charmé Édith finissent par l'exaspérer au plus haut point. Ce flegme si séduisant de prime abord la pousse désormais à la révolte et à la provocation. Que ne ferait-elle pas pour qu'il s'en départe ne serait-ce qu'une fois ! Mais de combien d'insultes devra-t-elle le couvrir pour que son galant se rebelle enfin ? Elle le traite de con et de pisse-froid, elle lui reproche de sentir le chrysanthème tant elle le trouve triste, en public elle se moque de ses pyjamas de soie et de ses airs distingués, mais rien n'y fait. Las de ses mauvaises manières, Meurisse la prie de se tenir droite à table, de se servir de ses couverts avec plus de grâce, de ne pas parler la bouche pleine, de faire l'économie de tel ou tel juron, mais sans colère aucune, sans jamais sortir de ses gonds. Il reste impassible face à l'affront, désespérement poli. Édith ne manque pourtant pas de se déchaîner. « C'est moi qui me retrouvais échevelée, l'air idiot. Il ne bronchait pas. À la longue, je trouvais qu'il me narguait. Je m'approchais de lui à petits pas silencieux, sans qu'il s'en aperçoive, et je poussais soudain de longs cris stridents dans ses oreilles. Mais il ne sursautait même pas. Alors je cassais tout. Je lançais des verres sur le mur, juste au-dessus de sa tête… Je hurlais, je trépignais, je pleurais, je l'insultais », racontera Édith.

Un jour de colère, Meurisse, toujours placide, assistant d'un œil presque distrait aux destructions d'Édith, finit par fermer les yeux et par poser sur son visage un journal en la priant tout de même de ne pas casser le poste de radio. La tentation est trop belle : Édith s'empare bien entendu de l'appareil, le jette à terre et le piétine de toutes ses forces. Paul se lève, s'approche et ouvre enfin la bouche :

« Ce n'est pas bien ce que tu viens de faire. »

Et il lui colle finalement une franche gifle avant de retourner se coucher. Mais le coup de sang n'a duré qu'un instant. Lasse de se démener sans récolter les fruits de sa fureur, elle lui jure que tout est fini entre eux.

Attrapant son manteau et son sac, elle claque la porte et court rejoindre son copain Tino Rossi. Tout au long de leur dîner au Fouquet's, Édith n'a que Paul à la bouche. Elle confesse à Tino la force de son amour tout en rabâchant qu'elle ne peut plus le supporter. Soucieux de rabibocher ce couple qui à l'évidence s'aime profondément, Tino s'éclipse un instant et téléphone à Meurisse, le priant de les rejoindre dans un bar où ils doivent aller terminer la soirée autour d'un verre.

Prêt à passer une fois encore l'éponge sur les outrances d'Édith, Paul arrive au Dinarzade, le lieu de rendez-vous fixé par Tino, subtil entremetteur du couple en péril. Mais l'amoureuse transie qui pleurnichait il n'y a pas deux minutes se transforme en harpie. Furieuse de découvrir Meurisse face à elle et peu soucieuse du public interloqué par la scène, elle menace de lui briser une bouteille de champagne sur le crâne. En silence, Meurisse prend la tangente, impassible comme à l'accoutumée. Mais, pour une fois, il a seulement feint de désarmer devant sa furie de compagne. En effet, lorsque Édith sort du bar il l'attend posté près d'un fiacre, fermement décidé à la faire monter à l'intérieur. Édith résiste jusqu'à ce qu'il l'empoigne et la jette sur la banquette. Elle appelle au secours, crie qu'on l'enlève. Lorsque le fiacre s'arrête devant leur domicile, Meurisse doit de nouveau maîtriser Édith – laquelle, toujours ivre de colère et de révolte, se débat avec force. L'ascension jusqu'à l'appartement n'est pas moins épique... Hurlements, coups de pied, insultes... Épuisé, triste, assis sur le bras d'un fauteuil, Paul semble d'un coup avoir déposé les armes.

« Je n'en peux plus. Arrête ! Je t'en supplie, reste », murmure-t-il à une Édith encore bondissante qui s'apprête à claquer la porte de l'appartement où il est péniblement parvenu à l'enfermer.

« J'étais chavirée, je suis restée », avouera-t-elle.

Dans le conflit permanent, le déploiement des armes et de la force, dans le tumulte des injures et des cris, Édith construit son amour. Pour la jeune artiste de vingt-cinq ans, l'amour est une chanson avec sa mélodie du bonheur, ses roucoulades de plaisir, ses coups au cœur et ses cris. Pour elle, pas d'amour sans passion, sans démesure. Aimer sans larmes, ce serait mourir le cœur sec. Aimer sans éclats de voix, ce serait vivre en silence. Elle déteste le silence – comme elle déteste la vie solitaire, la campagne, les nuits passées à dormir... Quand elle aime, le monde entier en est avisé. Sa vie en est changée, elle vibre au diapason de l'autre et se nourrit de lui. Pour être plus proche de Paul et chanter chaque soir à ses côtés à l'Amiral, elle va même jusqu'à résilier son contrat au Night-Club. Une catastrophe pour le directeur de ce cabaret, que le seul nom de Piaf suffisait à remplir ! Mais ce qu'Édith donne à son amoureux est à la hauteur de ce qu'elle exige de lui. Il lui appartient et, jalouse comme une tigresse, elle veille au grain, prête à mordre si l'on s'approche un peu trop de son homme. Ainsi, un soir, Paul offre une coupe de champagne à une fille esseulée et visiblement désespérée pendant qu'Édith fait son tour de chant. Toujours aussi bien élevé, il lui présente ensuite la demoiselle avec qui il a engagé la conversation. Le malheureux n'a pas le temps de finir sa phrase qu'Édith le coupe sèchement :

« Si cette pute poussait un peu ses fesses, je pourrais boire un verre moi aussi. »

Le garçon bien élevé commence décidément à perdre sa légendaire réserve. Il attrape Édith, la pousse dans sa voiture et prend le chemin de l'appartement. Les cris fusent, agrémentés d'insultes fleuries dont Meurisse ignorait jusqu'alors l'existence. Dans l'appartement, Édith, de son gosier d'acier, continue de fulminer avec hargne. Impuissant, contraint d'en venir aux moyens si souvent déployés par sa compagne, il ouvre les battants du buffet de la salle à manger, s'empare de la soupière et la lui jette aux pieds de toutes ses forces. La riposte ne se fait pas attendre. Édith, comme aliénée, saisit une à une les pièces de vaisselle du buffet et les décoche comme autant de flèches empoisonnées sur le pauvre Meurisse qui, à chaque lancer, doit se baisser pour ne pas recevoir le projectile en pleine face.

Le buffet vide, un tapis de débris sur le sol, Meurisse peut enfin s'approcher d'Édith sans craindre pour sa vie. Plus serein qu'un ciel d'été après l'orage, il lui colle alors une gifle de premier ordre. « Elle avait gagné. Décidément, quand elle voulait quelque chose, elle l'avait... Elle était aux anges », écrira-t-il dans ses

Mémoires. L'armistice signé, le couple sort tout naturellement souper... Mais le lendemain le combat reprend de plus belle. Pour susciter la jalousie de Paul et par là même se sentir aimée et désirée, que n'inventerait-elle pas ? Des rendez-vous avec des hommes qui n'existent qu'en rêve, d'autres avec des copains dans des bars louches aux vitrines opaques. Pour Édith, c'est le jeu de l'amour. Elle ne jubile jamais autant qu'à la vue de la silhouette de son homme qui, enfin jaloux, la piste au fil de ces escapades. Quand tombe la trempe, elle lui dit que c'était pour s'amuser. « Quelle peste j'étais ! » avouera-t-elle en revisitant ses souvenirs.

« Dans le temps, au début, j'étais jalouse de ton sommeil. Je me demandais : Où va-t-il quand il dort ? Que voit-il ? Tu souriais, tu te détendais, et je me mettais à haïr les personnages de tes rêves... » Jean Cocteau fait la lecture à Édith. C'est pour elle qu'il a écrit toutes ces pages qui dansent dans ses mains. Édith lui a raconté son amour, Paul, sa rage de l'aimer et de le posséder, ses colères titanesques et ses craintes, immenses, à la seule pensée de le voir un jour s'éloigner. Cocteau a écrit cet amour, il a posé des mots sur les élans de la chanteuse, s'est inspiré de sa gouaille, de son passé de gamine sans amour...

« Mais c'est moi, c'est mon histoire, ce truc-là ! » s'écrie Édith.

Le poète poursuit son récit, il plante un décor : une petite chambre de bonne que les lumières de la rue réchauffent, des affiches de music-hall sur les murs, un gramophone. Il décrit un homme, « un magnifique gigolo au bord de ne plus l'être », c'est Paul. Ces répliques, ce décor, c'est une pièce de théâtre que Cocteau, mêlant fiction et réalité, a imaginée pour le couple infernal. Édith et Paul se donneront la réplique sur les planches...

Édith n'est pas comédienne mais elle ne peut que faire confiance à son ami Cocteau. Elle s'appelait encore la Môme Piaf que le poète était déjà touché par son art. Au temps du Gerny's de Louis Leplée, il a découvert une môme encore maladroite et déjà bouleversante, pétrie de misère et de souffrance ; puis, à l'ABC, il a assisté à l'éclosion d'une chanteuse à qui l'on offrait des mots et des rubans de notes écrits rien que pour elle ; il l'a vue ensuite à Bobino, au Night-Club ; aujourd'hui à l'Amiral près de Meurisse, son homme. Cocteau est l'homme de tous les raffinements, un pur esprit doué de raison, une âme fine et cultivée ; elle est une fleur de pavé, une fille de la rue et de ses sourdes rumeurs, une interprète des vies ordinaires, une rebelle intuitive et sanguine, coléreuse et souvent irréfléchie. Tout semble les séparer, et pourtant ces deux-là s'aiment d'un amour profond. Sans doute tous deux éclairent-ils le monde de la lumière de leur génie, sans doute l'émeuvent-ils de toute la force de leur être.

Combien de fois, dans la presse, Cocteau s'est-il émerveillé des prouesses d'Édith ! « Regardez, écrit-il, cette étonnante petite personne dont les mains sont celles du lézard des ruines. Regardez son front de Bonaparte, ses yeux d'aveugle qui vient de retrouver la vue. Comment chantera-t-elle ? Comment sourira-t-elle ? Comment sortira-t-elle de sa poitrine étroite les grandes plaintes de la nuit ? Et voilà qu'elle chante ou plutôt qu'à la mode du rossignol d'avril elle essaie son chant d'amour. Avez-vous entendu le rossignol ? Il peine. Il hésite. Il racle. Il s'étrangle. Il s'élance. Il retombe. Et soudain, il trouve, il vocalise, il bouleverse. Très vite, Édith Piaf, qui se tâte et tâte son public, a trouvé son chant. Et voilà qu'une voix qui sort de ses entrailles, une voix qui l'habite des pieds à la tête, déroule une haute vague de velours noir. Cette vague chaude nous submerge, nous traverse, pénètre en nous. Le tour est joué. Édith Piaf, comme le rossignol invisible, installé sur sa branche, va devenir elle-même invisible. Il ne restera plus d'elle que son regard, ses mains pâles, ce front de cire qui accroche la lumière, et cette voix qui gonfle, qui monte, qui monte, qui, pas à pas, se substitue à elle et qui, grandissant comme son ombre, sur un mur, remplacera glorieusement cette petite fille timide. De cette minute, le génie de Mme Édith Piaf devient visible et chacun le constate. Elle se dépasse, elle dépasse ses chansons, elle en dépasse la musique et les paroles, elle nous dépasse. L'âme de la rue pénètre dans toutes les chambres de la ville. Ce n'est plus Mme Édith Piaf qui chante, c'est la pluie qui tombe, c'est le vent qui se plaint, c'est le clair de lune qui met sa nappe. "La bouche d'ombre." Le terme a l'air parfois d'avoir été inventé pour elle. Je cède la place à cette belle bouche oraculeuse, à cette terrible petite somnambule qui chante des rêves en l'air, au bord des toits. »

À l'heure de ces mots, la rencontre les yeux dans les yeux n'a pourtant pas encore eu lieu entre la chanteuse et le poète. Il faut attendre le 14 février 1940. Une inoubliable Saint-Valentin de l'amitié. L'éditeur de musique Raoul Breton et son épouse, la Marquise, organisent un dîner ; sont conviés Édith, Paul et Jean Cocteau. Entre la chanteuse et le poète, c'est le coup de foudre. Le jeu des regards, une connivence innée, un tutoiement naturel. Édith savoure les jolis mots et les belles manières du poète, Cocteau lui souffle qu'elle vient du plus grand des théâtres, celui de la rue et de la vie. Du coin de l'œil il admire sa bouche qui eût été décidément bien trop grande si elle n'avait eu pour dessein de chanter, il contemple sa très jolie peau blanche et fine, s'amuse de son petit corps parfois replié, parfois sautillant, de ses yeux bleu-violet immenses qui dansent autour de la table, comme occupés à tout observer. Ils se reverront, c'est certain, ils ont trop à se dire, tant à se donner. Quelques jours plus tard, au 36, rue de Montpensier, chez Cocteau, ils se retrouvent et se racontent. Puis, les jours suivants, dans le bel appartement ou dans la cave où l'on prend refuge quand le tonnerre de bombes retentit. C'est au fil des causeries que les orageuses amours d'Édith et Paul sont couchées sur le papier, bercées par la plume du magicien Cocteau... *Le Bel Indifférent* est né.

Meurisse n'a pas vraiment son mot à dire, Édith, guidée par Cocteau, l'embarque dans cette aventure théâtrale. Dans un mois, le 20 avril exactement, Édith et lui se donneront la réplique sur les planches du théâtre des Bouffes-Parisiens en deuxième partie de soirée, après la représentation d'une autre pièce de Cocteau, *Les Monstres sacrés*. D'ailleurs, Meurisse fait confiance à Édith depuis qu'elle a littéralement sauvé son tour de chant.

« Ton tour de chant, c'est de la merde ! » lui avait-elle lancé avant de le réorganiser de A à Z.

L'ordre des chansons, la gestuelle, les orchestrations... Tout y était passé, jusqu'à obtenir un résultat fort satisfaisant dans le genre chanteur fantaisiste. Édith estime toutefois que Paul n'a pas grand-chose à espérer dans la chanson, elle le persuade de faire l'acteur. Sans broncher, il s'exécute et s'attelle aux répétitions du *Bel Indifférent*. De son côté, Édith n'est pas à prendre avec des pincettes. Avec un regard sans merci sur ce qu'elle tente d'accomplir, elle assure qu'elle n'y parviendra jamais. Encouragée avec tendresse par Cocteau et nourrie de son quotidien avec Paul, elle parvient pourtant à donner vie à son personnage.

Enfin prêts pour le grand jour de la première, les deux partenaires à la ville comme à la scène doivent faire face à un nouveau pépin. Entre les mots du poète et les velours rouge sang des Bouffes-Parisiens, ils en auraient presque oublié les fureurs de la guerre, mais un ordre de mobilisation vient les arracher à leur théâtre. Paul doit rejoindre son régiment à Agen. Pas question de lâcher prise : Édith prend la plume et prie le ministre de la Guerre d'octroyer un délai à son compagnon. Un sursis de dix jours lui est finalement accordé ; au-delà, c'est Jean Marconi qui assurera les représentations. Un immense succès couronne le courage d'Édith : son talent de comédienne se voit loué par les critiques et par un public toujours plus nombreux. « Piaf a joué le rôle de la chanteuse jalouse avec une intensité dramatique, un naturel, une force qui clouèrent d'ahurissement les spectateurs », lit-on dans les gazettes. Mais Édith n'a pas le cœur à savourer sa gloire, elle pense à Paul, loin d'elle, au service de la guerre…

À quatre jours de la dernière représentation du *Bel Indifférent*, l'étau se resserre. Le front des Ardennes a cédé, la Belgique et les Pays-Bas sont envahis. Édith chante. À Bobino, à Marseille. Le 12 juin de cette année 1940, elle doit regagner Paris quand Paul lui fait part de sa probable démobilisation. D'Agen il est passé à Toulouse, c'est dans la Ville rose qu'ils se retrouveront. Le 14 juin à Paris, les bottes allemandes frappent le bitume des Champs-Élysées. Le 22, à Rethondes, on signe l'armistice et la France se retrouve démembrée. Zone occupée au nord, zone libre au sud. Dans un premier temps, il n'est pas question pour le couple de regagner Paname.

À Toulouse, Édith retrouve Jacques Canetti que l'exode a mené lui aussi dans le Sud. Sans le sou, elle peut compter sur lui pour la faire chanter. Un cinéma à Perpignan, un autre à Toulouse, un autre encore à Montpellier, le casino de Toulon, un cinéma de plus à Nîmes puis un autre à Béziers, le Kursaal de Narbonne et enfin le cinéma Splendid de Brive à la mi-septembre. Le couple cachetonne pour survivre mais Édith n'a plus la force d'errer loin de sa ville, loin de Paris. Elle convainc Paul de regagner la capitale. Leurs laissez-passer obtenus à Brive, ils franchissent la ligne de démarcation à Vierzon dans la nuit du 16 au 17 septembre 1940. Meurtri, gris et silencieux,

Paris n'est plus Paris. Meurtrie, grise et silencieuse, Édith n'est plus Édith. Que sont donc devenues les rues de sa jeunesse ? Mais sous quel autre ciel que celui de Paris Piaf pourrait-elle encore chanter ?

8

Des années de guerre

Où sont-ils tous mes copains
Qui sont partis un matin
Faire la guerre ?
Où sont-ils tous mes p'tits gars
Qui chantaient : « On en r'viendra,
Faut pas s'en faire » ?
Les tambours et les clairons
Accompagnaient leur chanson
Dans l'aube claire.
Où sont-ils tous mes copains
Qui sont partis un matin
Faire la guerre ?

Où sont-ils tous mes copains ?
(paroles de É. PIAF, musique
de M. MONNOT, 1941).

Les bottes allemandes martèlent le sol de Paname, ce Paris hier encore fébrile, vibrant et passionné dont Édith avait fait le théâtre de sa liberté. Sur les façades des bâtiments publics s'étalent des mots qu'elle ne comprend pas, des mots aussi longs que ces jours sans pain. Le drapeau rouge et noir de l'envahisseur danse dans un ciel qui ne lui appartient pas. Des rideaux de fer ont condamné au silence un grand nombre de boutiques, des étoiles jaunes marquent la poitrine des enfants d'Israël, des files d'attente s'allongent devant les vitrines vides. Des voisins, et même des parents, s'espionnent et se dénoncent. La trahison et la honte font loi, les cœurs se fissurent et les âmes se perdent pour un peu de viande ou de beurre. Toute joie est suspecte, le sourire est proscrit, on baisse les yeux. Édith enrage mais elle est à Paris, alors elle chantera encore. De sa voix torrentielle elle couvrira le bruit des bombes et les invectives des soldats, elle réchauffera le peuple de Paris, le bercera de son chant de vie quand la mort s'immisce de toutes parts. Maurice Chevalier a lui aussi retrouvé Paris. À la gare de Lyon, il a refusé la voiture mise à sa disposition, préférant se mêler aux petites gens qui se pressent dans le métro.

Le lendemain de son retour dans la capitale, Édith est déjà à l'affiche de l'Aiglon, un cabaret de luxe du VIIIe arrondissement. Ironie de ce nom quand l'aigle allemande déploie ses ailes sur Paris. Quelques jours plus tard, le 28 septembre 1940, elle est la vedette de Pleyel, une salle bien plus habituée aux concerts classiques qu'aux goualantes d'une chanteuse populaire. Un honneur ! Aux premiers jours d'octobre, elle est de retour, au côté de Paul Meurisse, à l'ABC. Ainsi que l'ordonne l'occupant, elle a été contrainte de déposer les textes de ses chansons afin qu'on lui donne l'autorisation de se produire sur scène. Ce sont des compositions d'Asso, sauf *L'Accordéoniste*, la chanson qu'un jeune militaire, Michel Emer, lui a proposée il y a quelques mois : l'histoire d'une fille de joie dont l'amoureux est un accordéoniste parti à la guerre. En une nuit, guidée par Emer, elle a appris la chanson et ne l'a pas lâchée depuis. Ce soir de première, dans les coulisses de l'ABC, elle attend que le chansonnier qui la précède achève sa prestation. Il calomnie les Anglais, les si précieux alliés de la France. Édith ne tient pas en place sur sa chaise, elle prépare déjà un mauvais coup. Son tour est venu. Elle monte sur scène et chante. Une heure plus tard, le rideau tombe sur son ultime titre. Pourtant, alors qu'on s'apprête à la reconduire dans sa loge, elle ordonne qu'on le relève. Elle a encore une chanson dans sa besace.

Les « salopards » tiennent la plaine,
Là-haut dans le petit fortin.
Depuis une longue semaine,
La mort en prend chaque matin...

De toutes ses forces, elle balance le refrain.

Ah, là, là, là, la belle histoire !
Ils restent vingt dans le bastion,
Le torse nu, couverts de gloire,
Ils n'ont plus d'eau dans leurs bidons...

Suivent d'autres couplets. L'intensité dramatique s'amplifie, Édith fait pétarader sa chanson, *Le Fanion de la Légion,* comme une mitraillette, jusqu'au finale qui explose en un cri de délivrance. Dans la salle comme dans la fosse d'orchestre, on est mal à l'aise. Cette chanson, c'est la guerre, la bravoure de nos soldats qui un à un s'effondrent sous les balles. Édith, petite femme mais forte tête, n'a pas quitté des yeux les officiers allemands présents dans la salle. Le rideau peut maintenant tomber et Édith se taire. Le lendemain, elle doit expliquer à la Kommandantur le choix regrettable de cette chanson et promettre de ne plus faillir sous peine de n'être plus autorisée à se produire sur scène.

À peine a-t-elle achevé sa série de récitals à l'ABC qu'elle retrouve l'Aiglon, cette petite enclave de la rue de Berry pour riche clientèle. Ce 24 octobre, Pétain rencontre Hitler à Montoire et l'assure de sa bonne volonté pour mener à bien des objectifs communs. Six jours plus tard, le Maréchal appelle cette fois les Français à la collaboration. La honte s'abat un peu plus sur le pays.

Entre l'ABC, Bobino, l'Alhambra, l'Européen, des cinémas, des salles de spectacle à Bordeaux, au Mans ou à Angers, Édith ne cesse de distribuer ses chansons au plus grand nombre. Depuis qu'Asso n'est plus près d'elle à poser le mot juste sur les mélodies de Marguerite Monnot, elle ressent quelque peu le manque de munitions. Qu'à cela ne tienne, elle écrira elle-même ! Fidèle à son univers, elle imagine un vagabond joli garçon, les cheveux au vent, qui plutôt que de se soucier du temps qui passe préfère chanter des chansons. Ce sera *Le Vagabond*, ourlé d'une musique de Marguerite. Elle écrit ensuite *Où sont-ils tous mes copains ?*, un hommage aux copains partis à la guerre, puis *C'est un monsieur très distingué*, le portrait d'un bel homme bien né, ou encore *Mon amour vient de finir* :

Mon amour vient de finir,
Mon amour vient de partir,
Je n'ai plus aucun désir,
Mon amour vient de mourir.

Pendant ce temps, comme le pleure la chanson, Meurisse s'efface du cœur d'Édith, leur amour s'émousse lentement, et elle cherche déjà celui qui le remplacera. Édith a même mis fin à leur habitude de se produire ensemble sur scène. Un rendez-vous les réunit pourtant une deuxième fois, le film *Montmartre-sur-Seine*. Sa figuration auprès de Marie Bell dans *La Garçonne* ne lui a pas laissé un souvenir impérissable ; de prime abord elle n'est donc guère partante. André Cayatte, un jeune avocat que les studios de cinéma fascinent davantage que le palais de justice, et le réalisateur Georges Lacombe parviennent toutefois à attirer l'attention de la chanteuse en lui dévoilant les noms de ses partenaires. Hormis Meurisse, choisi parce que les Français le connaissent en tant que compagnon de Piaf, lui donneront la réplique Jean-Louis Barrault, Serge Reggiani, Denise Grey et surtout Henri Vidal, dans le rôle de son fiancé, un homme qui au passage lui semble tout à fait à son goût... Quant à l'histoire, rien de très original puisqu'il s'agit d'une petite fleuriste parisienne qui rêve de devenir une chanteuse à succès. Édith se dit qu'au moins il ne sera pas sorcier pour elle de se mettre dans la peau du personnage : elle accepte. À l'été 1941, elle interrompt donc ses récitals et ses voyages en province pour se lancer dans la préparation de *Montmartre-sur-Seine*. Le premier tour de manivelle est fixé au 18 août, rendez-vous est pris dans les studios de Courbevoie ; un mois plus tard, le film est en boîte. Il n'est pas bon, Édith le sait et s'en moque. Une mauvaise chanson, un échec sur scène, la bouleverseraient, mais le cinéma, ce n'est pas son métier, ce n'est pas son sang, c'est une affaire à laquelle elle se sent finalement bien étrangère. Et puis ses théâtres l'attendent déjà. Lyon, Toulon, Nîmes, Marseille, Nice, Aix-en-Provence, Genève... Un nouveau pianiste, Norbert Glanzberg, a fait son entrée dans la petite équipe d'Édith. Il l'accompagne à la scène... et très bientôt à la ville.

En ce mois de janvier 1942, l'hiver est doux à Monte-Carlo, mais elle n'a guère le loisir de contempler les lauriers-roses et les palmiers de la Riviera. Sa prestation quotidienne au May-Fair, un cabaret chic de la ville, et ses amours naissantes avec le pianiste suffisent à son bonheur. Ces plaisirs de la chair dans le secret de l'alcôve auraient toutefois manqué de piquant si Meurisse ne s'était pas pointé sans crier gare sur le lieu du tendre forfait. Sans se faire annoncer par la réception de l'hôtel, Paul déboule en effet, presque candide, devant la porte de chambre de sa compagne et frappe. À la question « Qui c'est ? » lancée par Édith de l'autre côté il répond : « C'est moi », ainsi que l'a fait Asso deux années plus tôt ! Le scénario est identique à une différence près : Paul est aujourd'hui le dindon de la farce, en lieu et place d'Asso. « Ce qu'elle avait fait à Asso, elle me le refaisait à mon tour. Elle était d'une logique déconcertante », s'amusera Meurisse bien des années plus tard.

Norbert Glanzberg n'est pourtant qu'un intermittent au lit de la patronne. Édith le préfère finalement derrière son piano ! Mais de nouvelles pensées tendres trottent dans sa tête… Elles volent vers un certain Henri Contet. Journaliste à *Paris-Soir* et *Cinémondial*, Contet s'est vu charger par la production de *Montmartre-sur-Seine* des relations avec la presse. Ces dernières semaines, Édith a ainsi eu l'occasion de retrouver cet homme qu'elle avait rencontré pour la première fois en décembre 1940 lors de l'un de ses récitals à l'ABC. Face à l'élégance et à la galanterie du beau blond, les résistances d'Édith ne font pas long feu. Avec patience et prudence, une fois n'est pas coutume, elle s'arrange pour amadouer sa nouvelle proie. Elle commence par quitter le trop grand appartement qu'elle partageait avec Meurisse pour s'installer en face, dans un logement plus modeste attenant au Bidou-Bar, le bistrot où Édith donne rendez-vous aux copains et en particulier à Momone, réapparue dans le sérail de sa frangine depuis que la guerre lui a arraché son mari. Édith ne manque pas non plus de lire les lignes que Contet lui consacre dans la presse. À ses yeux d'amoureuse transie ce sont autant de promesses, de déclarations d'amour. Elle reçoit, émerveillée, le bouquet de violettes qu'il lui offre et se répète que dans le langage des fleurs cela signifie amour caché.

Pourtant, Contet n'est pas d'emblée attiré par elle. Au départ il est même obnubilé par sa drôle de tête, décidément trop grosse comparée à son si petit buste. C'est son talent d'artiste et son puissant regard d'amoureuse qui auront finalement raison de ses réserves. Le voilà bouleversé, comme happé, par tout ce qu'elle déploie, par la force de ses charmes si éloignés de la séduction habituelle. Cette fascination et cet amour naissant, au grand dam d'Édith, ne l'incitent pas à quitter sa femme, Charlotte Dauvia, chanteuse elle aussi. Combien de fois pourtant lui promettra-t-il de s'installer près d'elle ? Combien de fois ne courra-t-elle pas les boutiques pour lui acheter tout ce dont un homme a besoin, des cravates de soie, de l'eau de toilette, des pyjamas ?

Des heures durant, la chanteuse et le journaliste parlent de chansons et font l'amour. Aucun cocktail ne saurait davantage enivrer Édith. Lorsqu'il lui avoue avoir écrit bien des années plus tôt des chansons et notamment *Traversée*, qu'interpréta Lucienne Boyer, Édith se redresse et réclame à son tour qu'il lui offre ses plus beaux refrains. Une requête somme toute bien commune dans la bouche de la chanteuse ! Il murmure à son oreille que pour elle il a de nouveau envie d'écrire, qu'elle sera son inspiratrice. Édith est aux anges mais déjà Henri s'excuse de devoir quitter son lit trop chaud pour rejoindre son foyer. Il ne peut pas abandonner sa femme, il n'en a pas le droit, sans lui elle se suiciderait, répète-t-il. Et Édith l'aime trop pour le condamner. Elle attendra. Il lui fait promettre de mener une vie plus saine, de ne plus se soûler lorsque, flanquée de Momone, elle fait la tournée des grands-ducs. Elle promet. Elle dit qu'elle fera tout ce qu'il veut s'il reste près d'elle, mais déjà la porte se renferme sur son homme. Comme chaque soir à l'heure du couvre-feu. C'est trop tard, il est déjà loin…

Quand la douleur du départ de Contet est trop grande, qu'Édith mord l'oreiller de sa solitude, elle jure de se venger. Il suffit alors que son mauvais génie frappe à sa porte et bras dessus bras dessous elles s'en vont toutes deux festoyer en bonne et due forme. Le Bidou-Bar n'est pas loin et les garçons à aimer n'y manquent pas. Édith y rencontre Yvon Jeanclaude, qui a pour lui une longue silhouette, une belle chevelure brune et un joli brin de voix. Lorsqu'elle prie Yvon de lui donner la réplique sur scène pour sa chanson *C'était une histoire d'amour*, Contet comprend que ces deux-là vivent un peu plus qu'une simple collaboration professionnelle. D'ailleurs, il ne tarde pas à les découvrir tendrement enlacés. Édith, qui voulait surtout attiser la jalousie de son compagnon, doit bientôt déchanter. Contet, en effet, se retire à pas feutrés avec une indifférence fort déconcertante. Comble de l'échec du stratagème, il lui revient avec *Le Brun et le Blond*, une chanson dans laquelle il ironise sur la situation. Il est le blond, Yvon Jeanclaude le brun. Elle lui jure qu'elle n'aime que lui, le prie une fois encore de rester. Contet l'aime mais semble ne pas l'entendre. Il doit partir.

« À demain », lui lance-t-il, à elle qui craint tant l'abandon et le désamour.

Pour défier cette soudaine solitude qui la frappe comme un poignard, Édith serre fort contre sa poitrine les textes des chansons dont Henri vient de la parer. *La Demoiselle du cinquième, Coup de grisou, C'était une histoire d'amour, Monsieur Saint-Pierre*… Ce sont les plus belles fleurs, les plus riches parures qu'un homme pourrait lui offrir. Des chansons, rien que des chansons. « Mes chansons ! Comment parlerais-je de mes chansons ? Les hommes, si aimés qu'ils aient été… cela restait quand même "les autres". Mes chansons, c'est moi, ma chair, mon sang, ma tête, mon cœur, mon âme », écrira Édith.

Après une grande tournée qui tout au long de l'année 1942 la conduit aux quatre coins de la France et notamment dans de nombreuses villes du Sud, alors en zone libre, Édith achève l'automne avec, pour son grand retour à Paris, un mois de récitals à l'ABC. Trois jours avant sa première, le 11 novembre, triste ironie du sort en ce jour anniversaire de l'armistice de la Première Guerre mondiale, la zone libre disparaît sous l'avancée des chars allemands. La France est désormais allemande, tandis que l'on s'enfonce dans des froids d'hiver de plus en plus mordants. Endettée, Édith n'a même plus de quoi acheter au marché noir le charbon nécessaire à son chauffage.

Mais c'est compter sans l'intervention d'un des copains, qui lui déniche un appartement dûment chauffé au troisième et dernier étage d'un lupanar chic de la rue Villejust, dans le XVIe arrondissement, juste au-dessus des pièces réservées aux ébats. Là-bas, le froid n'a pas droit de cité !

La tenancière, Mme Billy, protégée par quelques occupants qui ont recours aux services de ses filles, vit bien au chaud et la panse comblée au-delà de toute espérance. La maquerelle est une ancienne fille de ferme jurassienne qu'un premier amour malheureux a conduite à quitter Dole pour Paris. C'est là qu'elle a rencontré Grace Palmer, une Américaine aussi milliardaire que lesbienne. Éveillée à ses côtés aux choses du luxe, de la nuit et de l'amour entre femmes, la jeune provinciale a fait la connaissance d'un chanteur, Jacques Josselin, qu'elle a fini par épouser. Mais telle une belle-de-jour, l'épousée s'est mise à arrondir ses fins de mois dans les salons d'un lupanar avant de finalement monter son propre petit commerce de plaisirs. Ainsi, à trente-sept ans, elle a présidé aux destinées d'un bordel de luxe dans le secret duquel des sommités en tout genre se pressaient pour cueillir les plus jolies jeunes filles en fleur de la capitale. De la rue Cardinet elle est passée ensuite à la rue Villejust, près de l'avenue Kléber.

Comme si son passé la rattrapait, Édith a ainsi de nouveau rendez-vous avec les filles de joie... Guidée par Mme Billy, elle découvre l'appartement mis à sa disposition. Une chambre et une salle de bains qu'elle partagera avec Momone, et une autre chambre avec salle de bains pour Andrée Bigard, la fidèle secrétaire. Le tout du meilleur goût, sans compter la table la mieux garnie de toute la capitale en ces temps de restriction. Seul désagrément dans cet écrin idéal, les Allemands qui vont et viennent à l'étage du dessous. Retenue vite oubliée lorsque Édith comprend que Mme Billy sert aussi de messagère entre les différents chefs de la Résistance et qu'il n'est pas rare qu'elle cache des Juifs.

Toutefois, si Édith ne tarde pas à se sentir comme un coq en pâte dans la demeure coquine de Mme Billy, cette dernière, elle, n'éprouve aucune sympathie pour son artiste du troisième étage et encore moins pour Momone, son intrépide complice. Il faut dire que les deux acolytes ne manquent pas une occasion de faire leur cirque. Ainsi, un dimanche après-midi, alertée par le coup de téléphone d'un voisin ulcéré, la tenancière fait irruption dans l'appartement du troisième et trouve nues sur le balcon ses deux locataires totalement offertes aux regards et au froid. Édith s'excuse de leur mauvaise tenue, expliquant à la maîtresse des lieux qu'elle a décidé de se punir par le froid pour avoir trahi une amie en couchant avec son mari. Et Momone de renchérir : elle doit, elle, payer le fait d'avoir présenté l'infidèle époux à Édith. Cet alibi n'est-il pas une nouvelle invention, le fruit de leur délirante malice ? Quand Édith se retrouve en tête à tête avec Momone, ce sont tous les démons du temps passé qui resurgissent et la submergent. Les soûleries jusqu'à plus soif, les nuits sans sommeil, les mauvaises blagues. Toujours les poches percées bien que sa frangine ne cesse de les lui remplir, Momone ne recule devant aucun larcin. Elle vend même à Pigalle les chaussures de l'ancienne associée et amie de Mme Billy, déportée en Allemagne.

Quand Momone ne fait pas des siennes, Édith se tient pourtant tranquille, toute dévouée à son art et à ses répétitions quotidiennes. Elle cherche de nouvelles créations, de vraies chansons d'amour, des chansons qui fassent rêver, ouvrent le cœur sur ce qu'il y a de meilleur et surtout l'éloignent de ses goualantes qui suintent toutes les misères du peuple. En ces temps de guerre si tristes et endeuillés, la fleur de pavé en a assez de son image de chanteuse réaliste au répertoire baigné de larmes, jalonné de misères, de beuveries et de marlous bagarreurs. Elle a grandi, elle se rêve plus légère, un tantinet badine, irrésistiblement amoureuse. Gaie comme un pinson dans la vie, si drôle et pétillante, elle apparaît à la scène pathétique et accablée, sombre et déchirante. Les paroliers réservent à sa voix des complaintes toujours plus douloureuses et les chroniqueurs de spectacles l'enveloppent de métaphores larmoyantes ourlées de crasse.

« Elle est petite, elle est laide, elle est tordue. Elle a l'air traqué et craintif de quelqu'un qui vient de recevoir une sérieuse dérouillée. Ses godasses sont à bout de souffle, ses poumons aussi. Elle est crasseuse, elle est vulgaire, elle est tocarde. Mais la voici qui s'avance dans la lumière dure des projecteurs. Ses mains d'enfant à l'agonie, transparentes, presque inertes, se joignent sur son étroite poitrine, sur son gros front. Ses yeux où il y a toute l'épouvante et la détresse du pauvre monde deviennent immenses, et sa voix s'élève, d'abord plaintive, sourde, comme étranglée de larmes, puis elle s'amplifie, monte, devient un cri déchirant, rauque, interminable de bête blessée à mort… Une voix qui sent la misère ou l'émeute… », écrit un journaliste du *Dimanche illustré*. Il faut attendre la chute de l'article pour lire enfin : « Et à ce moment-là, Mlle Édith Piaf devient la plus belle fille du monde. »

Le compliment tarde, et Édith semble désespérément abonnée au registre de l'infortune et de la misère. Nul récit n'est fait de ses rires sonores, de sa bouche gourmande, de son sourire vorace, de ses yeux brillant du bonheur de vivre, de ses répliques aussi hilarantes que gouailleuses. Piaf est un oiseau de mauvais augure dont on ne se lasse pas de détailler l'infélicité et le désarroi. Sa vie personnelle inspire d'ailleurs tout autant que ses prestations artistiques. Une certaine presse se répand en récits terrifiants de misère auxquels Cosette n'aurait rien à envier, en exubérances amoureuses et même sexuelles dignes de la pire des mantes religieuses. Édith doit s'habituer à déchaîner malgré elle les passions, à bouleverser les âmes et à ébranler les certitudes. Elle est le messager d'une émotion qu'elle-même ne saurait dompter. Tout son être transpire l'émoi, quelque chose d'une intarissable souffrance, sa voix tire à boulets rouges sur un public saisi. Un public fasciné et sans doute effrayé.

Dans le petit pigeonnier d'Édith défilent ses musiciens, l'auteur et amant Henri Contet, la douce et délicieuse Marguerite Monnot, les poches pleines de nouvelles romances… mais aussi l'ami poète Cocteau et son compagnon Jean Marais, Mistinguett, Maurice Chevalier, Raimu, Madeleine Robinson ou Marie Bell, pour le seul plaisir d'écouter les dernières créations d'Édith autour d'un verre et d'une dînette. De cette fin d'année 1942 où elle emménage chez Mme Billy jusqu'au mois d'août suivant, Édith renonce aux galas de province pour enregistrer de nombreux disques et se produit uniquement à Paris. Du cabaret Le Perroquet au nid, près des Champs-Élysées, aux Folies-Belleville du quartier de sa naissance, en passant par le Casino de Paris et l'ABC, elle court d'une salle de spectacle à l'autre. Elle se voit pourtant privée de scène pendant cinq semaines du 28 février au 4 avril 1943. La censure allemande a suspendu son autorisation de se produire sur scène. Lors de son dernier concert, Édith a en effet interprété la chanson d'un Juif, *L'Accordéoniste* de Michel Emer. Cette condamnation au silence, cette atteinte à sa liberté et pis encore à son art et cette insulte à l'encontre de son copain Emer, elle ne les supporte pas. L'entourage proche en fera les frais… Les nuits ne seront pas assez longues pour supporter les frasques d'Édith et de Momone. Quant à Contet, il devra venir à bout des humeurs de sa maîtresse. Comme un lion en cage, elle tourne et vire dans l'attente de chanter à nouveau. Le 4 avril prend fin l'ordre de censure, et Édith met les bouchées doubles pour rattraper tout ce temps perdu. Dès le 5, elle s'installe au Casino de Paris avant de se produire, à partir de mai, à la Vie en Rose, un cabaret de Pigalle.

Hier soir, Édith a donné son dernier récital à la Vie en Rose et le 14 août, à onze heures du matin, entre en gare de l'Est le train qui doit la conduire en Allemagne pour une tournée de près de deux mois dans les camps et usines où se trouvent des prisonniers français. Un long voyage de trente-six heures qui ne se terminera que le lendemain tard dans la nuit. Tout ce temps, c'est dans les bras de Fred Adison, un chef d'orchestre qui est lui aussi de l'aventure, qu'elle le tue. En Allemagne, elle lui préférera la compagnie de Jacques Josselin, l'un des artistes de la tournée, mais surtout le mari de Mme Billy, son voisin de palier au troisième étage du lupanar. Pendant trois jours, les saltimbanques restent à Berlin pour répéter. Ils entament ensuite la longue tournée qui les mènera dans les camps et les usines où les attendent les prisonniers français. Sept semaines à rencontrer des hommes de France exilés, captifs et asservis. Édith est leur madeleine de Proust ; la France en bandoulière, elle chante leurs souvenirs et distribue l'espoir de retour. À un public qui ne veut plus la laisser partir elle fredonne même la musique, sans les paroles, d'une chanson bien connue des prisonniers mais totalement interdite…

Dans l'cul, dans l'cul
Ils auront la victoire...

De retour à Paris, puis au fil de ses galas de Toulouse à Nice en passant par Lyon, Édith n'oublie pas ses bons petits gars des stalags, elle sait qu'elle leur rendra bientôt une nouvelle visite... Mais pour l'heure elle prépare son examen d'admission à la Sacem, la Société des auteurs. Si elle a déjà écrit plusieurs chansons, elle ne peut en effet toujours pas prétendre au titre d'auteur. Studieuse et appliquée lorsqu'il s'agit de son art, la maintenant célèbre chanteuse, telle une débutante, se présente donc à son examen. Elle décachette l'enveloppe contenant le sujet de l'épreuve : « La chanson c'est ma vie » et deux heures plus tard restitue sa copie. Reprenant l'intitulé de l'exercice, elle vient de créer *Ma chanson c'est ma vie*.

Ma chanson c'est ma vie
Et parfois le bon Dieu
Y met sa fantaisie
À grands coups de ciel bleu.

Un mois plus tard, le 11 février 1944, Édith reçoit les résultats de son examen : elle est désormais membre de la Société des auteurs. Plus qu'un honneur ou la seule protection de ses droits, elle y gagne la certitude d'être reconnue, de faire partie de la grande famille des fabricants de refrains. Trois jours se sont écoulés depuis sa victoire et la voici à nouveau sur le départ. Gare de l'Est, flanquée de toute sa troupe, Andrée Bigard, les musiciens, une danseuse, un humoriste, le comédien Robert Dalban, Édith rejoint l'Allemagne pour la deuxième fois. La fatigue du voyage, le rideau de neige et le froid terrible qui les saisissent à leur descente de train ne sont rien comparés à l'inconfort de l'hôtel : l'eau est froide au robinet des salles de bains, et il n'y a ni chauffage ni restauration. Édith ne se privera pas de commenter la nature de l'accueil...

Dès le lendemain de leur arrivée, Goebbels en personne, le grand responsable de la propagande nazie, demande à la rencontrer.

« Pas question ! » tempête-t-elle avant de plier et de finalement accepter l'audience.

En fait de Goebbels, c'est le général Wechter qui lui fait les honneurs, ce même général qui, autrefois en poste à Paris, lui avait interdit de chanter *Le Fanion de la Légion*. Courtois et plutôt sympathique, le gradé s'en excuse d'ailleurs avec une sincérité presque touchante avant de garantir à la vedette la meilleure hospitalité en Allemagne. Il n'en fallut pas plus pour déchaîner les foudres d'Édith. S'en prenant indifféremment au froid, à la neige, aux vitres brisées de l'hôtel, à l'eau glacée et à l'absence de pitance correcte, la voilà en train de hurler que « l'Allemagne, c'est dégueulasse ». Sans doute très admiratif du talent de la chanteuse et fort soucieux de l'idée qu'elle peut se faire de son pays, le général attrape son téléphone. Il prononce quelques mots incompréhensibles pour la Française et tout semble rentrer dans l'ordre. Lui tendant son numéro de téléphone, Wechter la prie de l'appeler au moindre souci. De fait, à leur retour à l'hôtel, de nouvelles chambres leur ont été attribuées. Hilare, Édith n'en finit plus de brandir les coordonnées de Wechter pour un oui ou pour un non. Quelques chiffres magiques qui assureront finalement à toute l'équipe un accueil princier !

Lors de ces trois semaines allemandes, Édith ne manque pas de se faire remarquer. Ainsi, un jour, elle donne une gifle à un SS qui vient de la bousculer à sa montée dans le train. Alors qu'elle veut lui enseigner les rudiments de la galanterie, l'outragé dégaine son arme et ordonne qu'on arrête cette folle furieuse. Pas impressionnée le moins du monde, elle agite, elle, le numéro de téléphone de Wechter, lequel, prévenu, somme le lieutenant de s'excuser immédiatement auprès de Mlle Piaf. Cette irrévérence vaudra au SS en question une mutation expresse sur le front de Russie !

Édith visite onze camps en trois semaines. Elle chante, mais surtout elle parle avec tous ces Français captifs, leur donne à rire, à revivre un peu de France. Et puis il y a une autre mission, clandestine celle-là, scrupuleusement réglée par Andrée Bigard… Rue Villejust, Édith s'est d'abord amusée des nombreuses visites masculines que recevait sa secrétaire, avec ses airs de ne pas y toucher. Puis elle a compris que, au nez et à la barbe des Allemands trop occupés à batifoler aux étages inférieurs, Andrée avait organisé un point de rendez-vous avec des résistants. L'aventure ne manquait pas de piquant ; Édith y mettrait son grain de sel. Dans leurs lourdes valises, au départ de Paris, les deux femmes ont disposé de l'alcool et des boîtes de conserve, et dans certaines d'entre elles de fausses cartes d'identité. Andrée a pris soin de faire agrandir les nombreuses photos de groupe pour lesquelles Édith a posé lors de sa première tournée allemande, et a ensuite découpé les visages qu'elle devra apposer sur les fausses cartes. Quelques prisonniers quitteront ainsi l'Allemagne sous l'identité de soi-disant musiciens de la chanteuse, le mari d'Andrée y compris. De ces péripéties Édith ne dira jamais mot…

Sans jamais avoir conquis l'admiration des maharajas ni révolutionné de ses miraculeuses acrobaties la cour des plus grands princes, Louis Gassion s'en est allé, à soixante-trois ans, le 3 mars 1944. Édith n'apprend la nouvelle que deux jours plus tard, alors que le train la ramène d'Allemagne à Paris. Le tapis élimé en guise de scène sur un coin de trottoir, les torsions du corps de son père, ses dragues à cinq sous et les longues heures passées devant les vitrines des bistrots à regarder son père s'enivrer à coups de petits jaunes, blancs ou rouges trop tassés. Édith se souvient. Elle voit défiler devant ses yeux embués les campagnes verdoyantes des errances de son enfance, les terres ensemencées puis dorées à l'heure de livrer leur blé, les places de village que des foires égaient et enivrent... Que de kilomètres parcourus aux côtés de ce père qui n'en était pas un, une maigre besace en bandoulière, le singe sur l'épaule. Et ce jour où il l'obligea à chanter *La Marseillaise*, son premier chant, le premier de tant de refrains. La vie l'avait souvent séparée de son père, mais il resterait sa seule famille. De son succès et de sa célébrité elle a embelli les vieux jours de ce drôle de bonhomme pas très tendre. Il racontait sa vie comme il eût aimé qu'elle fût, brodée d'illusions, jalonnée de prouesses rêvées. Édith écoutait, acquiesçait. Même rabougri, tordu, amaigri et aviné, Gassion soignait ses cheveux et enveloppait sa vilaine carcasse d'un costume croisé des plus chic, coupé dans un prince-de-galles de belle facture, gris perle, qui lui donnait un faux air de vieux maquereau sur le retour... Elle avait cédé aux excentricités de son père, même lorsqu'il l'avait priée de lui payer un valet de chambre.

« Un majordome très chic comme en ont les Anglais », avait-il précisé.

Elle avait fini par trouver l'oiseau rare, un domestique prêt à exercer son art dans un hôtel miteux privé de toute commodité, à se pavaner aux côtés de ce vieil homme si fier d'épater les copains. Sa fille lui avait bien proposé de quitter la rue Rébeval pour un confortable appartement, mais il n'était pas question qu'il s'éloigne de son Belleville.

Édith, qui n'a jamais rien possédé d'autre que son talent et son présent, achète une concession à perpétuité au cimetière du Père-Lachaise. Un coin de terre, un coin de Paris, un écrin pour son père. Sa dépouille est placée dans un caveau provisoire dans l'attente de la construction du définitif. Plus tard, dans cette demeure d'éternité reposeront Louis Gassion et la petite Marcelle, dont les restes auront été ramenés du cimetière de Thiais. Ce 8 mars, Gassion est porté en terre. Le 10, Édith prend le chemin de la Belgique. Il lui faut chanter, s'envelopper de mots et de musiques pour reprendre son souffle.

9

Une titi parisienne et un rital de Marseille

Elle avait besoin d'amour : elle ne chantait bien qu'exaltée ou brisée. En amour c'était la femme la plus pure, la plus simple : elle faisait sa prière avant de se coucher. Vous n'imaginez pas Messaline faisant sa prière en chemise.

Yves MONTAND.

Les Alliés foulent les plages de Normandie, ce 6 juin 1944, alors qu'Édith s'apprête à chanter au Moulin de la Galette dans une revue intitulée *Album d'images*. Depuis plusieurs jours, la voix de la BBC répétait trois vers de Verlaine à destination de la Résistance campée en France, elle vient d'en ajouter trois autres : « Les sanglots longs des violons... » L'offensive a débuté. Dans la nuit du 5 au 6 juin, dans la tiédeur de cet été naissant, six mille six cent quatre-vingt-dix-sept navires ont quitté les côtes britanniques pour rejoindre l'Europe continentale. Sur les plages normandes grouillent quatre-vingt-quinze mille véhicules et six cent dix-neuf mille soldats. Le plus grand débarquement de toute l'histoire se déroule ainsi non loin de Paris, où Édith égrène ses ritournelles...

Après un nouveau concert à la salle Pleyel, elle prend le chemin du Moulin-Rouge, où elle se produira dès la fin du mois de juillet. Pourtant un souci ne tarde pas à survenir. En effet, dès les premières représentations, l'artiste qui accompagnait son programme, le fantaisiste Roger Dann, disparaît de la circulation sans crier gare. Il faut au pied levé le remplacer sous peine de devoir annuler les soirées suivantes. Ces derniers mois, aux Folies-Belleville, à Bobino et à l'ABC, on a applaudi avec une certaine ferveur un jeune Marseillais d'origine italienne, un de ces types dont on remarque davantage la silhouette élancée et la belle gueule que le talent. Mais a-t-on le choix ? Rendez-vous est donc pris avec ce bellâtre venu du Sud. Dans sa petite robe à fleurs bleues, un manteau léger recouvrant ses épaules, ainsi qu'Ivo Livi devenu Yves Montand en gardera le souvenir quelques décennies plus tard, Édith paraît. S'il la trouve plutôt mignonne avec ses grands yeux bleus et la vivacité qui les éclaire, le jeune homme ne voit en l'artiste rien de plus qu'une « broyeuse de noir ». Elle, de son côté, émet des réserves sur ce fils du soleil qu'on lui a présenté comme tout juste bon à jouer les cowboys sur des refrains de saloon. Fort de ses gentils succès marseillais et de ses passages dans plusieurs salles parisiennes, le beau rital s'imagine embauché dès qu'il passe le seuil du Moulin-Rouge. C'est bien méconnaître Mlle Piaf ! Elle exige de ce jeune homme décidément trop fier et sûr de lui qu'il passe une audition. Son agent doit alors rattraper le rebelle qui, dans un langage aussi fleuri que la robe d'Édith, jure qu'il ne lui fera pas ce plaisir.

Montand a le sang chaud de son pays et une ambition féroce que rien ne saurait entraver. Depuis ses onze ans, il a quitté les bancs de l'école pour venir en aide à ses parents. On a même falsifié sa carte d'identité pour lui permettre d'être embauché dans une usine de pâtes alimentaires ! Il a joué les dockers, les serveurs et est même devenu apprenti dans le salon de coiffure où travaille sa sœur Lydia. Un de ces salons très modestes pour petites gens où l'on s'efforce tant bien que mal de frisotter et de cranter les cheveux comme on le fait, avec grand art, dans les beaux quartiers. Ivo s'est pris au jeu au point de passer son CAP et d'entrer dans un salon plus chic de Marseille, chez « Yvonne et Fernand ». Le beau gosse flatte ces dames, distribue des œillades et des sourires. Au gré de sa fantaisie il amuse et séduit ses clientes, mais aux teintures et autres frisettes il préfère le cinéma et les musiques d'Amérique, cette terre promise dont son père a toujours rêvé. Pour se payer ses tickets de cinéma, il se prive de tout. Il a rendez-vous avec Fred Astaire et ses claquettes, il rêve de Far West, d'Hollywood et de New York.

À l'Alcazar, à deux pas de la Canebière, il découvre Maurice Chevalier et Charles Trenet. Dès lors Ivo ne pense plus qu'à chanter. Devant sa glace il répète les gestes et les regards de velours, dans le salon de coiffure il fredonne pour ces dames enamourées. On sourit de lui, de ses appétits de musique ; pourtant les siens s'enorgueillissent bientôt de ses prestations improvisées, comme ce dimanche où il chante à un gala place de la Cabucelle. La mamma préférerait quand même qu'il s'assagisse et épouse une fille du coin. Mais une exhibition en pousse une autre et Ivo s'accroche à son étoile. On lui propose de chanter à l'Alcazar, le temple du music-hall de Marseille, là où ont débuté Fernandel et Fernand Sardou. Grâce à sa maman qui, lorsqu'il était petit, l'appelait à l'heure du repas, dans son mauvais français, « Ivo, monta ! », il trouve son nom de vedette : ce sera Yves Montand. À un ami musicien il a longuement parlé de sa fascination pour l'Amérique et les grands espaces. C'est ainsi qu'est née la chanson *Les Plaines du Far West*, sa première création, qu'il chante en tenue de cow-boy. Il a quitté le salon de coiffure, mais lorsque l'argent manque dans la famille il se fait engager aux Chantiers de la Méditerranée ; la paye est maigre mais la fierté grande lorsqu'il la remet à sa mère. Même quand la guerre gronde, le jeune artiste continue de jouer les amuseurs à Marseille puis à Nice, Toulon, Toulouse, Lyon, Bordeaux... Il prend des cours de danse, de chant et d'anglais, lui qui a si tôt renoncé à l'école.

Cette rage au ventre, il débarque à Paris en 1944. Yves sait qu'il trouvera sur scène le succès et l'argent. Il lui faut achever le rêve de conquête de son père, fervent socialiste originaire d'Italie qui, en 1923, avait arraché sa petite famille aux serres d'un fascisme dévorant. Il avait refusé de se soumettre au régime, on l'avait battu, on avait brûlé sa maison. Contraint à l'exil, Giovanni Livi rêvait alors aux mille et une promesses de l'Amérique, où tant d'Italiens, déjà, avaient fait fortune. Mais l'argent manquait et jamais il ne gagnerait de quoi payer les billets du bateau pour New York. Ses ambitions s'étaient finalement échouées dans le port de Marseille. Dans le quartier des « Crottes », Giovanni a installé sa famille. L'appartement trop petit, balayé des odeurs pestilentielles des usines environnantes, la crasse, la misère, la douleur de l'exil, le mal de vivre des émigrés montrés du doigt et moqués : Ivo porte un lourd bagage.

C'est cet homme-là, si grand et si beau, pétri de fierté, la revanche visée au cœur, qui, face à Édith Piaf, entame ses morceaux de bravoure. Elle a regagné la salle obscure, lui est seul sous un faisceau de lumière. Son répertoire à la gomme, elle s'en moque. Elle ne voit que sa force, l'intensité de son regard de grand gosse de vingt-trois ans, ses mains larges et puissantes et sa denture parfaite qui, tel le clavier d'un piano, fait chanter son visage si grave et viril. Alors qu'il achève sa quatrième chanson, Édith quitte sa place dans la salle pour s'approcher de la scène. « Je me reverrai toujours, toute petite et comme écrasée par la haute silhouette de ce grand garçon, tout en longueur, vers lequel je levais un visage qui se trouvait à peu près à la hauteur de ses chevilles », écrira-t-elle. Sous le charme, elle lui dit combien elle le trouve formidable, même si elle pense déjà à l'éloigner de ses ballades de cow-boy et à lui trouver un vrai répertoire de chansons françaises.

Le 5 août, Yves et Édith se produisent pour la première fois sur la même scène. À la fin de la soirée, elle le félicite. Dans toute l'arrogance de sa jeunesse, lui n'avait pas douté un seul instant de la qualité de sa prestation. Cette présomption a le don d'excéder Édith. Puisqu'il le prend sur ce ton, elle va lui dire ce qu'elle pense de son répertoire.

« Tes foutues âneries de cow-boy de pacotille ça marche tant que le pays est occupé par les Allemands, mais tu verras, quand on aura des vrais Américains à se mettre sous la dent tu te retrouveras au placard ! » tempête-t-elle.

Elle lui parle du débarquement en Normandie, des Yankees aux portes de Paris qui bientôt seront des héros. Montand n'en revient pas. Le speech qu'elle est en train de lui faire le laisse sans voix.

« Avec la gueule que tu as, tu dois chanter des chansons d'amour, jouer de ta voix pour faire craquer les bonnes femmes, les persuader que tu les aimeras toutes chacune leur tour. » D'ordinaire irascible et orgueilleux, Montand aurait dû s'emporter contre Édith, la faire taire. Il n'en est rien : le voilà sous le charme de cette si petite femme qui vient de tout donner sur scène. Pendant son récital, discrètement, il a essuyé les larmes que l'émotion avait fait couler sur ses joues. Cet art du geste, le flot de la voix qui inonde la salle et emporte toute certitude... Montand sent qu'il va se rendre, déposer les armes aux pieds de la chanteuse. Elle vient d'ailleurs de lui proposer de tout lui apprendre, de lui trouver des chansons. Elle lui a dit qu'elle ferait de lui le plus grand, le premier, le meilleur. Il accepte.

Une semaine s'est écoulée et les barrières ont cédé. L'art et l'amour se sont mêlés, Yves et Édith se sont unis. Au lit, elle est l'objet de ses désirs ; à la scène il est celui de toutes ses attentions. Montand, dans ses Mémoires, évoquera ce que furent ces amours naissantes : « Je suis tombé amoureux sans m'en rendre compte, victime du charme, de l'admiration et de la solitude d'Édith. Elle n'avait rien de la femme cassée, rompue par la drogue et la maladie qu'on a connue plus tard... Elle était fraîche, coquette, marrante et cruelle, éperdue de passion pour son métier, ambitieuse, midinette, fidèle tant qu'elle était amoureuse, désirant croire à son histoire d'amour, mais capable de rompre avec une force inouïe, chantant mieux lorsqu'elle trouvait l'amour et lorsqu'elle le perdait... C'était mon premier amour vrai. Édith était quelqu'un qui te faisait croire que tu étais Dieu... » Montant honore Piaf, elle le modèle. De sa beauté, de sa force et de sa jeunesse il la fait vibrer comme les cordes de mille violons. De son génie, avec violence et sans fatigue, elle fait renaître l'homme, naître l'artiste.

« Paris ! Paris outragé ! Paris brisé ! Libéré par lui-même, libéré par son peuple avec le concours des armées de la France... », s'exclame le général de Gaulle à l'Hôtel de Ville ce 25 août. Le lendemain, la foule en liesse se déchaîne sur le passage de la deuxième DB du général Leclerc, les chants de joie et de liberté montent haut dans le ciel de Paris, les femmes se bousculent pour un instant enfermer leurs mains fragiles dans celles, victorieuses, des Anglais et des Américains. Du 71 de l'avenue Marceau, où elle habite depuis que Contet l'a convaincue de quitter le repaire d'Allemands et de collabos de Mme Billy, Édith contemple le spectacle réjouissant de la victoire. Gris depuis trop d'années, Paris s'exalte et s'enflamme à nouveau. Mais les jours suivants, les flonflons des bals se taisent. L'heure des règlements de comptes a sonné. Chacun peut donner libre cours à ses inimitiés, jalousies et mesquineries, suspecter, dénoncer, se venger... Il est question – terme terrible et presque clinique – d'épuration ! La liste de ceux qui sont supposés avoir trahi s'allonge au gré des délations d'un voisin, d'un commerçant ou même d'un parent. Des femmes y perdent leur chevelure, et on se réjouit du spectacle de leur humiliation ; sur les places publiques fusent les injures, on applaudit.

Les artistes n'échappent pas au grand nettoyage du printemps de la liberté. Pour avoir aimé un Allemand, Arletty est conspuée – Sacha Guitry, lui, est accusé d'avoir reçu Göring. De nombreux interprètes sont privés de scène et d'antenne. Édith n'y coupe pas. Le fait d'avoir résidé au dernier étage du bordel de Mme Billy et surtout ses tournées allemandes lui valent une interdiction à la radio et une convocation : elle doit démontrer sa bonne foi devant un tribunal improvisé. Si elle ne donne pas la preuve de sa participation à l'évasion de prisonniers français grâce à de fausses cartes d'identité, Édith évoque ses voyages en tant que marraine de guerre, ses « bons gars » qu'elle a chéris comme des potes ; elle dresse aussi la liste des Juifs qui ont, pendant l'Occupation, trouvé refuge à son domicile, de ceux à qui elle a rendu visite et dont elle a maintes fois assuré la subsistance. Norbert Glanzberg, son pianiste et amant de quelques nuits, Michel Emer qu'elle est allée retrouver à Marseille pour lui remettre l'argent qu'avait rapporté sa chanson *L'Accordéoniste*... Elle est finalement innocentée et même applaudie pour son patriotisme.

Dans ce Paris affranchi, elle n'a plus qu'une seule pensée : Montand. Contet assiste impuissant à cet amour qui se tisse chaque jour plus sûrement. Lâche, incapable de réclamer la moindre explication, il quitte quotidiennement Édith et s'en retourne auprès de Charlotte, au chaud de son foyer conjugal. La chanteuse lui a même demandé d'écrire pour Montand, et il s'exécute. Rien que pour lui plaire, pour se faire aimer encore un peu. *Ma gosse, Ma petite môme, Ce monsieur-là* : Contet offre ses mots à son rival. Galvanisée par les mille et une promesses de talent de son jeune poulain, Édith met toute son énergie au service de Montand. Elle lui écrit des chansons et surtout lui apprend le travail de la scène, la discipline, l'art du geste.

« Vire-moi ton foutu accent de Marseille », lui ordonne-t-elle avant de lui glisser un crayon entre les dents et de le soumettre à d'interminables exercices de diction qu'elle invente au gré de sa fantaisie.

Montand ravale sa fierté et se plie aux exigences de la patronne, ce qui ne l'empêche pas de pester. Il est travailleur et volontaire comme personne, mais l'autorité que Piaf exerce sur lui le fait parfois renâcler. Lui-même se sent toujours trop loin de la perfection, il doit recommencer encore une fois, puis une autre. Édith adore son âpreté à la tâche, son courage et la rage qui l'enchaîne à son art. Elle, si petite, soumet le corps si grand de son amant-élève.

« Tu t'tiens mal, tu sais pas marcher, arrête de gesticuler dans tous les sens. »

Alors, les dents serrées, Montand reprend : la démarche, le salut au public, les textes d'introduction de ses chansons. Aussi discipliné qu'un athlète, il ne pense plus qu'à son entraînement, à son accomplissement artistique. À quatre heures du matin, il appelle son professeur pour lui faire part d'un jeu de scène, d'un geste. Il débarque sur-le-champ pour lui en faire la démonstration. Toutefois, la jalousie du protégé est à la hauteur de son ardeur à la tâche. Aussi Édith finit-elle par lui promettre qu'elle ne reverra plus Contet. Promesse à laquelle, bien sûr, elle ne tarde pas à faillir. Un matin, le téléphone sonne. Elle décroche persuadée que Montand est en train de répéter dans la pièce voisine et ne peut l'entendre. C'est Henri. Rendez-vous est pris pour quinze heures. Alors qu'elle s'apprête à éloigner Yves de l'appartement, celui-ci annonce qu'il doit s'absenter une heure. Juste le temps pour elle de recevoir Contet ! Elle entend ses pas s'éloigner, la porte se refermer. Un coup de sonnette, c'est Henri. Ils parlent chansons puis de Montand.

« Il n'a aucun talent. Il ne fera jamais rien, ce petit boy-scout ! » se défoule le compagnon trompé.

Édith en rajoute : « Oui, tu as raison, c'est un minable ! »

À son tour, Henri la prie ne plus revoir Montand ; conciliante, elle promet. La porte se referme sur Contet satisfait de sa victoire, elle tourne les talons et rejoint le salon. Là, l'œil noir et la main rougie de sang pour avoir serré si fort son verre qu'il l'a brisé, Montand la menace :

« Ne recommence jamais plus, car la prochaine fois je ne pourrai plus me retenir. Tu l'as échappé belle. J'ai eu envie de te tuer. »

Édith, feignant l'effroi, se blottit entre les bras de son homme. Elle n'aime rien tant que cette jalousie féroce qui à ses yeux témoigne de la force de son désir.

Néanmoins, la chanteuse continue de vivre au chaud de ses deux amours. À l'automne 1944, elle inscrit Montand à son programme sans que Contet ait son mot à dire. L'artiste sculpté par Édith doit maintenant imposer son nouveau répertoire et mettre à profit tout ce qu'elle lui a enseigné ces dernières semaines. Un mois durant, ils enchaînent ainsi les tours de chant dans des cinémas de Paris et de proche banlieue. Le cercle de leur périple s'agrandit bientôt : Lyon, Toulon, Toulouse... Le public acclame Piaf mais snobe Montand. Leur passage au Théâtre des Variétés-Casino de Marseille en octobre marque pour Yves le comble de la désillusion. Ses concitoyens ne le reconnaissent plus. Où est donc passé l'enfant du pays ? Quelles sont ces nouvelles ritournelles ? Elles ne ressemblent pas au gars qu'ils ont connu et aimé. Montand se souviendra longtemps des sifflets et des pièces de monnaie qui, tel le tribut de son humiliation, ont tinté ce soir-là à ses pieds. Comme un vainqueur, l'artiste poursuit néanmoins son show sans sourciller. À Édith qui l'attend en coulisse il fait part de sa détermination à ne rien changer à ce nouveau répertoire. Il jure qu'envers et contre tout on l'acceptera.

Rien de leur romance n'est publiquement dévoilé, mais on murmure néanmoins que ces deux-là sont bien plus que des amis. Preuve de leur attachement grandissant, Édith rencontre la famille Livi aux premiers jours de décembre, alors que les deux complices retrouvent Marseille pour la deuxième fois à l'occasion d'un grand gala donné en l'honneur des soldats américains. Pour la famille d'Yves, la venue d'une artiste aussi célèbre que Piaf dans ses modestes murs est un événement majeur. Chez ces Italiens de Marseille on reçoit avec chaleur et tendresse. La bonne humeur est de mise, la table généreuse, les manières simples mais soignées. Édith, la sans-famille abonnée aux mauvaises combines et à l'absence d'effusion, est émue, déstabilisée aussi, par tant de bienveillance, par l'affection débordante qui enveloppe la joyeuse maisonnée, par la complicité et le respect qui semblent unir Yves aux siens. Ce spectacle de tout ce qu'elle n'a pas connu lui pince l'âme.

À son ami le cinéaste Marcel Blistène Piaf a confié la délicate mission de convoquer le 15 janvier 1945 tout ce que Paris compte de journalistes afin de leur annoncer son passage au Théâtre de l'Étoile avec Montand en lever de rideau. Rendez-vous est pris pour la première le 9 février. En coulisse, ce grand soir, Édith semble oublier qu'elle devra elle aussi faire son tour de chant. Elle ne pense qu'à Montand, ne veille que sur lui. C'est elle qui éponge son front et lui tend un verre d'eau quand il passe la coulisse, c'est elle encore qui compte sur ses doigts les rappels, treize au total ! Le succès est immense. Elle peut maintenant chanter le cœur léger : son homme les a bien eus, tous ces spectateurs qui n'étaient pourtant venus que pour elle.

Alors qu'elle chante avec force ses rengaines aux accents incantatoires, joue de ses mains légères comme un oiseau déploie ses ailes, pense-t-elle seulement à sa mère, qu'un excès de drogue a tuée trois jours plus tôt ? Ces dernières années, Line Marsa s'était bien rappelée au bon souvenir de sa fille, mais seulement parce que celle-ci, célèbre, était susceptible de lui venir en aide. Édith ne l'aura jamais vue autrement que chancelante, le regard vide, la voix suppliante et la main tendue. En fait de tendresse maternelle, elle n'a reçu d'elle que des menaces de chantage et d'interminables reproches.

À l'annonce de sa mort, Édith a joué la carte de l'indifférence. Se peut-il pourtant qu'elle ait porté sa mère en terre sans éprouver la moindre tristesse, pas même celle du rendez-vous manqué, celle de l'absence, désormais inexorable, éternelle ? Peut-elle ignorer que de cette mère avare de tout à son endroit elle tient la voix vibrante et rocailleuse, le geste poignant ? Ceux qui ont, un jour, entendu Line Marsa pousser la goualante au détour d'un faubourg n'en ont en effet jamais oublié le frisson.

En ce mois de février 1945, Édith éclaircit enfin sa relation avec Contet. Dans un café, doucement, sans cris ni larmes, elle place leur sort entre ses mains. Ou il quitte Charlotte ou c'est elle qui part. Dans quelques heures, s'il ne s'est pas décidé, elle prendra le train avec Montand. Elle s'est effacée, Henri reste seul devant sa tasse de café, la gorge nouée. Sans doute envoyée par la patronne, Andrée Bigard joue les médiatrices, l'assurant de l'amour d'Édith, l'encourageant à se décider. Trois bonnes heures s'écoulent. La chanteuse prend finalement le train au bras d'Yves.

Piaf et Montand sillonnent la France de théâtre en cinéma et vivent leur amour au grand jour. D'une escale à l'autre, les applaudissements sont de plus en plus nourris pour le jeune talent de vingt-trois ans. Des triomphes qui ne sont pas toujours pour plaire à Édith ! Elle entend rester la patronne et ne supporte guère qu'il échappe à ses commandements, comme elle ne voit pas d'un très bon œil les donzelles enamourées qui reluquent son homme avec insistance. Avec raison, d'ailleurs. Yves a beau être très amoureux d'elle, il ne sait pas résister aux jeunes filles offertes et il apprécie trop les jeux de la séduction pour ne pas en user avec zèle. Cet homme-là, pourtant, Édith le veut tout à elle. Pour lui plaire, elle a quitté Contet et cessé de boire le verre de trop, celui qui vous rend irresponsable, qui vous mène sans conscience au lit des hommes de passage et vous couche plus bas que terre. Le pire, c'est qu'il l'a trahie avec Momone. La frangine écervelée et sans morale ne peut s'empêcher de jalouser ce que possède Piaf et tente de le conquérir quel qu'en soit le moyen. Momone implorera son pardon, Édith pardonnera. Comme elle pardonne à Montand. Que voulez-vous ? Elle l'aime. Il éveille en elle des passions endormies. Sa force et sa beauté comblent son corps, mais bien plus encore son âme se réjouit de son talent, qui semble s'ouvrir chaque jour comme un bouton de rose. C'est de la fascination pour l'artiste qu'elle nourrit son amour.

Un après-midi de ce printemps 1945, Édith prend un verre avec son amie Marianne Michel, une chanteuse qui tient un cabaret à Marseille. Parce que celle-ci se plaint de ne pas trouver les chansons dont elle rêve, Piaf se met à fredonner une mélodie qui court dans sa tête. Tout à la pensée de l'amour qui enflamme sa vie, elle griffonne quelques mots à la va-vite :

Quand il me prend dans ses bras,
Qu'il me parle tout bas,
Je vois les choses en rose...

« Les choses », ce n'est pas très joli. Marianne propose « la vie ».

Il me dit des mots d'amour
Des mots de tous les jours
Et ça m'fait quelque chose.

Un à un, les mots sont couchés sur le papier de la nappe. Puis Édith remballe son ébauche de chanson, non sans promettre d'en reparler à Marianne dès que possible. Reconnue à la Sacem en tant que parolière, Piaf ne l'est pas en tant que compositeur ; aussi propose-t-elle à Marguerite Monnot de signer la musique à sa place. La si douce Guite refuse tout net. Trop guimauve, trop niais, il n'en est pas question.

« Du saucisson ! » lance-t-elle – comme on dit d'une mélodie d'ascenseur écrite au kilomètre.

C'est en fin de compte Marcel Louiguy, le pianiste de Piaf, qui assumera la paternité de la ritournelle, et c'est Marianne Michel qui créera *La Vie en rose*.

À l'ami Blistène, qui la priait de jouer dans son film *Étoile sans lumière*, Édith a imposé que Montand ait lui aussi un rôle et pas n'importe lequel, celui de son fiancé. C'est ainsi que le jeune homme, qui devait tant marquer le cinéma par la suite, fait ses débuts dans une historiette de faible envergure. L'action se situe dans le monde du cinéma. Une vedette du muet à la voix de crécelle doit tourner son premier film parlant et, qui plus est, chanter. Le metteur en scène a alors l'idée de faire doubler la star par Madeleine, une petite bonne de campagne qui passe tout son temps à chantonner, un rôle écrit sur mesure pour Édith. Comme dans toutes les guimauves, la servante finit par rencontrer un succès phénoménal et voler la vedette à la star du film. Troublée par sa si soudaine gloire, Madeleine quitte son brave fiancé, campé par Yves Montand, pour suivre un homme dangereux qui lui fait miroiter des merveilles – rôle tenu par un jeune comédien qui fera beaucoup parler de lui, Serge Reggiani. Mais fidèle à l'happy end hollywoodien, le film s'achève par quelques sifflotements de Montand qui laissent présager une tendre réconciliation entre les deux amants…

Pour Édith et Yves l'été 1945 prend fin sur ce tournage d'*Étoile sans lumière*, mais leur préoccupation majeure est désormais leur rentrée au Théâtre de l'Étoile, séparément pour la première fois. Piaf y chantera du 13 septembre au 4 octobre et, dès le 5, jusqu'au 30 novembre, Montand y fera ses débuts de vedette. Ce grand lancement en solo, c'est une idée d'Édith. Yves en a bien entendu rêvé, mais il se demande encore s'il est prêt, si le public le suivra seul, sans Piaf au programme.

Celle-ci dissimule ses craintes pour insuffler à son poulain toute l'assurance nécessaire à sa concentration. Il n'y a pas si longtemps il faisait le fier-à-bras, le monsieur Je-sais-tout, mais elle lui a appris qu'on ne sait jamais rien, que chaque soir il faut recommencer, retourner au front et reconquérir comme au premier jour. Du tour de chant de Montand elle a banni les mimiques inutiles et désordonnées, les reparties improvisées, ses bravades de sale gosse et autres fanfaronnades prétentieuses. Comme un tableau dont le peintre a pensé au millimètre près les perspectives, les proportions, les couleurs et la lumière, Édith peaufine de son pinceau le plus fin la prestation de son homme. Momone à ses basques, elle a parsemé les églises des alentours de plus de cierges qu'un pape ne pourrait en bénir, assommé le bon Dieu d'interminables prières afin que tous les anges volent au secours d'Yves le soir de sa première. Quand elle a eu fini d'implorer le ciel, elle s'est consacrée au monde d'en bas, épluchant une à une, des heures durant, les pages de son carnet d'adresses pour s'assurer de la présence de tous les journalistes et personnalités influentes.

Le 5 octobre au soir, la place d'Édith n'est pas dans la salle du Théâtre de l'Étoile mais bien en coulisse, juste à quelques mètres de Montand, fondue dans son ombre. Il n'aura qu'à jeter un regard sur le côté et il la verra là, tout acquise, les poings serrés, les pieds en dedans comme une débutante et le cœur battant. Le spectacle s'achève et les vivats gonflent dans la salle ; on craint que l'artiste ne ressorte plus des coulisses. Les cris d'amour du public conquis semblent rebondir indéfiniment. Sur un ultime baisser de rideau, le gladiateur victorieux retrouve Piaf, sa muse et son pygmalion.

« Merci, je te dois tout ! » glisse-t-il à l'oreille d'Édith blottie contre sa poitrine encore haletante.

Elle sait déjà que ces lauriers de gloire seront bientôt les fleurs de l'adieu. Cet homme-là n'a plus besoin d'elle. Elle a donné, transmis, nourri et sevré. La tâche est accomplie. Jamais elle n'a tant aimé Montand que lorsque, en retrait dans la coulisse sombre, elle a frissonné pour lui, vibré au diapason de son triomphe. Ils se sont aimés pour ce rendez-vous-là, pour l'instant pur de l'accomplissement. Tout ce qui suivra maintenant sera moins fort, comme dilué. Édith n'est pas femme à se contenter de cette tiédeur.

Alors qu'Édith vient de lui ouvrir grandes les portes de Paris, elle intercède encore auprès de Marcel Carné pour que Montand soit la vedette de son prochain film, *Les Portes de la nuit*. Initialement prévus à l'affiche, Jean Gabin et Marlene Dietrich, qui filent le parfait amour, viennent de faire faux bond au réalisateur. Piaf est là pour vendre son protégé, elle évoque son passé de docker à Marseille, sa force virile, son sourire carnassier, et bien entendu en fait des tonnes. Fort de son succès à l'Étoile, de ses prolongations à l'Alhambra et à l'issue d'une audition réussie, Montand l'emporte.

L'année 1945 touche à sa fin. Après le partage de Yalta, la capitulation allemande, la création des Nations unies et le procès de Nuremberg, c'est un ordre nouveau qui règne sur un monde exsangue en quête de reconstruction. Mais ce monde-là est bien trop vaste et trop éloigné de ses chansons pour qu'Édith s'en soucie vraiment. Son univers à elle est bien confiné, aussi court et léger qu'une chanson. Il tient entre un piano, un accordéon, une feuille de papier qu'un auteur vient de couvrir des paroles d'une nouvelle rengaine et le rideau de velours d'un théâtre. Pourtant la paix lui importe, du moment qu'elle offre à elle et à ses amis la liberté de chanter et de faire la fête. Ainsi, en ce 19 décembre 1945, alors que l'année s'achève enfin sur un monde apaisé, Piaf souffle les bougies de son trentième anniversaire et les dix ans de l'enregistrement de son premier disque. Près d'elle Montand, pour quelque temps encore, mais surtout ses nouveaux compagnons de route : le pianiste Robert Chauvigny, l'accordéoniste

Marc Bonel et l'imprésario Louis Barrier, d'infatigables et fidèles complices qui, ils n'en savent rien encore, donneront vingt-huit années de leur vie à Édith Piaf, à son art et à ses folles exigences – un chemin chaotique et merveilleux qui les mènera aux confins du monde et de la vie.

10

Neuf compagnons et trois cloches

Une cloche sonne, sonne
Elle chante dans la mort
Obsédante et monotone
Elle redit aux vivants :
« Ne tremblez pas cœurs fidèles
Dieu vous fera signe un jour
Vous trouverez sous son aile
Avec la vie éternelle
L'éternité de l'amour... »

Les Trois Cloches
(paroles et musique de J. VILLARD, 1945).

L'interminable ronde des galas, de ces tournées qui mènent au fin fond de la France, réserve parfois bien des surprises. Les artistes se croisent, se perdent de vue pour se retrouver au détour d'une coulisse ou de l'unique brasserie de la ville où l'on sert un souper au-delà de minuit. C'est ainsi qu'Édith retrouve Jean-Louis Jaubert, l'un des membres de la joyeuse troupe des Compagnons de la Chanson. Elle avait rencontré cette bande de troubadours au répertoire aussi folklorique que fantaisiste deux ans plus tôt, quand ils portaient encore le nom de Compagnons de la Musique. Deux jours après le gala des cheminots qui les avait réunis, Édith les avait tous invités à son domicile de la rue Villejust, chez Mme Billy. Une soirée bien arrosée et tout en chansons au cours de laquelle elle avait même eu l'idée de leurs costumes ! Les mois avaient passé et la guerre s'était achevée sans qu'aucune nouvelle ait été échangée.

Les retrouvailles dûment fêtées, Piaf décide que sa prochaine tournée en Alsace et en Allemagne n'en aura que plus de piquant si elle s'adjoint la compagnie de cette bande de gais lurons. Ils partageront l'affiche avec elle, et puis que de rigolades et de soupers festifs en perspective ! L'affaire est conclue : le 3 avril 1946, tout ce petit monde a rendez-vous à Strasbourg pour la première escale dans l'est de la France. Demain ce sera Metz, ensuite Nancy, avant de rejoindre les villes allemandes sous occupation française, Baden-Baden, Pirmasens, Sarrebruck, Oberstein… Deux semaines au total. Pour avoir tant manqué de famille, Édith se réjouit de cette cohorte de bonshommes et de la vie communautaire qui les attend – à une condition pourtant : qu'elle soit la patronne, qu'elle dirige ses troupes comme bon lui semble. Comme à son habitude, elle commence d'ailleurs à s'en prendre à leur répertoire – de scouts attardés, juge-t-elle, « fortement imprégné du style feu de camp », ainsi qu'elle le déclarera aux journalistes. Plutôt que des chansons tout juste bonnes à rythmer une marche en forêt, elle leur recommande de s'adonner à la vraie chanson populaire, à ces mélodies qui se sifflotent presque malgré soi en attendant l'autobus, à ces refrains que l'on reprend joyeusement à l'issue d'un gueuleton bien arrosé. Les Compagnons s'y opposent : ce n'est pas leur truc. Pourtant, la remarque d'Édith est plus une sentence qu'un conseil. Face à la grande dame de la chanson, les gars finalement obtempèrent. Au fil de ces deux semaines de galas, elle écoute longuement leur répertoire, faisant presque mine d'acquiescer pour mieux les cueillir au coin du bois.

En effet, Piaf convoque bientôt son petit monde et brandit sans appel une chanson que Gilles, le patron d'un cabaret de Lausanne nommé Au coup de soleil, vient de lui remettre lors de son dernier passage dans la ville suisse.

« Ça s'appelle *Les Trois Cloches* ! » lance, péremptoire, la petite Édith à la face des huit gaillards qui l'entourent.

Et elle commence à entonner pour eux cette histoire de village perdu « au fond de la vallée où naît joufflu, tendre et rosé un certain Jean-François Nicot »...

Une cloche sonne, sonne
Sa voix d'écho en écho
Dit au monde qui s'étonne :
« C'est pour Jean-François Nicot. »
C'est pour accueillir une âme
Une fleur qui s'ouvre au jour
À peine, à peine une flamme
Encore faible qui réclame
Protection, tendresse, amour.

Sous ces mêmes cloches tintinnabulantes, Jean-François Nicot vit, se marie, et meurt au dernier couplet. Pour refrain, une cloche sonne, sonne. Édith exulte, mais face à elle les Compagnons sont médusés. D'abord ils refusent tout net son hymne de clocher. Puis l'un des artistes de la troupe, Fred Mella, propose que Piaf le chante avec eux. Cela semble impensable, mais toujours aussi imprévisible elle accepte, sans sourciller, et relève le défi. L'instant d'après, elle aligne les gaillards en rang d'oignons et commence de leur faire répéter à sa guise *Les Trois Cloches*. Rien ne l'enthousiasme davantage que la création d'une nouvelle chanson, et plus encore avec de beaux jeunes hommes pour instruments. Répéter avec Piaf, ce n'est pas rien ! Les joyeux drilles se fatigueront plus tôt qu'elle. Inlassablement, elle corrige chacune de leur syllabe, veut contrôler jusqu'à leur souffle, s'assurer que leurs huit voix habillent parfaitement la chanson. Les mots tendres d'encouragement succèdent aux coups de gueule mais chaque jour, sans broncher, ils sont au rendez-vous que leur fixe la patronne. Certains croient à la chanson, d'autres se contentent de s'exécuter. Du 20 avril, lendemain de leur retour d'Allemagne, jusqu'au 11 mai, elle ne les lâchera pas, ne leur passera rien.

Ce 11 mai à dix-neuf heures trente précises, les Compagnons débarquent chez Édith pour répéter une dernière fois leur chanson. Ils ont alors l'occasion d'être présentés à Jean Cocteau. Dans quelques heures, au Club des Cinq, ils interpréteront pour la première fois *Les Trois Cloches*. Ce n'est pas un succès, c'est un fabuleux triomphe ! Debout, les spectateurs prient Piaf et son chœur d'hommes de bisser leur nouveau titre. La prédiction d'Édith s'est, une fois de plus, vérifiée. « Eh bien, il arrive ce miracle que ces solitudes s'épousent et composent un objet sonore par où la France s'exprime jusqu'à nous tirer les larmes », écrit Cocteau émerveillé par l'éclat de l'alliance que son amie vient de signer.

Si ces dernières semaines les Compagnons sont restés réservés sur le choix de cette chanson, l'un d'entre eux, Jean-Louis Jaubert, s'est révélé tout acquis à la cause d'Édith. C'est toujours avec enthousiasme qu'il a quitté quotidiennement l'appartement de la rue de l'Université, partagé avec ses sept partenaires de scène, pour se rendre à la répétition chez la patronne, rue de Berry, à deux pas des Champs-Élysées. Ses camarades ont beau lui rappeler le code d'honneur de leur compagnie, selon lequel les intérêts collectifs doivent quoi qu'il arrive l'emporter sur les choix personnels, Jaubert n'a d'yeux que pour Piaf. Chacun de ses mots est parole d'Évangile. Il rit de ses blagues, applique à la lettre ses conseils, cède à ses caprices. Une fascination qui a le don de faire enrager ses coéquipiers, d'autant qu'il est le chef de leur bande ! Jaubert, Édith le reluque d'ailleurs depuis le premier jour ; elle aime ses belles manières de fils de banquier. Encore davantage depuis qu'elle veille à ce que se distendent ses liens avec Montand. Et alors même qu'elle vient également de vivre une courte liaison avec un jeune fantaisiste, Luc Barney. Piaf est ainsi faite : pour qu'une histoire d'amour s'achève, elle la malmène, la met en péril, la confronte à de nouvelles rencontres jusqu'à ce que l'éconduit, épuisé, prenne enfin ses cliques et ses claques et fiche le camp.

Un soir, une fois la répétition achevée, alors que les Compagnons prennent congé d'Édith, Jean-Louis se voit, lui, prié par la patronne de rester. Elle s'approche du piano à queue qui trône au milieu de son salon et s'empare d'un paquet posé dessus. Pressante comme à son habitude, autoritaire même, elle lui ordonne de l'ouvrir. Du papier cadeau il extrait un magnifique coffret de cuir ; à l'intérieur, une gourmette, une montre et un briquet, le tout en or bien entendu. Sait-il qu'elle vient de lui remettre les insignes de maître de son cœur et de sa maison ? Ces attributs sont ceux qu'elle a déjà offerts à Montand, qu'elle offrira à tant d'autres par la suite. Si l'argent lui fond entre les doigts et si les signes extérieurs de richesse sont bien le cadet de ses soucis, Édith apprécie toutefois que son homme ait fière allure. La montre, la gourmette et le briquet rutilants sont autant de vestiges de son passé de petite fille pauvre que les maquereaux, experts en mauvais goût, fascinaient. De même, les amants de Mlle Piaf doivent porter les complets bleus et les luxueuses cravates de soie qu'elle affectionne. Un homme doit être élégant pour l'impressionner et lui plaire.

Les Compagnons doivent se rendre à l'évidence : Piaf leur a ouvert la voie du succès. Ils donnent des galas à guichets fermés à Paris et aux quatre coins de la France et c'est un million d'exemplaires des *Trois Cloches* qui sont bientôt vendus, un chiffre exorbitant pour l'industrie du disque de ces années d'après guerre. Dociles, ils enregistrent avec Édith des reprises de titres dont elle a eu l'idée, d'anciennes chansons populaires telles que *Dans les prisons de Nantes* ou *Le roi a fait battre tambour*. Le public, lui, ne fait que confirmer sa ferveur pour ce mariage de Piaf et de ses Compagnons en assistant toujours plus nombreux à leurs galas. Pourtant, que de courage il faut à ces jeunes hommes pour ne pas déroger aux règles imposées par leur tyrannique patronne ! Ne vient-elle pas de décider qu'elle serait la seule femme de leur entourage ? Si la maîtresse du moment ou même l'épouse d'un des Compagnons débarque aux répétitions ou dans les coulisses d'un théâtre, c'est une colère furieuse qui leur tombe dessus. D'ailleurs, Piaf n'aime pas les femmes, elles sont à ses yeux d'insupportables rivales, des envieuses semeuses de panique. Et puis elle n'aime rien tant que veiller seule aux destinées d'une cour masculine. Elle aime le monde des hommes, leurs blagues de potaches, la franche camaraderie, les soûleries, les commentaires crus. Mais eux doivent la protéger, lui réserver les meilleurs égards, ne jamais oublier qu'elle est une femme.

Édith met ainsi au ban Mimi, l'épouse d'Hubert Lancelot, ou encore Ginette, celle de Guy Bourguignon. Lors des déplacements, elles se retrouvent même recluses dans leur chambre d'hôtel, et leurs hommes leur recommandent d'en sortir le moins possible tant ils craignent les colères de la patronne. Pourtant, Ginette Bourguignon enrage d'être ainsi reléguée au placard, d'autant qu'elle-même, admiratrice de la première heure de Piaf, rêve de la rencontrer. Alors, quand son mari lui demande de quoi a été faite sa journée, elle s'invente des rencontres fort agréables qui ont le don d'attiser la jalousie du Compagnon. Édith, attentive aux états d'âme et aux préoccupations de ses troupes, ne tarde pas à remarquer chez Bourguignon un manque de concentration manifeste. La faute en incombe forcément à sa femme.

La patronne va donc lui rendre une petite visite avec la ferme intention de la faire déguerpir. C'était compter sans la malice de Ginette ! Quand Édith lui intime l'ordre de rentrer à Paris, elle se lance dans le pathétique récit de son enfance, des confidences déchirantes qui ne manquent pas de bouleverser la chanteuse. La fuite du père, les petits boulots à l'âge de la première communion, la vie à l'usine, l'errance... Tout cela ressemble trop à sa propre histoire pour qu'elle reste de marbre. C'est décidé sur-le-champ : Ginette, qu'au passage elle rebaptise Ginou parce que « Ginette c'est trop moche », restera auprès d'elle. Elle fera office d'habilleuse, de coiffeuse, de copine... Corvéable à merci, Ginou ne sait pas encore qu'elle va en baver des ronds de chapeau !

Flanquée de sa cohorte de lascars et tout à la joie de la nouvelle idylle qui la lie de plus en plus sûrement à Jaubert, Édith en oublierait presque que l'affaire Montand est loin d'être enterrée. Il a beau mener tambour battant une bien belle carrière, jouir avec succès de tout ce que lui a enseigné Piaf et partager la couche de quelques jolies dames de passage, il n'a pas pour autant mis une croix sur son premier grand amour. Montand l'appelle, il veut la revoir, l'aimer encore… Momone prétendra même qu'il s'accrochait à la sonnette, suppliant Édith de lui répondre, de faire ne serait-ce qu'un signe. Mais elle n'a plus rien à lui donner, alors elle se contraint à l'oublier… Et puis le succès de Montand est si grand, si proche du sien, que désormais il lui échappe – pis : il lui fait de l'ombre. L'artiste est bien trop fière de son art pour autoriser un homme à lui disputer ses titres de gloire. Momone évoquera une séparation violente, un Montand de vingt-cinq ans apitoyé et larmoyant, brisé et suppliant.

Pourtant ce même Montand dépeindra, lui, une rupture douloureuse mais digne, sans cris ni heurts. Après huit jours de silence absolu et d'une tristesse infinie, il aurait enfin téléphoné à l'objet de son tourment. Folle de joie, prétendra-t-il, elle aurait accepté de le rencontrer, mais à l'heure de leur rendez-vous un terrible orage aurait malmené le ciel de Paris. Sous une pluie battante, elle aurait alors désespérément cherché un taxi afin de rejoindre Yves, mais en vain. Ils devaient se manquer et leur histoire définitivement s'achever… « Malheureux, oui, envie de pleurer, oui… Et surtout elle m'a aimé, elle m'a épaulé et m'a blessé, avec tant de sincérité, tant de rires et de grâce qu'il m'a fallu plusieurs années pour guérir », écrira Montand. Édith est déjà loin, délicieusement offerte à la promesse d'un nouvel amour dans les bras de Jaubert, son Compagnon favori…

Louis Barrier, le nouvel imprésario d'Édith, prend sa tâche très au sérieux et les engagements recommencent de pleuvoir comme au temps d'Asso. Un détour par Ostende, une escale dans le sud de la France, le casino de Sainte-Maxime, le Palais de la Méditerranée à Nice, le Bidou, un cabaret cannois… Dans quelques jours, le 31 juillet, Édith doit s'envoler pour Athènes. Mais elle se sent fatiguée, inquiète de ce déplacement lointain et peu désireuse de vivre trois semaines loin de Jaubert. Elle préfère annuler ce pour quoi elle doit faire le voyage, c'est-à-dire la présentation de son film *Étoile sans lumière* et les récitals prévus dans un cabaret, le Miami. Impossible pourtant de se désister. Barrier bataille, évoque le coût d'un dédit dont elle serait bien incapable de s'acquitter. Piaf finit par fléchir et préparer ses malles. Ce voyage, elle ne l'oubliera jamais...

Athènes est une ville en souffrance, meurtrie par une âpre guerre civile qui a aussitôt succédé à la Seconde Guerre mondiale, un de ces terribles conflits qui déchirent des hommes et des femmes nés sur la même terre, opposent deux amis, deux frères. Ce 1er septembre, alors qu'Édith est installée dans la capitale grecque depuis quelques heures, la population est tout occupée à un grand référendum national, à l'issue duquel sera décidé le retour du monarque grec en exil à Londres. Sous la chaleur du ciel d'Athènes, alors que pèsent les tensions politiques, l'artiste répète non sans angoisse le spectacle qu'elle donnera dès le lendemain. Un bouquet de fleurs ne tarde pourtant pas à envoyer voleter son souci. Chaque soir, pendant trois jours, le même bouquet de petites fleurs toutes simples, des pâquerettes, des boutons-d'or, de la lavande. Des couleurs et des senteurs sans nom ni adresse qu'elle recueille charmée et dispose chaque jour à la même heure dans sa loge. Un soir, enfin, le voile se lève sur le mystère, et l'auteur de cette délicate attention paraît dans l'encadrement de la porte de la loge. Un Grec rescapé de quelque mythe antique, un bel éphèbe à la silhouette longue et fine, aux cheveux généreux et bouclés, aussi brillants et sombres que le jais. L'homme s'avance, se présente à la chanteuse qu'il apprécie tant.

« Je m'appelle Takis Menelas, articule-t-il dans un bon français joliment relevé d'une pointe d'accent. Je suis artiste dramatique. »

Quand il propose à Édith de l'escorter dans sa découverte de la cité athénienne, celle-ci n'hésite pas un seul instant. La petite Française et le grand Grec sillonnent les rues du quartier de Plaka, ses ruelles tendrement sinueuses menant à d'autres chemins plus étroits encore, escarpés, qui, comme accrochés à l'Acropole, les portent à son sommet sacré où trône, superbe et majestueux, le Parthénon d'Athéna, la déesse de la cité. Dansent dans cette douce nuit d'été des parfums qu'Édith ne connaissait pas. Ceux des oliviers, du chèvrefeuille... Au-dessus de leurs têtes veille la lune, caressante, qui dans cette ville antique semble plus haute, plus lumineuse. Des poètes chantent un astre d'argent aux cheveux tissés d'étoiles, une lune de papier blanc sur laquelle des amoureux pourraient écrire leurs noms et les faire lire au monde... Dans ce décor éternel, le pâtre grec dépose un baiser sur les lèvres de la Voix de Paris. Quinze jours durant elle vit, dans les bras de Takis, un rêve éveillé. Chaque soir elle chante et chaque nuit ils s'aiment dans ce décor de pierres millénaires. « J'ai même eu envie de changer de vie, de ne plus jamais revenir... Là-bas, tu ne penses plus comme tu penses ici », expliquera-t-elle à Momone. Aux derniers jours du séjour d'Édith, Takis tremble de voir s'envoler à jamais sa petite fiancée de France.

« Ne pars pas. Jamais plus je ne te reverrai. Tu es ma vie ! Reste ! Nous nous marierons. Mon pays est fait pour les déesses. Tu en es une. Tu es l'amour... », murmure-t-il à son oreille amoureuse.

Mais Piaf est déjà sur le départ, un télégramme de Loulou Barrier lui annonce qu'en novembre 1947, dans près d'un an et demi, elle fera son premier voyage en Amérique. Incrédule, elle passe un coup de fil à son impresario. Un instant, elle prétend ne pas être capable de relever un tel défi, mais celui d'après elle décrit déjà à Loulou son tour de chant, énonce tout ce qu'il faudra prévoir, le boulot à abattre. Elle a aimé Takis de tout son cœur, elle le pleurera, mais son pays à elle l'attend, sa terre de chansons et de musiques...

Takis, elle croit bien qu'elle ne le reverra jamais lorsque, devant ses yeux embués, ses belles boucles brunes s'évanouissent lentement. Pourtant, quelques années plus tard, en transit à Paris, il se rappelle à son souvenir. Il vient de refuser un gros contrat à New York pour retrouver la Grèce qui lui manquait tant.

« Je ne t'ai pas oubliée, je n'ai pas cessé de t'aimer », glisse-t-il à Édith.

Elle a au passage le loisir de se demander si finalement elle n'est pas passée à côté de son plus bel amour. Plus tard encore, il lui renverra la médaille d'or porte-bonheur qu'elle lui a offerte à Athènes. Apprenant ses soucis de santé, il préfère la lui rendre accompagnée d'un ultime mot tendre : « Tu en as bien plus besoin que moi. »

De retour à Paris après deux semaines du plus grec des amours, Édith retrouve Jaubert et les Compagnons. On enchaîne répétitions et galas communs, à Paris et un peu partout en province. Le 11 octobre, elle fait sa rentrée dans la capitale avec une série de concerts à l'Étoile, entourée bien sûr de ses Compagnons qui ne sont plus huit mais neuf depuis que Paul Buissonneau les a rejoints. Pour la première fois, elle chante la chanson dont elle avait d'abord fait don à son amie Marianne Michel, *La Vie en rose*. Un titre qui devrait refaire parler de lui... Jamais Piaf n'a autant travaillé, c'est à peine si elle a le loisir de célébrer le passage à la nouvelle année. Entre les récitals parisiens au Club des Cinq, au Palais de Chaillot, au Balzac, à la Mutualité ou aux Ambassadeurs sont intercalés des voyages à Lille, Marseille, Strasbourg, Mulhouse, Nancy, Rouen... Sans oublier les répétitions qu'elle souhaite toujours nombreuses, les enregistrements de disques et d'émissions de radio, les reportages filmés ou photographiques. À plusieurs reprises, elle doit compter avec son surmenage et même supporter de petits malaises, des défaillances vocales. Un jour de pause et elle repart de plus belle, un grand sourire aux lèvres et des éclats de rire retentissants dans la voix.

Quand elle ne chante pas, Édith sort, découvre de nouveaux spectacles, des talents susceptibles de l'inspirer ou au moins de la divertir... Un soir, en compagnie de Charles Trenet et de l'éditeur musical Raoul Breton et de son épouse – la Marquise –, elle se rend à la salle Washington, dans la rue du même nom, à l'occasion de l'enregistrement public d'une émission de radio orchestrée par Pierre Cour et Francis Blanche, un de ses fidèles amis. Piaf fait alors la connaissance d'un duo, Roche et Aznavour. Le plus petit des deux, un Arménien à l'appendice nasal imposant, entonne *Le Feutre taupé*. « Du premier rang jaillit un rire. Un rire particulier, énorme, riche, venant du ventre. Je regarde. C'est Piaf qui se marre. Elle est assise les cuisses écartées, le corps balancé en avant, la tête rejetée en arrière. La bouche ouverte, elle ressemble à une figure précolombienne », écrira Charles Aznavour. Édith applaudit en effet à tout rompre, plus fort que tout le monde, ce qui est plutôt encourageant pour les deux jeunes artistes ! Sa troisième et dernière chanson achevée, Aznavour s'apprête à descendre de scène. Piaf lui fait alors un signe lui signifiant clairement qu'il ne doit pas partir sans passer la voir. Mais quand l'enregistrement de l'émission s'achève, la chanteuse est bien trop sollicitée pour qu'il ose la déranger et s'imposer. Contre toute attente, c'est elle qui fend la foule qui l'entoure pour se rendre auprès du jeune artiste ! De nature timide, on ne peut plus impressionné, il ne parvient pas à articuler le moindre mot. Édith, elle, l'apostrophe un peu rudement :

« Ça te casserait la mâchoire de venir me dire bonjour ? »

Le pauvre Charles peine toujours à balbutier quoi que ce soit et elle renchérit déjà :

« Quoi, t'es con ou j'te fais peur ? Peut-être un peu les deux ! »

Le ton est donné. Tout de suite ils parlent chansons ; il lui explique qu'il écrit ses textes tandis que Roche se consacre aux musiques.

« Qui c'est ça Roche ? » interroge-t-elle.

Elle n'avait même pas remarqué son complice, en retrait dans le fond de la scène. Et lorsqu'il dit à la vedette qu'il doit rentrer chez lui retrouver sa femme, elle explose :

« Encore un qu'est marié ! Mais qu'est-ce que vous avez tous à vous enchaîner comme des cons ? Ça ne fait rien, elle t'attendra, pour une fois. D'ailleurs, par la suite, il faudra qu'elle t'attende. »

Et elle entraîne d'un pas alerte sa découverte du jour, qui lui-même alpague au passage son complice, Pierre Roche.

Quelques minutes plus tard, Aznavour et Roche se retrouvent siégeant au beau milieu du sérail de dame Piaf en son domicile de la rue de Berry. Henri Contet, l'amoureux éconduit mais toujours fidèle parolier, est présent. À ses côtés, la si gracieuse et douce Marguerite Monnot, magicienne des mélodies de Piaf, mais aussi sa secrétaire et quelques autres amis de passage comme il en gravite toujours, le soir venu, autour de la vedette. Aznavour ne sait pas encore qu'il va avoir droit à un examen de passage en bonne et due forme. Si Édith est un juge impartial lorsqu'il s'agit d'intégrer ou non un petit nouveau dans sa bande, les potes ont aussi leur mot à dire. Abruptes, les questions tombent comme des couperets. D'où tu viens ? Pourquoi tu t'fringues en noir ? Sans compter le récit de vie – poignant de préférence ! Quand Charles Aznavour répond le plus sérieusement du monde qu'il s'habille en noir pour que la crasse soit moins visible, Édith est aux anges : voilà un p'tit gars nature ! Lorsqu'il relate son intrépide ronde des radiocrochets, galères, engagements minables et divers bals musettes, elle exulte.

« Alors tu sais valser ? » lui lance-t-elle.

Le jeune homme est aussitôt prié de s'exécuter. Son acolyte, Pierre Roche, s'assied au piano et commence de jouer. Elle veut de la valse, il va lui en donner. Avec force et technique, Charles emporte sa célèbre partenaire dans un tourbillon décoiffant. Tandis que les copains applaudissent, Édith, dans un éclat de rire sonore, en redemande.

« Tu connais le paso doble ? » le nargue-t-elle.

Sans mot dire, le jeune homme, de petite taille mais de grand talent lorsqu'il s'agit de guincher, la saisit et lui en fait voir de toutes les couleurs. Suivent des tangos, avec tous les frôlements que cet art requiert. Les amis ont pris congé, mais ces deux-là dansent toujours tandis que Roche demeure accroché au clavier de son instrument. La nuit s'achève. Dans le petit matin pâle, Roche et Aznavour quittent, épuisés mais heureux, le rez-de-chaussée de Piaf. Non sans promettre de revenir dès le lendemain.

Comme promis mais seul, car il n'est pas parvenu à tirer Roche de son sommeil, Aznavour refait le chemin qui mène à la rue de Berry. La patronne dort encore ; la secrétaire le prie de bien vouloir patienter au salon. Une attente qui durera deux heures ! Les réveils de Mlle Piaf sont décidément bien tardifs. « Elle me reçoit dans son lit. Son visage porte encore les marques des caoutchoucs qui maintiennent son masque de nuit. Du petit doigt, elle se met de la vaseline dans les narines, sans se soucier de ma présence. Sur sa chemise de nuit rose, je remarque de grandes auréoles : la vaseline. Car elle s'essuie à même sa chemise… J'assiste à son petit déjeuner, un mélange de café, de biscottes, de miel qu'elle répand un peu partout », écrira Aznavour. La bouche pleine, Édith propose à son visiteur d'ouvrir les spectacles qu'elle donnera en tournée dans quelques jours avec les Compagnons de la Chanson. Charles commet alors une énorme bourde : il lui demande combien son complice et lui seront payés. Soudainement droite comme un I dans son lit, elle lui lance à la face un flot d'injures :

« Bougre de con, minable gagne-petit ! T'as la chance de passer dans le spectacle de Piaf, et tu oses demander combien tu vas gagner. Tout Paris, tu m'entends, se traînerait à mes pieds pour passer avec moi dans mon programme ! »

Abasourdi, conscient de sa bévue, Aznavour n'a plus qu'à se taire et à s'estimer heureux d'avoir tout de même rendez-vous quelques jours plus tard avec Piaf et les Compagnons sur le quai de la gare du Nord pour leur départ en tournée. À huit heures pétantes, a-t-elle précisé. Pour ce qui est des conditions, ils feront ce qu'elle voudra et au prix qui lui chantera ! Charles prévient sa femme Micheline de son incorporation dans les troupes de Piaf. Comme sa réputation de mangeuse d'hommes inquiète quelque peu l'épouse, Charles lui assure qu'elle a le béguin pour Pierre. Il fallait bien inventer quelque chose.

Ce matin de mars 1947 Édith se lève à l'aurore – une fois n'est pas coutume. Un départ en tournée, c'est sacré ! Les malles sont bouclées et à huit heures précises, sur le quai de la gare, elle fait le planton avec ses Compagnons. À l'autre bout de Paris, un vent de panique souffle sur l'appartement où Aznavour et Roche viennent de se réveiller. Charles bouscule Pierre, encore ensommeillé. Comme les taxis se font désirer, les deux amis prennent leur courage à deux mains, ainsi que leurs valises, et rejoignent la gare au galop. Il est huit heures vingt quand, exténués, ils se retrouvent seuls sur le quai. Du train ils aperçoivent la dernière voiture et la guirlande de fumée qui s'échappe de sa cheminée. Mais pas question de renoncer ! Puisqu'il n'y a pas d'autre train pour Tourcoing avant le soir, les deux complices grimpent dans un wagon de marchandises qui les laissera à Amiens. De là, ils attrapent un taxi qui les conduit à Lille, puis un tramway en route pour Tourcoing. Ils ont finalement cinq minutes d'avance sur le train qu'ils ont raté le matin. Ils décident de boire un verre en attendant l'arrivée de la vedette. Leur muscadet à peine avalé, ils aperçoivent déjà le convoi : Piaf en tête, suivie de Loulou Barrier, de Jaubert et des huit autres Compagnons. Avant qu'Édith ait eu le temps de piquer une colère, Charles a déjà proposé une tournée générale.

Les galas de la joyeuse équipée commencent par remporter un beau succès en France, mais pour ce qui est des dates suivantes, en Suisse, il en va bien autrement. Il faut jouer dans des salles aux deux tiers vides et faire bientôt face à quelques soucis de trésorerie. Chemin faisant, Édith et Charles se découvrent et s'apprécient. Alors que Jaubert prie Piaf de renoncer à ses beuveries, que les Compagnons, finalement beaucoup moins drôles qu'elle ne se les était imaginés, pensent à leurs épouses et à leurs projets petits-bourgeois, Charles, Pierre Roche et la vedette lèvent le coude et font la fête ensemble. Le 3 avril, après avoir partagé deux belles semaines, Édith et ses troupes sont en gare de Liège pour de déchirants adieux. La chanteuse rejoint en effet la Scandinavie, où elle chantera jusqu'au 24 juin. Charles et Pierre s'apprêtent, eux, à regagner Paris. On charge les bagages dans le train en partance pour Oslo, on échange des embrassades et des promesses de prochaines retrouvailles tandis que Jaubert, lui, veille à ce que Piaf n'emporte aucune bouteille d'alcool susceptible d'agrémenter un si long voyage. C'est sous-estimer la sollicitude de ses nouveaux copains ! Les malins n'ont pas manqué de planquer des canettes de bière dans la cabine de la patronne, sous son oreiller, sous le matelas, dans les poches de son manteau de fourrure et dans le porte-bagages. De Suède, elle écrira à son nouveau complice quelques mots qui signifient beaucoup : « Je n'aurais jamais cru que tu me manquerais autant… Ta petite sœur du pavé, Édith. » En ce petit homme promis au plus grand des succès elle a perçu la marque douloureuse du temps passé et celle, émouvante, d'une humanité et d'une sensibilité à fleur de peau. Entre elle et Charles une indéfectible amitié est née…

De retour à Paris après deux mois et demi de tournée dans le Grand Nord, Édith n'a plus qu'une seule pensée, son voyage en Amérique. Tandis que Loulou achève de mettre en place cette tournée avec Clifford

Fisher, un imprésario très en vue sur l'autre rive de l'Atlantique, elle annonce à ses Compagnons que le 11 octobre ils marcheront avec elle sur New York. Dès lors, c'est une véritable stratégie de conquête que Piaf met en place. Il lui faut redoubler d'ardeur à la tâche, comprendre qui sont ces Américains qu'elle va devoir toucher droit au cœur, et également préparer les Compagnons à cette nouvelle aventure. Si elle est une vedette en France, elle sait que là-bas en Amérique personne ne l'attend, qu'il lui faudra tout reconstruire pierre par pierre et gagner ses lauriers un à un. Mais d'ici là le rythme des galas ne ralentit pas pour autant. Toujours sans le sou tant elle distribue son argent sans se soucier du lendemain, Édith doit travailler sans relâche pour régler au jour le jour ses dépenses courantes. Aussi accepte-t-elle tous les engagements qu'on lui propose : Deauville, Biarritz, Le Touquet et à nouveau la Belgique en cet été 1947, La Haye, Aix-les-Bains… avant de retrouver Paris pour son grand retour sur les planches parisiennes à l'Étoile aux côtés des Compagnons et de Roche et Aznavour.

On ne peut espérer de plus folle rentrée pour Piaf à un mois de son départ pour l'Amérique. Non seulement elle chante tous les soirs sur scène mais elle tourne aussi chaque après-midi de midi à vingt heures aux studios de Billancourt avec les Compagnons un film intitulés *Neuf garçons, un cœur*. Un conte de noël musical où un groupe de chanteurs crève-la-faim – Édith et les Compagnons bien sûr – rêvent de faire bombance et de rencontrer le succès. Le 8 octobre dans l'après-midi, Piaf et ses hommes bouclent enfin le tournage du film avant de donner leur ultime récital à l'Étoile dans la soirée. Les Compagnons n'y croient toujours pas, et pourtant les voilà à trois jours de leur départ pour l'Amérique… D'ailleurs, depuis le début de cette aventure, ils pensent qu'Édith leur fait une blague de son cru. Pour se faire entendre, elle va jusqu'à leur promettre une gifle à chacun le jour du grand départ !

Le 9 octobre, à neuf heures trente, Piaf et ses troupes sont bel et bien au rendez-vous gare Saint-Lazare. La télévision, les radios, des photographes, des journalistes et de nombreux admirateurs se pressent sur les quais pour saluer le départ en Amérique de leur chanteuse. Édith, enveloppée dans un manteau clair noué à la taille, se tient aux commandes d'un chariot à bagages qu'une foule exaltée assaille. À midi quinze, le train entre en gare du Havre. Une heure plus tard, un bateau emporte la troupe à Londres où le débarquement se fait à dix-neuf heures trente. Après une nuit de repos dans la capitale anglaise, Piaf et son armada de jeunes hommes partent à Southampton pour embarquer sur le *Queen Elizabeth* en fin d'après-midi. Le lendemain matin, 11 octobre, à neuf heures trente, le paquebot largue enfin les amarres et longe les côtes anglaises toute la journée. Le 12, les côtes ont disparu et le navire entame une traversée qui durera quatre jours. En ce premier jour de voyage Édith n'a pas oublié sa redoutable promesse. Les yeux candides, un sourire malin suspendu aux lèvres, elle prie ses Compagnons de s'aligner sur le pont et gratifie chacun d'eux d'une magistrale paire de claques, sous le regard abasourdi des autres passagers. Cette fois c'est sûr, l'Amérique est à eux.

11

À la conquête du Nouveau Monde

Les gens ne comprennent rien et tu les fais pleurer !

Édith PIAF.

Quand les gens auront pris l'habitude de sa petite robe noire, quand ils auront compris qu'une Parisienne n'est pas nécessairement surmontée d'un chapeau à plumes et affublée d'une robe à traîne, on se battra pour l'entendre.

Clifford FISHER,
imprésario américain.

Ainsi, Édith Piaf s'apprête à conquérir l'Amérique. Sa suite compte non seulement ses neuf Compagnons mais aussi Loulou l'imprésario, les musiciens Marc Bonel et Robert Chauvigny et Ginou la secrétaire. Une amie d'Édith, Irène de Trébert, la compagne du chef d'orchestre Raymond Legrand, qui ne devait accompagner la troupe que jusqu'au Havre, s'est finalement laissé persuader de venir en Amérique. À son tour, le parolier, compositeur et ami Michel Emer ne tardera pas à rejoindre la petite bande. Le mal de mer, les jours de grand vent, met le cœur à l'envers, mais on aime les joyeuses balades sur le pont quand la brise légère faite voleter les étoles de soie. Un récital improvisé pour les riches passagers de première classe et quelques soirées bien arrosées plus tard, le paquebot approche enfin des côtes américaines. Parce qu'un épais brouillard barre l'horizon, le *Queen Elizabeth* doit renoncer à son entrée dans le port de New York initialement prévue à six heures du matin ce 16 octobre 1947. Bloqué au large toute la matinée, le navire ne reprendra sa course que vers quatorze heures, après que les autorités douanières et des journalistes chargés d'accueillir la chanteuse de Paris seront montés à bord. À dix-neuf heures, le majestueux *Queen Elizabeth* fend les flots de la baie d'Hudson et approche enfin des quais du port de New York.

Alors que ses hommes sont impatients de se perdre dans la cité géante, Édith ne songe, elle, qu'à découvrir le Playhouse Theater, ce music-hall de Broadway où elle doit se produire. Rien ne presse pourtant, le soir de sa première n'est prévu que dans deux semaines. Logée à l'hôtel Ambassador, où elle a choisi de partager sa suite avec Irène et Jaubert, elle ne se montre guère exal-

1. En 1936, à vingt et un ans. (© Lipnitzki-Viollet)

2. Avec Raymond Asso, en 1937. (© Roger-Viollet)

3. Dans *Le bel indifférent* de Jean Cocteau. (© DR)

2.

3.

4.

5.

4. Dans les années 1940. (© DR)
5. Avec Yves Montand, le 27 juin 1947. (© Keystone)

6. En 1948, avec les Compagnons de la Chanson. (© Roger-Viollet)

7. À Orly, avec Marcel Cerdan, le 17 mars 1948. (© Keystone)

8.

8. Avec son mari Jacques Pills, au début des années 1950. (© DR)
9. La nostalgie des rues de son enfance. (© DR)

9.

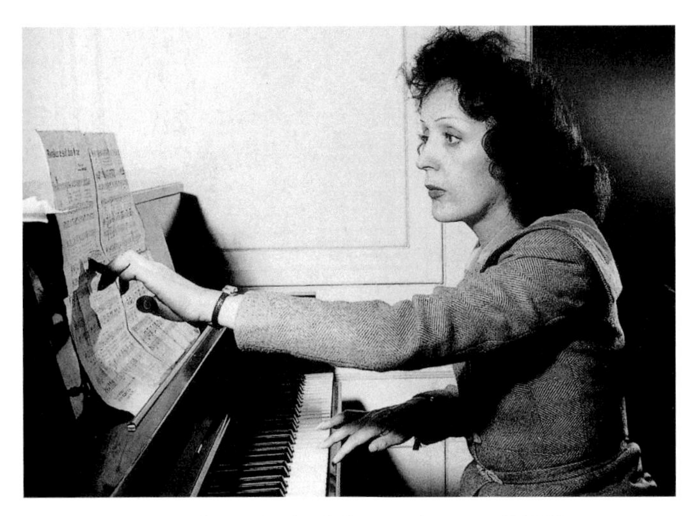

10. Piaf en train de répéter un chanson. (© DR)

11.

12.

11. En septembre 1957, avec Gloria Lasso et Annie Cordy. (© Roger-Viollet)

12. À l'Alhambra, avec Henri Salvador, en novembre 1958. (© Lipnitzki-Viollet)

13. En novembre 1959, avec Marlene Dietrich, l'amie de toujours. (© DR)

14. Au début des années 1960, entourée de Jean-Paul Belmondo, Jean-Claude Brialy et Charles Dumont. (© DR)

15. Le grand retour à l'Olympia, en janvier 1961. (© Roger-Viollet)

16. En 1961, lors d'une séance d'enregistrement. (© Roger-Viollet)

17. Sur la scène de l'Olympia, en janvier 1961. (© Lipnitzki-Viollet)

18. Le dernier été, en compagnie de Théo Sarapo. (© Keystone)

19. Chez elle, dans les derniers mois. (© DR)

tée par la découverte de New York. Elle s'attendait à être impressionnée par la statue de la Liberté et finalement elle ne lui a pas fait plus d'effet que celle, miniature, plantée sur le pont de Grenelle à Paris. Les copains lui décrivent ces buildings titanesques qui semblent chatouiller le ventre du ciel, les ice-creams aux couleurs improbables, le pop-corn qui crépite joyeusement dans des cages de verre aux portes des cinémas, les voitures si longues qu'on n'en voit pas la fin et puis, perchées sur des échasses, des femmes aussi jolies et élégantes que dans les comédies musicales. Mais Piaf se moque bien de leurs exotiques chroniques, seuls lui importent le soir de sa première et ce public d'énergumènes du Nouveau Monde qu'il faudra rallier à sa cause. Sans compter que Jaubert, plaintif et décourageant, ne cesse de lui mettre la pression avec des « Tu crois que ça va marcher ? » et des « Tu crois qu'on va leur plaire ? ».

« Toute seule plantée au milieu de mes valises, j'en aurais chialé », dira-t-elle à Momone à son retour.

On ne peut plus sérieuse lorsqu'il s'agit du travail, Édith se lance dans l'apprentissage de l'anglais. Dotée de son *Anglais sans peine*, qu'elle a déjà un peu potassé avant le départ, elle essaie de mémoriser les sons et d'apprendre quelques phrases toutes faites figurant dans le bouquin. « D'abord, t'as le *the*. Ça, c'est pas possible à dire. T'as beau mettre ta langue entre tes dents, ça ne marche pas. J'en étais déjà à la phrase : *A woman is waiting for a sailor who promised to return to her when he became a captain*. (Une femme attend le retour d'un marin qui lui a promis de revenir quand il serait capitaine.) Qu'est-ce que j'en avais à foutre ! J'ai tellement ri que j'en avais mal aux côtes. Ce n'était pas ça qui allait me servir », écrira-t-elle à Momone. Clifford Fischer, l'imprésario américain qui, à Paris, avait eu un véritable coup de foudre artistique pour Piaf, a organisé une grande conférence de presse, comme il est d'usage en Amérique, afin de présenter l'artiste française aux journalistes new-yorkais. Le temps d'une blague ou deux, Édith met tout ce petit monde dans sa poche – presque malgré elle. Ainsi, lorsqu'on lui demande quelle personne elle aimerait rencontrer en Amérique, le plus sincèrement du monde elle répond Albert Einstein. Comment pourrait-on savoir dans la salle que son copain Jacquot, Jacques Bourgeat, lui a fait lire, entre les œuvres de Platon et la Bible, la théorie de la relativité ?

« Il est intelligent ce type-là, et en plus il n'a pas pris la grosse tête », ne cesse-t-elle de se réjouir lorsqu'il s'agit d'évoquer le savant.

À la veille d'entamer les répétitions de son spectacle, la chanteuse reçoit un coup de fil d'un couple d'admirateurs français qui tiennent une auberge dans la campagne new-yorkaise. Ils seraient honorés de la recevoir en leurs murs pour un déjeuner dominical.

« Ça nous changera les idées ! » décide Édith.

Une vraie limousine de cinéma passe la chercher avec sa copine Irène. Glissant le long de la baie d'Hudson, la voiture stoppe sa course dans un très joli village émaillé de petits lacs et peuplé par une trentaine de familles françaises. Dans l'auberge sont déjà attablées quelques sommités originaires de France. Le couple de chanteurs français Lucienne Boyer et Jacques Pills, mais surtout le boxeur français Marcel Cerdan. Édith l'a déjà rencontré un soir de juillet 1946, le 7 exactement, alors qu'il était venu l'écouter au Club des Cinq après son combat contre l'Américain Williams. Ils s'étaient salués, congratulés, et avaient pris congé l'un de l'autre sur un « À bientôt » fort poli. Dix-huit mois plus tard, ce déjeuner des plus sympathiques à des milliers de kilomètres de Paname réunit deux hommes qui feront un jour battre la chamade au cœur d'Édith…

Tous trois français en exil à New York, Piaf, Irène de Trébert et Marcel Cerdan ont à nouveau prévu de dîner ensemble dès le lendemain soir. Irène avait seulement oublié sa promesse faite à Jacques Pills de se rendre avec lui à une comédie musicale. C'est donc à deux qu'Édith et Marcel dîneront finalement. Pour honorer son hôte d'exception, ce héros national qui porte au bout du monde les couleurs du sport français, Édith s'est habillée avec le plus grand soin. Peine perdue, ose-t-elle penser et même dire tout haut lorsqu'elle voit Cerdan pousser la porte d'un modeste drugstore.

« Ah ben vous, vous ne vous ruinez pas quand vous invitez quelqu'un à dîner ! » lance-t-elle après avoir tout de même avalé, grimpée sur un haut tabouret de bar, un ragoût de bœuf arrosé de bière.

Il n'en fallait pas davantage pour chatouiller l'orgueil du boxeur, qui réalise soudainement sa bévue. Le temps de héler un taxi et les deux Français se retrouvent bientôt attablés au Gourmet, le restaurant français le plus chic de la ville. Le visage entre ses mains, les coudes solidement plantés sur la table, Édith, comme une enfant friande de belles histoires, écoute Cerdan. Il est né en Algérie, à Sidi Bel Abbès, un jour torride de juillet 1916, et elle se souvient de sa grand-mère kabyle. Visiblement ému, Marcel honore la mémoire de son père, cet émigré espagnol venu faire fortune – du moins le croyait-il – de l'autre côté de la Méditerranée. Charcutier ambulant, il devait finalement tirer jusqu'à l'épuisement sa carriole dans les rues de la ville. Passionné de sport, il avait décidé que ses quatre fils seraient boxeurs. Avec les mots simples d'un enfant devenu grand, avec des manières abruptes mais tendres, Cerdan évoque ses entraînements de petit garçon, la violence de ses premiers combats et, au détour d'un souvenir, ses croyances. Édith n'en croit pas ses oreilles : ce guerrier s'est rendu à Sainte-Anne-de-Beaupré, au Québec, pour s'abreuver de son eau miraculeuse et s'attirer les bienfaits de la sainte.

« Elle m'a fait gagner au premier round », assure Marcel, les yeux brillants de candeur.

Il lui explique qu'il a cousu dans sa ceinture de combat une médaille de l'Enfant Jésus, ajoutant que sous sa culotte de boxeur il porte toujours celle, à bandes bleues et blanches, que sa mère avait réalisée pour son premier combat. Que de tendresse chez cet homme-là ! ne cesse de s'émerveiller Édith, que cette force et ces muscles ne manquent pas non plus d'émoustiller. À son tour elle peut se livrer sans crainte, lui confier la guérison de sa kératite par sainte Thérèse de Lisieux, ses années de misère et les coups bas dont la vie l'a rouée. Jamais sans humour, et en jouant de ses doigts si fins et pâles qui semblent dessiner des étoiles…

La comédie musicale terminée, Irène de Trébert, reconduite par Jacques Pills, retrouve la chambre qu'elle partage avec Édith. Connaissant la légèreté de son sommeil, malgré les boules Quies et son bandeau sur les yeux, Irène prend soin de retirer ses escarpins. Mais quelle n'est pas sa surprise ! Il n'y a pas un corps dans le lit mais deux. Celui si frêle d'Édith, et celui, massif, du boxeur. Irène dormira sur le canapé du salon.

Le 30 octobre, les dernières répétitions s'achèvent et le grand soir n'est plus qu'à quelques heures. L'orchestre du Playhouse s'est parfaitement accordé avec Bonel et Chauvigny. Détendue, la chanteuse s'estime prête à affronter ce nouveau public. Quant aux Compagnons, qui figureront en lever de rideau, leur programme lui apparaît également bien rodé. L'heure est venue ! Pas question de se charger l'estomac, on ira souper après le spectacle. Édith torture la petite croix d'or qui danse dans son décolleté ; un à un les Compagnons s'élancent vers la lumière comme des moustiques fous. Leur parodie d'*Au clair de la lune* en trois versions, jazz, russe et symphonique, leur vaut une véritable ovation. Le public réagit à leur drôlerie et à leur côté bon enfant, tout se passe donc pour le mieux. Piaf les rejoint maintenant pour *Les Trois Cloches*. La chanson se termine sur des sifflements, et elle ne comprend pas immédiatement qu'au pays des cow-boys ils sont un hommage plus vif encore que les applaudissements.

À Édith seule de jouer maintenant. Dans sa petite robe noire, les cheveux modestement coiffés et le maquillage tout aussi succinct, elle paraît en toute simplicité, comme à son habitude. Le public de New York ne comprend pas. Cette petite robe noire, il avait pensé que c'était une sorte de déguisement pour l'interprétation des *Trois Cloches*. Il guettait l'entrée en scène d'une starlette conforme à l'image que l'Amérique se fait de Paris, un Paname coquin et glamour. Mais où sont les fourreaux de lumière, les boas de plumes et les étoles de vison blanc ? Au lieu d'une scintillante rêverie, rien qu'une humble femme et sa triste misère ! Les commentaires du présentateur du show, qui introduit en anglais le sujet de chaque chanson, n'arrangent rien. Des histoires de guerres, d'amours déçues et de traîne-savates au pays du rêve américain, du bonheur préfabriqué et du self-made man, le public du Playhouse trouve cela plus déroutant que pittoresque. Ce réalisme-là, ce n'est pas l'idée que les Américains se font du spectacle ! Sur scène, en Amérique, on fabrique du rêve, on jongle avec les illusions et on cultive l'artifice. À New York on déteste le noir et la grisaille, les pleurnicheries et les mains tendues. N'ont droit de cité que les vainqueurs, la gaieté et la lumière. Édith le comprend dès ses premières chansons : son rendez-vous avec l'Amérique est manqué. Les critiques de la presse new-yorkaise ne se font guère attendre. Dès le lendemain matin on encense les French Boys, ainsi que sont déjà surnommés les Compagnons, tandis que Piaf, habituée à la gloire, doit se contenter de jugements bien trop tièdes à son goût.

À quelques centaines de kilomètres de là, à Chicago, Cerdan remporte, lui, une belle victoire sur Anton Raadik. Par le premier avion, il rejoint Édith à New York. Pourtant ce n'est pas en triomphateur qu'il s'offre à son regard. Il se déclare las de cette vie de combats et de sacrifices, il lui raconte sa peur bleue quand il a donné à son adversaire Humery un mauvais coup qui l'a plongé dans le coma. Les yeux brillants, il raconte comment cette nuit-là il avait juré de déposer les gants à jamais. Humery sain et sauf, il avait repris le chemin des rings et allumé un cierge à l'église du coin. Le 8 novembre 1947, Cerdan monte dans l'avion de Paris avant de rejoindre Casablanca, où l'attendent sa femme Marinette et leurs trois fils, Marcel, René et Paul, né pendant qu'il était en Amérique et dont il n'a encore jamais vu la frimousse. Édith est à New York, elle livre bataille contre ce public américain si réticent et contre son propre cœur que la pensée du boxeur occupe déjà pleinement – trop sans doute. Cerdan, ce boxeur que le hasard, ce malin génie, place régulièrement sur sa route, est un homme simple, modeste, comme elle, qui à la force de ses poings conquiert avec âpreté ses titres de gloire. Un homme, un vrai, fort et tendre à la fois, dont l'absence résonne tous les jours davantage dans sa vie.

Chaque soir, les Compagnons voient leur succès confirmé tandis que Piaf recueille des applaudissements polis qui lui font froid dans le dos.

« À quoi sert de s'entêter ? » répète-t-elle à longueur de journée.

Elle, si tenace et volontaire, décide de se rendre au seul jugement qui compte, celui du public. S'il ne l'aime pas, s'il n'est pas sensible à son art, elle doit reprendre le bateau et retrouver en France des spectateurs qui la comprennent et l'aiment. C'est décidé, c'est ce qu'elle fera à l'issue des six premières semaines de récitals prévues. Pas question de renouveler le contrat ! D'ailleurs la petite Édith, volcanique à l'heure des révoltes, n'a plus la force de se mettre en colère, elle s'étiole lentement en attendant le jour du retour. Désespérée, elle s'interroge sans répit sur ce qui manque à son tour de chant, remettant en cause la qualité de son répertoire, celle de ses interprétations. Mais un jour, comme une éclaircie, quelques mots surgissent pour la sortir de son découragement. Dans les deux colonnes de son éditorial en première page du *New York Herald Tribune*, le chroniqueur Virgil Thomson exhorte l'Amérique à honorer Édith Piaf de la plus grande des gloires et termine son article par ces mots : « Si on la laisse repartir sur cet échec immérité, le public américain aura fait la preuve de son incompétence et de sa stupidité. »

Fisher lit et relit la chronique de Virgil Thomson, dont la réputation veut qu'il ait la dent dure. Il lui apparaît alors évident qu'Édith doit rester en Amérique le temps de récolter les fruits de cette providentielle publicité. L'intéressée n'est guère emballée, elle n'imagine pas que ces quelques lignes puissent renverser la vapeur. Mais ce serait ignorer le pouvoir d'un tel journal et la conscience patriotique des Américains, que le journaliste vient au passage de taxer d'incompétence et de stupidité. Fisher est maintenant persuadé que tout New York viendra voir Piaf, par curiosité ou pour réduire à néant la prédiction du chroniqueur. Le quotidien sous le bras et une détermination inébranlable au cœur, Clifford Fisher se rend donc au Versailles, un cabaret de Broadway dont les propriétaires, de fins limiers en matière de chanson française, ne sauraient rester sourds à sa requête. Après âpre discussion, un contrat est signé mais l'établissement ne prend aucune responsabilité financière. En cas d'échec, Fisher et Barrier devront seuls payer les pots cassés. Les termes de l'accord sont soigneusement dissimulés à la chanteuse, qui pour l'heure doit retrouver toute sa confiance en elle pour relever le défi. Nous sommes le 7 décembre, il lui reste un peu plus d'un mois pour se préparer à sa première au Versailles, prévue le 14 janvier 1948.

À peine achevées les représentations du Playhouse, les Compagnons se sont vus embauchés par l'établissement voisin, le Latin Quarter. Ils y chanteront jusqu'au 22 décembre, date de leur départ pour Miami, où ils passeront les fêtes de fin d'année et se produiront durant les trois premiers mois de 1948. Jaubert est lui aussi parti. Édith, elle, doit rester à New York pour travailler. Notamment à son anglais ! Pour s'affranchir des lourdeurs du présentateur, il a en effet été décidé que Piaf prononcerait elle-même une ou deux phrases d'introduction en anglais avant chaque chanson. De plus, afin d'honorer ses hôtes, elle interprétera dans la langue nationale deux titres, *Je n'en connais pas la fin* devenu *My Lost Melody* et *La Vie en rose* transformé en *Take Me to Your Heart*. Si le travail justifie la solitude d'Édith, séparée trois semaines de Jaubert, il n'en est pas le seul motif. Il semble bien que le torchon brûle entre eux deux. D'ailleurs, quand Piaf trompe son homme, rien de très bon n'est à attendre. Les élans des premiers temps se sont peu à peu affaiblis, Cerdan est passé par là, et le succès des Compagnons n'est sans doute pas étranger à la désaffection d'Édith. Les allures de gosse de riche de Jaubert qui l'avaient séduite commencent à la lasser, de même que sa sagesse, ses « Ne bois pas » et autres « Tiens-toi tranquille ». Elle attend un peu plus de folie de la part de son homme. Aussi ne résiste-t-elle pas longtemps aux airs de mauvais garçon et au passé de misère de John Garfield, un acteur qui vient de triompher à Hollywood aux côtés de Lana Turner dans *Le facteur sonne toujours deux fois*. Oh ! Rien qu'un feu de paille, juste quelques soirées avec un gars beau comme un légionnaire – juste de quoi se rappeler ce qu'est la promesse d'un grand amour, le frisson d'une nouvelle étreinte. Jean-Louis Jaubert a fait mine de ne rien voir passer. L'absence et la séparation offrent néanmoins à l'histoire d'amour entre Édith et lui un ultime sursaut. Via le téléphone, on se persuade que l'amour émoussé n'est pas totalement perdu. Un soir, à Miami, alors qu'il vient de reposer le combiné du téléphone, Jean-Louis assure encore à ses complices qu'il épousera bientôt Édith. Le luxueux manteau de castor dont, de retour de Floride, il couvre tendrement les épaules de la chanteuse ne la réchauffe pourtant plus. Rien n'est plus froid qu'un amour mort, elle ne le sait que trop bien.

Le 14 janvier, Piaf joue la seconde manche de sa conquête de l'Amérique. C'est quitte ou double, l'ultime tentative. Dans le décor de stuc rose et blanc du Versailles, au milieu des statues, des miroirs biseautés, des tentures épaisses, des lustres de cristal et des peintures sophistiquées, Édith doit imposer la simplicité de son art. Plus que quelques minutes avant d'entrer en scène. Juste le temps de se mettre quelques gouttes dans le nez, de boire un verre d'eau et de dire une prière devant la statuette de sainte Thérèse de Lisieux. À vingt-deux heures précises, le combat pourra débuter. Rien qu'une heure pour convaincre ! Dans la salle, des francophiles anonymes, d'autres immensément célèbres, Jean Sablon, Charles Boyer, Marlene Dietrich, déjà venue l'écouter au Playhouse. On annonce l'entrée en scène de Piaf, les musiciens mettent fin à leurs joyeuses sambas. On vient de mettre en place le podium surélevé sur lequel la Française chantera. Édith, dont la seule armure est sa petite robe noire, s'avance et chante bras ouverts comme pour offrir un refuge à ses spectateurs. Une à une, ses rengaines se déroulent, tour à tour douces et enflammées. Les applaudissements sont de plus en plus nourris et montent haut dans ce ciel rococo, jusqu'à une salve finale retentissante qui salue *La Vie en rose*. Piaf a gagné. Sa petite robe noire, sa voix qui roule comme les eaux de mille océans, ses mains pâles et graciles ont enfin eu raison de cet impossible public. Dans les coulisses, on se bouscule, on veut saluer la vedette. Nulle cohue pour Marlene, que l'on dirige telle une reine vers la loge de la chanteuse. La vestale du glamour enferme dans ses bras la petite fleur du pavé de Paname.

« Ce soir, c'est Paris que vous m'avez offert. Le Paris de Gabin ! » murmure l'Ange bleu, non sans émotion, à l'oreille d'Édith.

Dans le regard des deux femmes se lisent déjà les prémices d'une amitié inébranlable. Elles ont toutes deux le cœur à vif, elles connaissent les joies des grandes passions autant que leurs brûlures profondes. Leurs voix gouailleuses, qui résonnent dans tous les ports du monde et se faufilent dans les tavernes à marins, chantent les mêmes petits bonheurs, les mêmes grands désespoirs. C'est sûr, elles ne se quitteront plus.

Jusqu'au 10 mars, Édith enflamme ainsi le Versailles. Chaque soir, les plus grandes personnalités d'Amérique suivent la petite chanteuse de Paris dans son grand voyage en chansons : Cary Grant, Frank Sinatra, Henry Fonda, Judy Garland, Bette David, Orson Welles... Deux jours après son dernier récital, elle se rend au Madison Square Garden pour soutenir Cerdan. De son entrée sur le podium à sa glorieuse sortie quelques rounds plus tard, elle ne voit que lui, ne vit que pour lui. Les peurs de Cerdan deviennent les siennes, sa chair de femme éprise semble être meurtrie des coups qu'il reçoit, nerveusement elle s'agite à son tour lorsqu'il joue des poings, elle hurle des « Vas-y Marcel » à s'en casser la voix, des « Tue-le » vengeurs. Au journaliste français qui couvre l'événement elle ne manque d'ailleurs pas de confesser son émoi :

« J'ai eu déjà pas mal d'émotions dans ma vie, mais celle-là bouleverse toutes les autres. C'est fantastique de voir un p'tit gars de chez nous, perdu au milieu de milliers de Ricains, tout seul sur un ring, pour défendre notre prestige. »

Elle avoue même que Marcel vient de lui faire aimer la boxe. Sur une phrase toute simple mais lourde de sens, « Maintenant, je suis bien persuadée que j'ai une maladie de cœur », elle met fin à son entrevue avec le chroniqueur...

Les rumeurs de liaison entre la chanteuse et le boxeur vont bon train, mais les deux intéressés continuent de nier en bloc. L'idylle naissante entre les deux Français les plus en vue d'Amérique doit en effet rester secrète, Édith et Marcel en sont persuadés. Et d'ailleurs, si leur attirance mutuelle grandit à chacun de leurs rendez-vous, ont-ils seulement osé s'en ouvrir l'un à l'autre ? Ont-ils conscience que jour après jour, au fil de leurs séparations, leur amour creuse plus profond son sillon ? De cette liaison Jaubert lui-même n'a pas été averti ! De son côté, Marcel ne tient pas à peiner sa femme Marinette et leurs trois garçons, qui vivent loin des feux de la rampe, à Casablanca. Et puis que penserait la puritaine Amérique d'un champion qui trahit les sacro-saintes valeurs de la famille dans les bras d'une chanteuse elle-même promise à un autre homme ? Excellente comédienne, Édith sait mettre la presse dans sa poche par de poignantes déclarations qui fleurent bon la sincérité :

« Je suis scandalisée et pleine de chagrin. Je ne comprends pas quel but on poursuit en lançant cette campagne de mensonges, s'insurge-t-elle avant d'expliquer : Marcel est pour moi un grand copain, presque un grand frère. Je l'aime beaucoup et personne ne m'empêchera de le voir. Tout le reste n'est qu'invention. »

Voilà ce qu'elle déclarait il y a deux mois, aux premiers jours de cette année 1948. Néanmoins, par un comportement de plus en plus équivoque, Édith et Marcel ne font qu'alimenter la rumeur. Ainsi, *Le Matin* du 13 mars 1948 annonce que la chanteuse a renoncé à rentrer la veille en France à bord du *Queen Elizabeth* en compagnie des Compagnons de la Chanson pour assister au match de Cerdan du 12 et rentrer le 17 par le même avion que lui. Ce même article souligne également que Piaf a bien failli retarder de plusieurs jours encore son retour pour donner des récitals supplémentaires à Hollywood, Chicago et San Francisco. « Mais elle a subitement pensé que les marronniers parisiens allaient être en fleur et le mal du pays l'a prise. Pour elle, "il n'y a pas de printemps" loin des Champs-Élysées », poursuit le journaliste, qui signe de ses seules initiales. Une façon déguisée et subtile de suggérer que la chanteuse craignait de souffrir du mal de Cerdan plus encore que de celui de Paris. Jaubert, cramponné aux vestiges de son amour, est lui aussi resté à New York pour prendre le même avion que sa compagne. Comme pour repousser l'échéance de la rupture quelques instants au moins...

Irène de Trébert, rentrée plus tôt de New York pour des raisons professionnelles, ne manquerait pour rien au monde l'arrivée à Orly de son amie Édith. L'ayant invitée à déjeuner avec Jaubert et Cerdan, c'est elle qui ce matin du 17 mars se charge de leur accueil à l'aéroport. Alors qu'une fine bruine endeuille le ciel de Paris, Édith et Marcel se présentent sur la passerelle de l'avion, offerts aux regards des curieux et plus encore aux objectifs gourmands des photographes. Ni l'un ni l'autre ne cherchent d'ailleurs à se dérober. Piaf, radieuse, reçoit deux bouquets de tulipes. Elle tend alors spontanément l'un des deux à Cerdan qui, hilare, brandit les fleurs comme le plus fameux des trophées. Le lendemain matin s'étalera en couverture de quotidiens la photographie des deux Français les plus glorieux et les plus célèbres du monde. L'image du bonheur d'un homme et d'une femme victorieux dont les sourires sincères suscitent indéniablement la joie et la sympathie. Comment ignorer plus longtemps que ces deux êtres de lumière brûlent alors d'un même feu ? Pourtant, en retrait sur la photographie, se tient encore Jean-Louis Jaubert.

« Qu'avez-vous fait des Compagnons ? demande un journaliste à la chanteuse.

— Ils sont sur le bateau, eux. Mais leur directeur, Jean-Louis Jaubert, est là », rétorque-t-elle avec un geste vague derrière son épaule.

Le directeur en question sait à l'instant que son règne a pris fin.

« Quand on a un type comme Cerdan dans sa vie, la moindre des choses c'est de le mettre à l'abri », confie

Édith à Momone à qui elle relate avec force détails ses aventures américaines ainsi que ses nouvelles amours avec le boxeur.

Ainsi soucieuse de prendre le plus grand soin de son homme, elle décide de s'installer dans un bel appartement avec des meubles « et tout et tout » comme elle dit. Ce sera un vaste rez-de-jardin dans une paisible maison proche de l'église d'Auteuil, rue Leconte-de-Lisle, dans le très chic XVIe arrondissement. Marcel, qui lorsqu'il était à Paris avait pris l'habitude de résider rue d'Orsel, au pied de la butte Montmartre, chez son copain Paul Genser, prend congé de lui et s'installe en toute discrétion chez Édith. Soigneusement pliés sur le lit l'attendent pyjama, peignoir de soie et, dans un bel écrin de cuir, une montre et une gourmette en or.

12

La chanteuse et le gladiateur

J'ai la chance, moi, pauvre brute de boxeur, d'être aimé... Je deviens de plus en plus piqué de toi et je t'ai toujours en tête.

Marcel CERDAN.

Je suis si heureuse de t'aimer que j'aime tout le monde... Dis-moi que rien au monde ne compte en dehors de toi pour moi !

Édith PIAF

De retour à Paris depuis deux jours, Édith retrouve déjà la scène : le Club des Cinq, prochainement les Ambassadeurs puis l'ABC. Pendant qu'elle répète avec ses Compagnons, Cerdan s'entraîne. Footing au bois de Boulogne le matin, entraînement en salle l'après-midi : l'athlète ne doit pas renoncer à son hygiène de vie, même s'il vit aux côtés d'une artiste qui confond souvent le jour et la nuit. Pas question non plus de crier au monde cet amour de plus en plus dévorant. Par souci de discrétion, c'est le plus souvent couché sur la banquette arrière de la voiture que Marcel quitte le domicile de la rue Leconte-de-Lisle. Il n'ouvre pas la porte quand la sonnette retentit et ne répond pas non plus au téléphone. Ces parties de cache-cache semblent follement amuser sa compagne. Elle s'habitue à repérer les portes dérobées et échafaude les stratagèmes les plus alambiqués pour échapper aux photographes ou observateurs mal intentionnés. Les instants partagés dans le secret de l'appartement n'en sont que plus forts. De ses valises Marcel a sorti ses lectures préférées, des livres de gosse, *Tom Mix, Pim Pam Poum, Buffalo Bill* ou *Nick Carter*, mais Édith lui impose bientôt les œuvres d'André Gide, de John Steinbeck et de Jack London. Il dévore ses candides récits aussi bien que les livres imposés par Piaf, relate les exploits de ses héros fétiches, Bayard et Du Guesclin, à sa chanteuse qui, elle, fait craquer ses disques de cire sur le phonographe ou tricote des pulls aux couleurs bigarrées rien que pour son homme, et même des barboteuses pour son petit dernier, Paul. Entre eux, les regards, les mots simples et les petits plaisirs suffisent. Elle l'appelle « mon gosse » et le bichonne comme tel, attentive à l'heure de ses repas et à son régime, elle qui a toujours ignoré horaires et contraintes.

Autre instant fort de la journée des deux amants, le bain de Marcel ! Elle n'aime rien tant que le shampouiner longuement, masser et laver à grande eau son corps de brute à la peau si douce ; elle joue à l'éclabousser, et tant pis si la salle de bains se retrouve inondée. Elle lui a même acheté des petits jouets en plastique qu'elle dispose autour de lui dans la baignoire. Avec cet homme-là, elle n'a pas le souci de paraître ni de bluffer, elle donne libre cours à ses délirants élans de tendresse, à ses emportements tyranniques – étouffants sans doute, mais Marcel en redemande. Cette protection maternelle le ravit, lui le champion, le surhomme que la mort de sa mère n'a jamais cessé de tourmenter. Édith se régale lorsque son homme lui décrit l'univers de la boxe et jusqu'à ses techniques de combat. Tout aussi attentif, Marcel observe, ébahi, les doigts de Guite qui à l'heure des répétitions courent sur le clavier du piano, les petites mains fragiles de Piaf qui comme mille papillons virevoltent autour de son visage. La magie des mots tendus sur le fil de sa voix est une émotion nouvelle dont il ne se lasse jamais. Le guerrier aux muscles d'acier découvre des frissons dont il ne soupçonnait pas même l'existence.

« Elle pèse le tiers de moi. Rien qu'en soufflant sur elle, je lui ferais du mal, une si petite femme avec une voix aussi forte. Ça me renverse ! » s'émeut-il.

Son regard ingénu, sa fraîcheur et son infinie tendresse dissimulées sous une si grande force bouleversent son amoureuse. Un jour, elle file son homme parce qu'elle s'inquiète de ses sorties à horaires réguliers ; elle se rend compte alors qu'il vient en aide à l'un de ses copains d'enfance que la cécité guette. Il l'a fait venir de Casablanca et l'accompagne chaque jour chez l'ophtalmologue en vue d'une opération salutaire. Par pudeur, il n'en a rien dit. Édith n'en finit pas de découvrir les mille et une richesses de son homme, elle veille sur lui comme sur le plus précieux des trésors, lui ouvre les portes du Tout-Paris du spectacle, lui parle longuement des lectures auxquelles l'a initiée son ami Jacques Bourgeat, et c'est toujours avec la même candeur et une touchante curiosité que Marcel se réjouit de ce monde si beau et si lumineux.

« Un homme comme ça, y en a pas deux », répète, éblouie, la chanteuse en levant les bras au ciel.

Le manager de Cerdan, Lucien Roupp, voit d'un très mauvais œil la nouvelle vie, dissolue selon lui, de son poulain. Le sommeil trop souvent volé par quelque soirée bien arrosée, un régime alimentaire bousculé, les éloignements prolongés de sa vie familiale, sont autant d'entraves au bon équilibre d'un sportif de si haut niveau. Mais Marcel n'a que faire des crises d'autorité du manager... et pas davantage des remontrances d'Antoine, son frère aîné, pourtant le seul de son entourage qui ait un véritable ascendant sur lui. Arrive à grands pas le rendez-vous de Bruxelles, le championnat d'Europe qui l'opposera au Belge Cyrille Delannoit. Ce 23 mai, Piaf, en récital à l'ABC, ne peut rejoindre son homme, mais elle a pris soin de brûler tous les cierges des environs et de faire installer un poste de radio dans sa loge au théâtre pour suivre au plus près la retransmission de la rencontre. Au final Cerdan est battu – et pendant ce temps la France acclame dûment son équipe de football victorieuse de l'Écosse. Récemment victime d'un début de lumbago et d'une douleur lancinante à la main droite, le champion aura présumé de ses forces. Cette nuit-là est longue, très longue pour Marcel. En proie à de sévères doutes, il voudrait mettre fin à cette carrière tyrannique et vivre enfin libre. De retour à Paris dès le lendemain, c'est dans les bras d'Édith qu'il trouve immédiatement refuge.

« J'arrête tout ! » souffle-t-il, visiblement épuisé, avant que Piaf ne monte sur ses grands chevaux : « Tu es Cerdan, tu n'as pas le droit de baisser la garde, jamais. »

Deux mois plus tard, à Bruxelles de nouveau, Cerdan arrachera finalement son titre au même Delannoit. À l'insu de Roupp, Édith a fait le voyage. Elle reste dans sa chambre d'hôtel, face au poste de radio, mais elle est en contact direct avec le ciel, qu'elle gratifie de ses plus ardentes prières. Des larmes coulent sur ses poings serrés, son homme a gagné.

La revanche ne fait pas oublier aux amoureux la terrible manchette du journal *France-Dimanche* parue quelques semaines plus tôt : « Piaf a porté malheur à Cerdan. » L'accusation s'étalait honteusement à la devanture des kiosques. Pour Édith et Marcel, on ne plaisante pas avec ces choses-là. Elle a beau être habituée à porter toutes sortes de noms, Piaf enrage d'être, cette fois, traitée d'oiseau de mauvais augure. Sans compter qu'au fil de cet article le secret de leur idylle est levé. Sont évoqués leurs rendez-vous quotidiens, leurs sorties nocturnes. Marinette, la silencieuse épouse de Casablanca, toute dévouée à ses trois bambins, adresse un câble vengeur à son champion de mari. À son lapidaire « C'est fini entre nous » Marcel aurait rétorqué par un nom moins explicite « Si tu bouges de la maison, je te casse la tête ». Soucieux de mater en douceur la rébellion matrimoniale, Marcel fait le voyage et assure Marinette de sa bonne foi : il s'agit d'une caballe médiatique. Est-elle vraiment dupe ? En tout cas elle ne bronchera plus.

Entre les séjours familiaux de Cerdan au Maroc et les interminables tournées de Piaf aux quatre coins du pays, les séparations se font parfois longues, douloureuses. Privée de son amant, la femme semble rentrer sous terre et hiberner tandis que la chanteuse rayonne de mille feux, multipliant galas et enregistrements. Présentée à l'ambassadeur du Mexique, à la princesse Elizabeth d'Angleterre et à son mari le prince Philip, lesquels avouent lui porter une immense admiration, Édith est la figure incontournable du Tout-Paris. Idolâtrée par le peuple, convoitée par la haute société, Piaf est désormais un monument que tous les théâtres et les mondains se disputent. On rit de ses blagues, on se réjouit de sa gouaille et on s'émeut aux larmes de son chant. Néanmoins, rien ne compte plus pour elle que les retrouvailles avec Marcel, ces instants dérobés au monde – trop rares mais si intenses. Il la rejoint à Caen, quelques semaines plus tard en Savoie, au gré des escales musicales d'Édith, mais c'est un séjour de plus longue durée qui les verra enfin réunis au détour du mois d'août. Aussitôt rentrée d'un récital au casino d'Évian-les-Bains, la chanteuse a prié Ginou, sa fidèle secrétaire, de boucler à nouveau les malles, et Émile le chauffeur de préparer la voiture. Le lendemain, à la première heure, ils prendront la route pour retrouver le patron à Anet, en Eure-et-Loir. Marcel doit commencer à s'y entraîner pour le championnat du monde prévu en Amérique le 21 septembre.

C'est aussi et surtout une semaine tout entière consacrée à profiter de la délicieuse présence de l'autre. De cette vieille auberge de pierres au crépi défraîchi Roupp a loué toutes les chambres pour être certain de leur absolue intimité. Édith et Marcel pourront s'éveiller et s'endormir ensemble, prendre leurs repas les yeux dans les yeux, sans craindre les incursions étrangères ni les séparations. Entourés de Lucien Roupp, de sa femme et de sa belle-fille, de Ginou, d'Émile le chauffeur et, le temps d'une journée, de Félix Lévitan, leur fidèle ami journaliste, et de sa femme Geneviève, le couple se délecte de la vie paisible dont il a toujours rêvé. Pour soutenir son homme, Édith adopte son régime alimentaire et s'en réjouit, elle qui a toujours mangé n'importe quoi. Elle décide au passage que le jus de carotte est le meilleur des carburants – malheur à qui manquerait d'en boire ! Docile, Marcel s'exécute, mais à contrecœur. Hostile jusqu'alors à toute activité physique, la voilà qui vante les mérites du sport et contraint finalement son petit monde à de grandes promenades à vélo. Piaf est ainsi, une gosse volontiers capricieuse, excessive en tout point, d'humeur changeante, de tempérament autoritaire, mais toujours merveilleusement enthousiaste et rieuse.

Chaque matin, Marcel quitte la chaleur du lit et la petite silhouette recroquevillée et ensommeillée d'Édith pour débuter son entraînement au beau milieu de cette nature sauvage. En fin de matinée, parfois même à l'heure du déjeuner, Ginou tire la vedette de son sommeil. Une séquence difficile que Marcel préfère confier à la fidèle secrétaire, parfaitement rodée à cet exercice périlleux. La chanteuse marmonne, bougonne et lentement se redresse, puis se débarrasse de son masque de nuit et de ses boules Quies, ce qui marque son retour au monde. Sa patronne une fois à la verticale, Ginou peut appeler Cerdan à la rescousse afin qu'il peaufine la phase de réveil. L'heure des mots tendres est venue, bientôt celle des rires, d'un déjeuner léger et d'un confortable repos sur un tapis d'herbes folles et de fleurs sauvages. Puis vient le moment des jeux ; Édith et Marcel adorent le Monopoly. Pour acquérir ses deux rues fétiches, celle de la Paix et les Champs-Élysées, Cerdan, mauvais joueur de premier ordre, ne recule devant aucune tricherie. On s'énerve gentiment, pour mieux rire ensuite à gorge déployée des tours de passe-passe de ces gosses malicieux tout occupés à s'aimer. C'est le temps des vacances et du bonheur.

Il faudra bientôt regagner Paris, et quelques jours plus tard s'envoler pour l'Amérique, livrer combat à nouveau. L'un les poings tendus sur le ring, l'autre de sa voix d'or sur les planches de quelque théâtre. Dernière plage de liberté : ils font un bref pèlerinage à Lisieux pour saluer sainte Thérèse et lui confier le sort de Marcel en vue du championnat du monde.

Le 22 août, Marcel s'envole pour les États-Unis. C'est son neuvième voyage de l'autre côté de l'Atlantique en vingt-deux mois. Le 21 septembre se déroulera le grand combat contre Tony Zale tandis que le 22 la chanteuse fera sa rentrée sur la scène du Versailles à New York.

Édith a prié Loulou de ne signer d'ici là aucun engagement en France : elle entendait bien prendre le même avion que Marcel. Roupp cependant a fait des pieds et des mains et a réussi à déjouer ce plan. Mais l'amoureuse n'a pas dit son dernier mot… Comme elle est fermement décidée à rejoindre Marcel au plus vite, la séparation, pour une fois, ne donne pas lieu à de terribles déchirements. Le soir du grand départ, elle papillonne dans l'appartement pour veiller à ce que rien ne manque dans les bagages de son homme. Mise à contribution, Ginou ne doit pas oublier d'y mettre le pull couleur aubergine que la patronne vient d'achever pour le périple. Peu contrariant, Marcel murmure à l'oreille d'Édith qu'il n'en a jamais possédé d'aussi beau, alors qu'en réalité sa couleur en ferait le pire des déguisements. Quand tout est enfin prêt, une senteur fleurie semble flotter dans l'appartement. Le Compagnon et mari de Ginou Guy Bourguignon pense d'abord qu'un flacon de parfum a été cassé. D'un air entendu, Édith déclare qu'il s'agit d'une odeur de roses : c'est le souffle protecteur de Thérèse de Lisieux. Marcel sera champion du monde, ça ne fait plus l'ombre d'un doute.

L'arrivée de Cerdan dans les murs de l'hôtel Evans à Loch Sheldrake, à quelque cent soixante kilomètres de New York, est un événement d'envergure. Sous une banderole de bienvenue, un orchestre improvisé joue *La Marseillaise*. Les frères Evans ont même planté le drapeau tricolore à l'entrée du domaine et placé une plaque sur le bungalow de Marcel où l'on peut lire MARCEL CERDAN COTTAGE. Ici, c'est le grand air, des petits lacs à perte de vue, des massifs de fleurs, des terrains de sport et des bois profonds. Trois jours après Marcel, Édith à son tour a pris l'avion pour New York, Momone dans ses bagages. Elle ne tiendra en place que quelques heures dans les luxueux appartements du Waldorf Astoria, son palace de prédilection. Il lui faut rejoindre Marcel au plus vite ! Qu'à cela ne tienne, le soir même la voilà à quelques kilomètres du camp d'entraînement. Et puisqu'il est impossible en plein été indien de trouver la moindre chambre dans les beaux hôtels de villégiature des riches New-Yorkais, une petite pension de village fera l'affaire ! Lorsqu'elle l'appelle, Cerdan prévient Roupp que Piaf est déjà en Amérique. Impuissant, le manager décide de partir avec Marcel à la rencontre de l'objet de tous ses tourments, comme pour mieux maîtriser la tornade. Une dizaine de minutes suffisent au chauffeur Jo Rizzo pour atteindre le petit village de Hurleyville où, assises sur leurs malles, Édith et Momone rayonnent de contentement. De ce sourire des grands jours de jadis, lorsqu'elles avaient joué un sacré tour aux marlous de Pigalle ou rempli à ras bord le béret de laine. Dans une étreinte d'enfants déraisonnables, Édith et Marcel scellent le bonheur de leurs retrouvailles. Roupp voit toutes ses rigoureuses dispositions pour tenir son champion en retrait voler en éclats ; dans le fond il aime bien la jeune femme, mais il ne peut pour autant autoriser son poulain à enfreindre les règles de l'entraînement. Marcel, insouciant, est tout à la joie de la présence d'Édith.

« Je viendrai te voir tous les soirs », assure-t-il à sa compagne qui se demande ce qu'elle va bien pouvoir faire dans ce trou paumé.

Roupp imagine déjà la réaction des journalistes qui hantent les parages s'ils surprennent Cerdan en train de roucouler avec la chanteuse plutôt que de s'entraîner.

« Il n'est pas question de multiplier les déplacements, trop dangereux ! » tempête le manager, qui comprend aussi qu'il est impossible de renvoyer la vedette dans les ors de son palace new-yorkais.

Le chauffeur, Rizzo, émet alors l'idée de planquer Édith et Momone dans l'enceinte même du camp de Loch Sheldrake.

« Excellente idée ! » s'emballe Piaf, tout excitée.

Les filles passeront cette première nuit dans leur pension de famille, et Rizzo viendra les rechercher pour les introduire dans le camp. Le lendemain matin, le chauffeur annonce à l'hôtel l'arrivée impromptue d'une sœur imaginaire et réserve un bungalow avant d'aller chercher dans leur pension de famille Édith et Momone. Priées de se planquer dans la malle arrière du véhicule, les deux femmes, heureusement de petite taille, s'exécutent en riant tant l'aventure leur paraît cocasse. L'amoureuse se prépare à être tenue en cage comme jamais, mais la seule pensée que Marcel n'est pas loin suffit à la combler d'aise. Elle ne bronche pas et garde les rideaux fermés comme le lui a ordonné son homme, elle s'interdit toute sortie et use de ses aiguilles à tricoter pour tuer l'ennui. Une fois seulement, elle suppliera Marcel de faire avec elle une petite balade dans le parc, bien courte finalement tant ils craindront d'être repérés. Quant à la maudite Momone, qui ne manque jamais une bourde, elle aussi a ordre de se tenir à carreau, et pour une fois elle ne se risque pas à désobéir.

Chaque soir, Marcel leur amène des sandwichs et de l'eau, rien que de l'eau, puisque dans le camp il n'y a pas le moindre verre de vin à l'horizon ! Il étreint Édith avec tendresse mais se refuse à lui faire l'amour. « L'amour, ça casse les jambes », ne cesse de répéter Roupp. Il leur suffit de se parler, de se plonger dans le regard de l'autre pour être heureux. Après une partie de cartes à trois avec Momone, Cerdan rejoint ses quartiers vers vingt-trois heures. Édith veille encore, loue les mérites de son homme auprès de sa frangine, qui ne tarde pas à s'endormir sur ces paroles d'Évangile. Piaf trouve le sommeil à son tour, bercée par l'amour immense qui fait battre son cœur.

Cette semaine en retrait du monde s'achève. Demain, 3 septembre, elle rejoindra les Compagnons à New York, où elle prendra un train trois jours plus tard pour le Canada. Les journalistes américains ne comprendront jamais par quel moyen la chanteuse est arrivée en Amérique. Pourraient-ils seulement imaginer que Piaf est dans leur pays depuis une semaine, recluse dans un bungalow, à se nourrir d'eau et de sandwichs, rien que par amour ?

La dizaine de concerts canadiens programmés rencontrent un franc succès. C'est la première fois que Piaf se produit devant son public francophone de la Belle Province, mais elle ne pense qu'au championnat du monde de boxe, qui doit avoir lieu dans quelques jours. Trotte encore dans son esprit l'accusation de la presse : « Piaf porte malheur à Cerdan. » Plus que tout au monde elle espère la victoire de Marcel. À son retour à New York le 16 septembre elle est d'humeur exécrable et ne tient plus en place. Elle se languit de Cerdan et tremble pour son combat. Elle doit par-dessus le marché penser à sa rentrée au Versailles le lendemain du championnat. C'est alors que se pointent, la bouche en cœur, Aznavour et Roche. Les deux complices ont encore fait des leurs. Retenus à la frontière puis jetés en prison parce qu'ils n'avaient pas même songé à demander un visa, ils ont appelé à la rescousse Fisher, l'imprésario américain d'Édith, qui s'est finalement acquitté de la caution.

« Qu'est-ce que vous venez foutre ici ? s'écrie Piaf quand les deux penauds poussent la porte de son appartement du 891 Park Avenue.

— Édith, c'est vous qui nous avez dit : chiche que vous irez pas ! Alors, on est venus... », rétorque Charles, visiblement ravi d'avoir relevé le défi.

Cette audace qui aurait fait hurler de rire la chanteuse il y a encore quelques semaines la fait hurler tout court. Pas question d'encombrer l'espace alors que Cerdan sera à New York dans quelques heures et qu'il a besoin de toute sa concentration. Elle prie ses deux potes d'aller jouer plus loin. Toutefois, elle leur signale au passage qu'elle a parlé d'eux au Canada et que s'ils le souhaitent ils peuvent se produire au Quartier Latin, à Montréal.

Ce 21 septembre 1948, à quelques heures de sa rencontre avec Tony Zale, Marcel affiche une décontraction totalement déroutante. Pas question pour lui de s'isoler.

C'est au contraire entouré des siens, comme si de rien n'était, que le champion trouvera la force nécessaire. Dans l'appartement d'Édith se sont attablés auprès du couple les managers Jo Longman et Lucien Roupp, Ginou et Jo Rizzo. Autour d'un repas de légumes et de fruits, recommandé pour le champion, on évoque presque sereinement le combat du soir. On se plaît à rappeler qu'au dernier rendez-vous, celui légal de la pesée, l'adversaire n'avait pas très bonne mine. On cache surtout à Marcel qu'un chroniqueur sportif a pronostiqué en toute assurance que Zale gagnerait haut la main. Paisible, Marcel fait une petite sieste puis, pour tuer le temps, joue avec ses amis au jacquet, un jeu de société constitué de pions et de dés sur une tablette divisée en quatre compartiments. Fidèle à son habitude, il gagne, soulageant au passage ses partenaires de quelques dollars, ce qui a le don de beaucoup l'amuser. Lorsqu'il est temps de rejoindre la salle du combat, le boxeur attrape la boîte de jacquet, persuadé qu'il pourra encore jouer un moment dans les vestiaires. Un dernier baiser sépare Édith et Marcel…

« T'as bien pensé aux roses ? » corne Piaf aux oreilles de Ginou.

Bien sûr qu'elle y a pensé, on le lui a suffisamment rabâché. Sept douzaines de roses grenat dont les queues trempent gentiment dans le fond de la baignoire. Édith répète une fois encore le scénario qu'elle a mis au point. Si la radio annonce la victoire de Cerdan, Ginou devra parsemer de pétales de roses le chemin qui mène de l'ascenseur à la chambre et étendre sur le lit le beau déshabillé de dentelles acheté pour l'occasion. En cas de défaite, il faudra jeter illico à la poubelle chemise de nuit et gerbes de roses. Ces derniers détails réglés, Édith n'a plus qu'à s'enfermer pour bavarder cinq minutes avec sainte Thérèse, dont l'appui est déjà sollicité depuis plusieurs semaines. Sur le chemin qui mène au Roosevelt Stadium, Marcel impose, lui, à Jo Rizzo un petit détour par une église.

Il brûle un premier cierge pour sa maman, décédée treize ans plus tôt, le jour même où il s'apprêtait à fêter ses dix-neuf ans. Depuis, il a toujours refusé de célébrer ses anniversaires. Le second cierge, c'est à la Vierge qu'il le dédie.

Cerdan a rejoint son vestiaire que barricade un colosse en uniforme. Il dispose sa petite valise, en sort la culotte bleue à bandes blanches cousue par sa mère, son peignoir bleu lavande porté sur tous les rings du monde, et promène distraitement son regard sur la cascade de télégrammes d'encouragements qui recouvre la table. Un seul pourtant compte : FRAPPE FORT PAPA CHÉRI, signé *Marcel, René* et *Paul*, ses trois fils, qui à Casablanca, l'oreille vissée au poste de radio, attendent l'heure du grand rendez-vous. Pendant ce temps, dans le taxi qui la conduit au Stadium, Piaf fait part à Loulou de ses craintes.

« Et s'il perdait... J'ai les j'tons », répète-t-elle, la gorge nouée.

Dans cette ville à la circulation grouillante, il lui semble que les voitures n'avancent pas et la patience n'est pas son fort. Dans les rues enfle une rumeur qui loue les talents de Zale et l'encourage à mettre à terre le Frenchie. Édith enrage, elle serre les poings et préfère baisser les yeux lorsque, aux alentours du Roosevelt Stadium, fleurissent les banderoles à l'effigie de Tony Zale.

Au deuxième rang, près du ring, Piaf s'installe discrètement. À ses côtés se tient Ginou, et non loin Fernandel, qui a fait escale à New York pour encourager son ami Cerdan avant de rejoindre Montréal. Momone, Loulou Barrier et l'accordéoniste Marc Bonel sont assis quelques rangs en arrière. D'habitude si affable et blagueuse, Édith, blanche comme un linge, fait silence ; elle voudrait être transparente ; d'ailleurs la plupart des photographes semblent ne pas avoir remarqué sa petite silhouette recroquevillée. Elle serre les mains, convoque les anges et adresse encore mille et une prières à sainte Thérèse. Une brise légère venue de la mer toute proche caresse ce ring installé en plein air qu'écrasent des lumières blanches, froides comme la glace. À vingt-deux heures quinze le match débute enfin. D'entrée Zale attaque, mais la riposte de Cerdan est immédiate. Édith observe le corps de son homme, maudit chaque coup qu'il reçoit et se surprend à gesticuler dans tous les sens. Elle pourrait bondir pour sortir son « gosse » des griffes du méchant. Inlassablement, les reprises s'enchaînent, rythmées par de retentissants coups de gong qui la font sursauter. À la douzième reprise, Zale s'effondre enfin pour ne plus se relever. L'arbitre attrape les bras de Marcel et les tend vers le ciel de cette nuit américaine tandis que les amplis répandent à l'infini la sublime sentence : « *The Frenchman is champion of the world !* »

Édith, ivre de joie, se réfugie dans les bras de Ginou. L'homme assis devant elle se retourne et, amusé, lui tend en souvenir son chapeau, qu'elle a passé tout le match à torturer. Elle se fraie bientôt un chemin vers Marcel et lui glisse à l'oreille des mots que personne ne connaîtra jamais. Sous les vivats des uns et les cris de colère des autres, qui ont jusqu'au bout soutenu Tony Zale, Piaf, Cerdan et toute leur équipe rejoignent le Directoire, où ils doivent dîner et où les Compagnons les rejoignent bientôt. Des salves d'applaudissements, des chapelets de bises et des hourras ponctuent cette soirée de réjouissances. Seule Ginou, occupée à mettre en place le dispositif prévu par Édith, n'est pas de la fête. Elle vole à chacune des roses grenat gisant dans la baignoire ses pétales soyeux et en tapisse avec soin le chemin qui mène de l'ascenseur à la chambre. Elle ajoute de-ci delà de petits panneaux peints par Bonel : « Gloire à Marcel », « Vive notre champion du monde »...

À deux heures du matin, il est temps de rentrer. Alors qu'il foule le tapis de roses, Cerdan étreint sa petite chanteuse de Paris, il enferme sa main fine et blanche dans la sienne, si épaisse et solide. Avec quelques amis, lovés dans les sofas moelleux, un dernier verre de whisky à la main, on refait le match. Silencieuse, Édith n'a d'yeux que pour son champion. Au creux de ses bras, elle sera dans quelques instants la femme la plus aimée du monde…

Le lendemain midi, c'est la lumière rougeoyante et chaude d'un de ces mois de septembre comme il n'en existe qu'en Amérique du Nord qui tire de leur sommeil les deux amants. Cerdan porte sur son corps les marques de son triomphe, des bosses ici et là, un œil noirci et quelque peu enflé, sans compter une douleur aiguë à l'aine. Ils rient ensemble de la triste allure du champion du monde. Marcel ne veut plus qu'on parle de ses prouesses de la veille, il est grand temps de penser au combat de Piaf, celui qu'elle devra livrer dans quelques heures sur la scène du Versailles. Elle se rend au cabaret juste une heure avant le début du spectacle. Dans sa petite loge exiguë se pressent le directeur de la salle, aux petits soins pour l'artiste, Clifford Fisher et Loulou Barrier, si fiers de ce succès annoncé auquel ils n'ont jamais cessé de croire, Marcel, en retrait mais attentif à tous les faits et gestes de son artiste, et bien sûr Momone et Ginou, tout occupées à installer les affaires d'Édith, son maquillage, ses bondieuseries, sans oublier les missives, innombrables, de ses admirateurs. Dans le miroir entouré d'ampoules électriques devant lequel elle farde à grands traits son visage si pâle, la chanteuse contemple discrètement le doux spectacle de ses amis si aimants. Elle aime cette effervescence qui précède la rencontre avec le public. Les musiciens ont lâché leurs premières notes, il ne lui reste plus qu'à serrer la croix qui pare son décolleté et à esquisser un signe de croix avant de passer de l'ombre à la lumière.

J'ai connu des jours magnifiques,
L'amour était mon serviteur,
La vie chantait comme une musique
Et elle m'offrait des tas de bonheurs,

Moi, j'en achetais sans compter,
J'avais mon cœur à dépenser.

Ce premier couplet de *C'était une histoire d'amour* retentit dans le silence de la salle. Le faisceau de lumière blanche fond sur le visage de la chanteuse, autour d'elle tout n'est qu'obscurité. Le refrain rebondit avec plus de force :

C'était une histoire d'amour,
C'était comme un beau jour de fête,
Plein de soleil et de guinguettes,
Où le printemps m'faisait la cour…

Dans les cabarets américains, la clientèle est habituée à discuter et à commander des boissons pendant la prestation des artistes. Ce soir-là, pourtant, le Versailles fait silence. Les serveurs, adossés au bar, sont happés par cette voix qui gronde. Les spectateurs, immobiles pendant la chanson, semblent montés sur ressorts quand tombe la dernière note, et leurs applaudissements explosent. Le succès de Piaf aux États-Unis est aujourd'hui le même que celui qu'elle connaît en France. Suivent *Le Fanion de la Légion, L'Accordéoniste, Pigalle* et enfin *La Vie en rose*, dont le refrain est repris en français par des Américaines au comble de l'exaltation.

Quand il me prend dans ses bras
Qu'il me parle tout bas
Je vois la vie en rose
Il me dit des mots d'amour
Des mots de tous les jours
Et ça m'fait quelque chose
Il est entré dans mon cœur
Une part de bonheur
Dont je connais la cause
C'est lui pour moi, moi pour lui, dans la vie

Il me l'a dit, l'a juré, pour la vie
Et dès que je l'aperçois
Alors je sens en moi
Mon cœur qui bat.

Est-on dupe dans la salle ? Ignore-t-on qu'Édith chante pour Marcel, son champion du monde vêtu du smoking qu'elle lui a choisi pour ce grand soir ? Sa vie en rose, c'est lui, sa part de bonheur, c'est lui. Jamais sa vie en rose n'aura été aussi rose que ce soir.

Paris se languit de son champion du monde. Les Champs-Élysées s'apprêtent à l'accueillir en grande pompe, le président de la République lui réserve même une grande réception. Mais Cerdan se fait désirer, ses heures new-yorkaises près de son amour sont trop douces pour qu'il les écourte. Roupp, harcelé par les demandes pressantes de la France, ne sait plus comment persuader Marcel de lever l'ancre. Encore un jour, décide le champion… Quel bonheur encore que ce soir de fête foraine à Coney Island ! Édith et Marcel déambulent sous un ciel de lumières artificielles quand des badauds les interpellent : « Cerdan ! », « Idiss ! » – c'est ainsi qu'ils prononcent le prénom de la chanteuse. Des manèges font silence le temps que Piaf entonne à pleins poumons *La Vie en rose*, désormais incontournable à New York.

Le 30 septembre, la récréation doit pourtant s'achever : neuf jours se sont écoulés depuis le triomphe et Cerdan ne peut plus faire attendre Paris, comme il ne peut pas rester plus longtemps loin de Marinette et de ses trois fils. Longues seront les semaines loin de lui, ressasse Édith que son contrat au Versailles lie jusqu'au 9 décembre. « Je reviens vite », répète inlassablement Marcel tout aussi soucieux. Après avoir fait acte de présence aux cérémonies organisées en son honneur en France et passé quelques semaines à Casablanca près de sa famille, Marcel presse Roupp de lui décrocher des contrats de l'autre côté de l'Atlantique. Afin de gagner de l'argent et de rentabiliser au mieux son titre de champion, prétend-il. La réalité est autre : Édith lui manque. Quel meilleur prétexte que des engagements professionnels pour la rejoindre au plus vite ! Ainsi, le 19 novembre, Marcel est enfin de retour à New York. Hormis quelques prestations rémunérées, il passe tout son temps près d'Édith. Chaque soir, il est au Versailles et assiste à son spectacle comme pour la première fois. Piaf ne chante que pour lui. A-t-elle jamais mieux chanté ? Le jour, toute la troupe répond aux désirs de la patronne. Bonel rêve de l'emmener voir les chutes du Niagara. Que n'a-t-il pas dit là !

« Tu crois pas qu'on va se bouger pour voir de l'eau couler ! » s'écrie-t-elle d'un ton qui ne porte guère à la discussion.

Si fort et meneur sur le ring, Marcel, dans la vie, n'aime rien tant que suivre Édith, aller où elle l'attend, découvrir grâce à elle ce qu'il ne connaît pas. Ainsi se réjouit-il de découvrir les musées de New York, lui qui jusqu'alors n'avait jamais prêté attention à la peinture.

Il était grand temps que Marcel revienne à New York. Séparée de lui, Édith se sentait comme torturée. Les désamours de sa jeunesse l'assaillaient de plein fouet, la malmenaient. Démunie, en proie au désespoir, elle flirtait avec ses démons. Et Momone, éternel diablotin, n'allait pas manquer cette occasion de mener la danse. Elle l'incitait à retarder l'heure du sommeil, à faire la bringue – « comme avant », s'amusait-elle – et à remplir son verre plus que de raison. Si, ces dernières années, Édith avait remis de l'ordre dans sa vie, si sa carrière avait chassé les fantômes et l'avait réconciliée avec elle-même, Momone, elle, n'avait jamais cessé de bourlinguer sans but, vivant aux crochets de sa frangine d'infortune et se soûlant pour oublier ses trop nombreux forfaits. Parce que Piaf a tout conquis et qu'elle a tout raté, elle n'a jamais cessé de la jalouser, de lui tirer dans le dos. Ne reculant devant aucune trahison, la maudite aurait même, pendant la guerre, dénoncé les amitiés d'Édith avec les Juifs Michel Emer et Norbert Glanzberg.

En ce mois de novembre 1948, sans doute irritée par son insoutenable, son indécent bonheur, elle lui porte un nouveau coup de poignard. Cerdan vient à peine de revenir à New York. Ivre morte et vautrée dans le fauteuil de la chambre du couple, Momone pique une crise de nerfs et les menace de communiquer à la presse tout ce qu'elle sait de leur idylle. Cerdan a beau tenter de calmer la harpie, menaces et injures fusent de plus belle. Il la somme finalement de faire sa valise et la fait conduire par Loulou Barrier dès le lendemain à l'aéroport de La Guardia pour un retour express à Paris. Les désagréments pourtant ne font que commencer…

Trois semaines plus tard, le couple, qui rentre à Paris, est en effet accueilli par une convocation au commissariat à la suite d'une plainte déposée par Simone Berteaut. Médusé, Marcel apprend qu'il est soupçonné de coups et de séquestration. Il aurait battu et ligoté cette pauvre Simone. Et ce n'est pas tout : elle vient de proposer à un journal à scandale des lettres de Piaf et de Cerdan qu'elle a pris soin de voler au cas où. Le couple devra finalement son salut à l'intégrité du directeur du journal en question. Une nouvelle fois, Momone se rétracte, se confond en excuses et adresse une lettre désolée à Édith, lui faisant promettre qu'elles seront toujours les frangines du passé. Elle expédie une autre lettre à Cerdan, en fait des tonnes comme à son habitude. La chanteuse passe l'éponge et prie Marcel d'en faire autant. Elle sait pertinemment que Momone a le diable au corps mais n'en convient jamais vraiment ; elle ne peut se résoudre à bannir de sa vie la compagne du temps jadis, sa seule famille et l'unique témoin de ses errances.

Noël arrive à grands pas et Édith ne supporte pas l'idée du départ de Marcel auprès des siens à Casablanca. La seule pensée d'être éloignée à nouveau de lui la plonge dans une angoisse profonde.

« Loulou, trouve-moi un contrat à Casa, n'importe quoi, du moment que je sois là-bas pour les fêtes ! » s'agite-t-elle.

Le fidèle Louis Barrier ne tarde pas à exaucer le vœu de la patronne : le 23 décembre elle s'envole pour la cité marocaine, où elle donnera un gala de réveillon le 24 au soir. Peu lui importe de ne pas pouvoir passer le seuil de la grande et belle ferme dont Marcel lui a tant parlé, de ne pas découvrir à son bras cette ville chaude dont chaque recoin porte ses plus beaux souvenirs. Du moment qu'elle le sent près d'elle et reçoit sa visite clandestine, elle est tranquillisée. Et puis, si elle ne peut poser le pied dans la propriété de son homme, Loulou et Bonel le peuvent, eux. Marcel les conduit lui-même au cœur de son monde, à Sidi Marouf, à une dizaine de kilomètres de Casablanca. Caméra au poing, Marc Bonel imprima sur la pellicule la visite de la ferme ; on y voit Marcel attentif aux arrosages, intarissable lorsqu'il s'agit d'évoquer les dates et conditions de récoltes des céréales, Marcel dont la main caresse tendrement les bêtes, par exemple ce porcelet rose et dodu qui paraît avoir sa préférence. Ces heures de film, Édith les dévorera les larmes aux yeux, en ne cessant de répéter combien cet homme est bon. Plus d'une fois, au fil de son parcours amoureux, Piaf a contraint les hommes à tout quitter pour elle. Pour qu'elle se sente aimée et désirée, ils devaient accomplir le grand sacrifice – sinon elle les quittait sans égard. Avec Cerdan c'est bien différent : elle l'aime si fort, et respecte tant son ordre familial, qu'elle refuse même qu'il émette la possibilité de s'affranchir un jour. Pourtant, elle n'ignore rien du malheur auquel la condamne cette double vie.

Parce que la presse a repris en bloc, et jusqu'en Amérique, les allégations de Simone, il faut organiser la riposte. Rien de plus facile pour Édith, qui excelle auprès des journalistes. Parée de son masque d'ingénue aussi désolée que sincère, elle leur fait son cinéma.

« Si je devais arracher définitivement un homme à son foyer, à ses enfants, je ne pourrais plus dormir. Je ne pourrais plus vivre. Oui, vous pouvez le dire, les interpelle-t-elle, la main tendue, totalement désarmante. Si je devais séparer Marcel de sa famille, je me tuerais. »

Elle parle aussi de Marinette Cerdan.

« Qu'elle sache cependant ceci : avant tout, il y a entre Marcel et moi une exceptionnelle amitié. »

Les poignantes confessions d'Édith Piaf auraient pu s'arrêter là, mais visiblement inspirée elle poursuit, expliquant que tourmentée par toutes ces rumeurs trop pressantes elle est allée voir un médium qui lui a ordonné de ne pas trop s'éloigner de Marcel, car il y a entre eux une sorte de jeu d'ondes absolument indissociable de ses victoires. Elle doit même être présente à tous ses combats : c'est la garantie de son succès. Irrésistible comédienne et manipulatrice hors pair, elle parvient à montrer la nécessité de sa présence auprès de son ami tout en continuant à contredire les rumeurs qui cherchent à la lier à lui. Des journalistes aux aguets elle rabat le caquet sans sourciller, leur parlant de fraternité, d'affection et de complicité. Pourtant, dans une autre vie, elle a aimé crier au monde les noms de ceux qui faisaient battre son cœur...

Tout au début de cette année 1949, les rendez-vous volés se poursuivent au 7, rue Leconte-de-Lisle. Qu'elle chante à la salle Pleyel ou enregistre en studio *Bal dans ma rue*, Marcel n'est jamais loin. Quand, à la suite de trop nombreux désaccords, il se sépare de Roupp, son manager, et le remplace par Longman, Édith est encore à ses côtés, aimante et rassurante, pour le conseiller. Mais si chaud que soit le lit de son amour Piaf a toujours rendez-vous avec la chanson. Il lui faut à nouveau partir, pour gagner de l'argent mais aussi pour conquérir des publics inconnus, relever de nouveaux défis. Le

20 février, à Orly, elle monte à bord d'un avion qui doit la mener en Égypte puis au Liban. Au Caire, à Alexandrie, à Beyrouth, nouvelles terres annexées au royaume de musique de Piaf, elle enflamme et bouleverse. « Tragédienne admirable », lit-on dans la presse locale, ou encore : « Personne ne chante comme elle. » De retour à Paris, elle se prépare à un voyage à Londres en compagnie de ses amis Geneviève et Félix Lévitan pour assister à un combat de Cerdan. Pas question d'être absente puisqu'elle lui porte bonheur. La rencontre est importante, il n'a pas boxé depuis six mois. D'ailleurs, Marcel n'est pas en grande forme – ce qui ne l'empêchera pas de mettre K-O Turpin, son adversaire.

Puis vient l'heure d'une nouvelle séparation. Marcel rejoint Casablanca tandis qu'Édith reste à Paris où, à partir du 1er avril, elle se produit à l'ABC. Quinze jours sans lui, c'est une punition bien trop grande. Quant aux postiers, pas question de leur faire confiance. « Ils peuvent paumer les lettres », s'énerve-t-elle. Elle décide donc de faire de sa secrétaire son pigeon voyageur. Ginou, corvéable à merci, se retrouve ainsi à faire l'aller-retour Paris-Casablanca dans la journée. Discrètement, elle remet la lettre de Piaf à Cerdan, qui doit dans l'instant rédiger sa réponse et la lui donner. Elle s'empresse alors de sauter dans l'avion et rentre à la maison, où Édith fait les cent pas dans l'attente de la précieuse missive. Ginou se pliera plusieurs fois à cet exercice aussi coûteux qu'épuisant durant les deux semaines de la séparation du couple. Une chose est sûre : elle n'est pas mécontente quand revient le patron.

Malgré le bonheur des retrouvailles, Édith ne se sent pas très bien. Quatre jours plus tôt, aphone, elle a dû renoncer à son tour de chant de l'ABC après seulement trois chansons. Il n'est rien de pire pour déstabiliser une chanteuse, surtout lorsque celle-ci s'appelle Piaf ! Privée de sa voix, elle se sent inutile et vide. Errant désespérément dans l'appartement, elle donne alors libre cours à ses humeurs les plus massacrantes. À plusieurs reprises, elle persuade son entourage qu'elle peut reprendre le chemin du théâtre et chanter à nouveau la voix se brise sous le poids d'une trop grande fatigue. Le 25 avril, elle est prise d'un léger vertige alors que l'orchestre commence de jouer – rien qu'une baisse de tension, se persuade-t-elle. Cinq chansons plus tard, un nouveau malaise la condamne pourtant à rejoindre la coulisse. Après un bref retour du 2 au 6 mai, Piaf, trop faible, doit à nouveau déclarer forfait. Elle cède finalement les planches de l'ABC à Montand. Le 9 mai, pourtant, elle chantera au Royal, à Orléans.

Elle n'a que trente-quatre ans, mais sa faible constitution semble pâtir du surmenage de ces dix dernières années. Que de routes arpentées, d'heures passées à chanter, parfois deux ou trois spectacles par jour. Dans combien de coulisses de théâtres et de cabarets n'a-t-elle pas rôdé ? Et ne paie-t-elle pas les abus de sa jeunesse ? Tant de nuits sans sommeil, et si généreusement arrosées... Elle se repose un peu et une fois de plus, résistant à toutes les usures, elle se redresse et retrouve à nouveau chaque soir son public. Elle chante à merveille, faisant taire les mauvaises langues qui répandaient la rumeur selon laquelle elle avait définitivement perdu sa voix. C'est dans cette adversité que la belliqueuse puise ses forces, elle enflammera le Copacabana pendant une quinzaine de jours.

Depuis la mi-mai, Marcel est loin, là-bas en Amérique à Loch Sheldrake ; il se prépare pour le combat qui l'opposera à La Motta le 16 juin prochain. Édith se perd dans ses souvenirs, elle revoit ce bungalow de bois aux volets clos où elle attendait ses visites, les pins longs et fins qui semblaient crever le ciel, leurs parties de cartes sur la petite table... Connaître les lieux la rassure. Pour se rapprocher encore de lui et braver la douleur de l'absence, elle lui écrit. Des lettres d'amour enflammées. « Je t'aime déraisonnablement, anormalement, follement... », s'épanche-t-elle. Cerdan, qui n'a pourtant jamais beaucoup écrit, se découvre à son tour des talents d'écrivain. Comme Édith l'en a prié, il numérote soigneusement ses lettres afin qu'elle soit certaine que « les maudits postiers n'en égarent aucune ». De sa plume naïve, il la prie de bien manger, de bien dormir. Ébloui par ce que ressent son cœur, il répète que jamais il n'a autant aimé. Il suppose que l'Amérique est au courant de leur passion puisque sur son passage on ne cesse de fredonner *La Vie en rose*. À son tour, elle lui fait promettre de se rendre à la messe. « Chaque jour, je vais à l'église faire une dizaine à sainte Thérèse et une dizaine à Jésus, puis j'allume un cierge à chacun afin que tous les deux te protègent. C'est fou comme tu me rapproches de Dieu et j'en suis heureuse. Je sens que je me purifie chaque jour davantage et je deviens sans tache. Voilà ce que tu as fait de moi, une autre femme... », écrit-elle ce 24 mai 1949 avant de lui avouer qu'enfin elle regarde la vie en face et sans peur. Idolâtre, elle suggère qu'elle est peut-être son double, puisque Dieu a dit que « pour une union merveilleuse [...] il fallait rencontrer son double ». Amoureuse, elle achève sa missive par un « Je t'aime à m'en couper le souffle ». Marcel évoque cet amour qui le rend fou et malade, ce sentiment qui lui donne l'impression d'être au paradis ; il se moque même que sa femme ait désormais la certitude de cette liaison. « Enfin, chérie, ne pensons pas à ça... », la rassure-t-il.

Au fil des jours, alors que l'absence pèse trop lourd, les lettres d'Édith se font plus douloureuses, les métaphores d'une ferveur toute mystique. Elle exprime sa crainte de ne plus être aimée, la domination absolue qu'il exerce sur elle. « Je t'aime trop et un rien me fout par terre, se lamente-t-elle. Je voudrais me mettre à tes genoux et passer mon temps à t'admirer [...]. Je quitterais tout pour toi, je renierais tout, je ferais n'importe quoi. » De cette exaltation amoureuse et de son insoutenable souffrance à exister loin de Marcel elle fait une chanson. « Une chanson que j'avais commencée et qui, je le crois, est réussie. La Marquise l'aime beaucoup et Yvette l'enregistre le 16 de ce mois », explique-t-elle le 12 juin. La Marquise, c'est bien entendu l'épouse de l'éditeur de musique Raoul Breton, et Yvette, c'est Yvette Giraud, qui s'apprête à enregistrer *L'Hymne à l'amour*.

Le ciel bleu sur nous peut s'effondrer
Et la terre peut bien s'écrouler
Peu m'importe si tu m'aimes
Je me fous du monde entier
Tant qu'l'amour inondera mes matins
Tant qu'mon corps frémira sous tes mains
Peu m'importent les problèmes
Mon amour, puisque tu m'aimes.

L'amour et la trop longue séparation ont dicté un à un ces mots, mais Piaf ne pense pas un instant à les accaparer. Elle est certaine de ne jamais chanter cette chanson…

À des milliers de kilomètres du Copacabana de Paris, où se produit Édith ce 16 juin, Cerdan fait son entrée dans la fosse aux lions à Detroit, face à La Motta qui ne daigne pas lui serrer la main et devant vingt-cinq mille spectateurs déchaînés. Il se sent fort, mais La Motta, ce soir, l'est davantage. Comme monté sur ressorts, l'adversaire décoche ses coups à vive allure. Marcel encaisse jusqu'à ne plus pouvoir compter sur son bras gauche, son épaule le fait atrocement souffrir. Impossible alors de parer aux attaques, et plus encore d'y répondre. Il s'affale sur le tabouret du ring, l'arbitre met fin au calvaire tandis que le médecin veille déjà sur lui. « *La Motta champion of the world* », répète le speaker et ces mots cognent dans la tête de Marcel.

Trois jours plus tard, le corps en souffrance et l'âme dépitée, Marcel rejoint enfin Paris. Une seule lueur de bonheur dans ce tunnel si obscur : ses douces retrouvailles avec Édith. Elle, angoissée, fait les cent pas, tourne et vire, envahie de la culpabilité de n'avoir pas fait le voyage, d'avoir failli à sa mission de porte-bonheur.

« C'est de ma faute, j'aurais dû être là, dans le stade près de toi, s'excuse-t-elle, le regard humide, alors qu'il la prend dans ses bras tout en la soulevant de terre. Ça sent le malheur ici ! » ajoute-t-elle en balayant du regard l'appartement de la rue Leconte-de-Lisle.

Ça tombe bien, elle vient d'acheter un hôtel particulier rue Gambetta, à la frange du bois de Boulogne. Un espace somptueux et vaste, ponctué de colonnades, de petits salons, d'une salle de bains de marbre rose, distribués autour d'un impressionnant escalier en colimaçon. Le 1er juillet, le couple s'y installe. Piaf est persuadée que circulent ici de bonnes ondes. Elle octroie le grand salon à Marcel afin qu'il y établisse sa salle d'entraînement, et elle soigne particulièrement la décoration de leur chambre : des tentures épaisses, un beau piano blanc et un large écran de télévision dernier cri. Cette pièce est la plus importante, celle de la musique, de l'amour et du sommeil.

Le repos dans la nouvelle maison est de courte durée : la tournée d'été n'attend pas ! Édith chante à Aix-les-Bains, à Évian, en Algérie, au Maroc pendant que Cerdan tourne un film à Rome, puis à Royat, à Vichy, et enfin sur la Côte d'Azur, où son homme la rejoint pour l'accompagner à Saint-Raphaël, Cannes, Nice, Bandol, Toulon... Un passage par Paris d'une journée, et déjà Marcel doit embarquer sur *L'Île-de-France* pour rejoindre Loch Sheldrake, où il achèvera la rééducation de son épaule et reprendra ses séances d'entraînement. Un mois plus tard, le 14 septembre, débutera la série de concerts de Piaf au Versailles de New York. Pourquoi attendre plus longtemps pour rejoindre l'Amérique ? Édith n'a accepté aucun gala pour cette période, elle peut donc partir et rejoindre Marcel, en toute discrétion bien entendu. Momone n'est pas du voyage, cette fois, c'est l'amie Geneviève

Lévitan qui est conviée. Même cirque que l'année précédente : il faut se cacher pour pénétrer dans le sacro-saint camp d'entraînement, attendre les rendez-vous clandestins en fin de journée, et se plier aux interminables parties de cartes chères à Édith et Marcel.

Heureusement pour Geneviève, l'escale est de courte durée. Il faut regagner New York et commencer à répéter le spectacle du Versailles. Piaf a loué un grand appartement à deux pas de Central Park et embauché deux cuisinières françaises entièrement soumises à ses obsessions culinaires. Ce séjour est placé sous le signe de la poule au pot. Le même plat à chaque repas ! À midi la même promenade à quelques blocs de là, les mêmes conversations : le métier, ses bonheurs et les coups bas – mais surtout Marcel, l'attente des retrouvailles, le rêve de ne plus jamais être séparée de lui… Le soir, Geneviève apprend à bercer les insomnies d'Édith ; elle partage les longues parlotes, les grandes inquiétudes, les chansons qui lui trottent dans la tête et qu'elle doit bien chanter à quelqu'un, *L'Hymne à l'amour*, récemment mis en musique par Marguerite Monnot et qu'elle a finalement décidé de créer le soir de sa première.

« C'est beau parce que c'est Marcel et moi », murmure-t-elle à ceux qui sont dans le secret des dieux.

C'est le plus beau parterre de personnalités qui accueille Piaf le soir de son retour à New York : Cary Grant, Gary Cooper, Claudette Colbert, Henri Ford et son épouse… Ne manque que Marcel. Le pauvre enrage de seulement entr'apercevoir son aimée à la télévision ; n'y tenant plus, il fera le voyage le lendemain rien que pour l'embrasser et l'assurer de sa grande forme. Il compte les jours qui le séparent de sa revanche sur La Motta, il récupérera son titre ! Pourtant, tel un couperet, tombe la nouvelle du forfait de son adversaire. La Motta, victime d'une mauvaise chute lors de son entraînement, renonce à la rencontre et la reporte au 2 décembre. Cerdan encaisse, mais il n'en peut plus d'attendre. Par téléphone, Piaf le rassure, l'exhorte à la patience, elle qui jusqu'alors semblait ignorer le mot. Marcel ne peut croire à cette annulation, il se persuade que La Motta va revenir sur sa décision, d'autant que les chroniqueurs spécialisés dénoncent une manœuvre, prétendent que le champion a la frousse. Cerdan reste encore quelques jours en Amérique – au cas où. C'est l'occasion, aussi et surtout, de retrouver Édith, d'assister à ses spectacles, le premier à vingt-deux heures, le second à une heure du matin. Pour quelques jours encore ils retrouvent leurs habitudes new-yorkaises, les promenades à Central Park, les après-midi câlins, les soupers entre amis et les nuits d'amour. Ce sont leurs dernières heures ensemble.

13

Dieu réunit ceux qui s'aiment

Il est mort dans le ciel, donc il y est.

Édith Piaf.

« Je veux La Motta », martèle Cerdan aux journalistes venus l'attendre à Orly ce dimanche 2 octobre 1949.

Pour tuer le temps durant ces deux mois qui le séparent de sa revanche, il rejoint les siens à Casablanca. Des parties de pétanque et de tennis en famille, du repos, et aussi, dans le souci d'apaiser sa relation avec Marinette, de longues conversations à deux voix, des jeux partagés avec ses fils... La veille de son départ pour Troyes, où il doit se prêter à une exhibition, Marcel propose à son épouse une sortie dans un cabaret de Casablanca. Encore quelques danses endiablées avant une nouvelle séparation, l'ultime. Les portes de la vie de Cerdan se referment une à une derrière lui.

Là-bas, en Amérique, Piaf triomphe comme jamais mais Édith, elle, se languit de Marcel, elle se morfond même, mettant du même coup les nerfs de ses proches à trop rude épreuve. Les colères succèdent aux caprices. Comme pour se défendre du manque de Marcel, de ce mal tenace qui la fait tant souffrir, elle se moque de ceux qui l'entourent, de ceux qu'elle aime si fort pourtant. Geneviève Lévitan, aussi harassée qu'ulcérée par le comportement tyrannique de son amie, baisse les bras et boucle sa valise. Alors Édith, prise en défaut comme une enfant, se confond en excuses et éclate en sanglots. Dans ce corps si petit semblent cohabiter deux femmes, l'une terrifiante de malice, de violence et d'autorité, destructrice et méchante, l'autre bouleversante de fragilité, de tendresse et de drôlerie, ingénue et généreuse. Elle sent en elle se disputer ses démons.

« C'est plus fort que moi ! Mais je ne le ferai plus », répète-t-elle.

Un coup de fil de Marcel l'apaise bientôt. Entre deux mots tendres, il annonce son arrivée à New York, il embarquera sur le premier bateau. Mais ce n'est pas assez tôt pour Édith.

« Prends l'avion, Marcel », le supplie-t-elle.

Il le lui promet. Il s'envolera au lendemain de son passage éclair à Troyes.

Cette exhibition est une formalité vite remplie ; le champion a redonné toute sa légèreté à son crochet gauche, celui-là même qui lui avait fait défaut face à La Motta. Le public est aux anges, Cerdan aussi. Il prend quelque repos à Paris au domicile de Jo Longman, son manager, avant de rejoindre Orly en fin de journée de ce jeudi 27 octobre. Un dernier coup de fil à Édith :

« À ton réveil demain, mon amour, je serai là, je t'aime… »

Dans son complet bleu et son pardessus gris, Marcel prend place à bord d'un Constellation d'Air France à côté de Longman, non sans avoir répondu aux sollicitations de quelques photographes et journalistes avertis de son départ. Un ultime cliché immortalise sa rencontre avec Ginette Neveu, une grande violoniste qui s'apprête elle aussi à retrouver le public américain. Par le hublot près duquel il est assis, Marcel observe, paisible, les lumières du tarmac dans cette nuit claire d'automne tandis que les derniers passagers s'installent et bouclent leur ceinture : Bertrand Boutet de Monvel, un peintre connu notamment pour sa réalisation des affiches de films d'Ingrid Bergman, M. Kamen, directeur des studios Walt Disney, Mme Brandière et sa fille Françoise, à peine remise d'un grave accident de voiture, qui retournent dans leur résidence de Cuba, un groupe de Basques qui ont décidé de faire de l'Amérique leur eldorado… Il y a là en tout une quarantaine de personnes, sans compter l'équipage. Il est vingt et une heures six quand vrombissent les quatre moteurs de l'appareil. L'avion s'élève dans le ciel de Paris, le pilote salue ses passagers et signale deux escales, la première aux Açores, la seconde à Terre-Neuve, pour un atterrissage à New York le lendemain en fin de matinée. À trois heures cinquante, heure de Paris, minuit heure locale, le pilote annonce qu'on approche de l'île de Santa Maria, au sud de l'archipel des Açores, pour un atterrissage dans cinq minutes. L'appareil amorce sa descente quand tout à coup, à plus de mille mètres d'altitude, le pic Redondo de l'île São Miguel interrompt brutalement sa course. Le Constellation vient de s'écraser. Au même moment, Édith chante au Versailles. Guillerette à l'idée de retrouver son homme, elle rejoint ensuite son appartement et se couche, non sans avoir répété plusieurs fois à son petit monde de la réveiller dès que Marcel aura passé le seuil.

Au petit matin, alors qu'elle dort encore dans la pièce voisine, la radio qui trône dans le salon de l'appartement martèle la terrible dépêche : on est sans nouvelles du Constellation ! Afin de vérifier l'information, Barrier et Bonel prennent le chemin de l'aéroport. La confirmation ne se fait pas attendre. On vient de retrouver la carcasse calcinée de l'appareil. La végétation alentour s'est lentement consumée. Il n'y a pas de survivants. Lorsque Loulou et Marc Bonel reviennent à l'appartement, Geneviève et Chauvigny connaissent eux aussi l'issue fatale. Les heures passent, il est treize heures trente, Édith ne va pas tarder à pousser la porte de sa chambre. Ronchonne comme elle l'est toujours au saut du lit, elle se plaindra qu'on ne l'ait pas réveillée plus tôt ainsi qu'elle l'avait demandé. Qui devra alors lui parler ? Les amis réunis dans le salon n'ont guère le temps de se concerter. Déjà apparaît sa petite silhouette, et elle râle, comme ils l'avaient imaginé. Face à elle, quatre statues de marbre. Elle pense que Marcel se cache. Geneviève s'approche d'elle mais les mots ne lui viennent pas.

« Mais que se passe-t-il ? crie-t-elle, le regard accroché à celui de Loulou.

— Soyez forte, ma petite Édith ! » parvient à lâcher l'imprésario.

Un éclair vient de frapper ses tempes, elle a compris.

« Marcel ? »

C'est un cri immense, désespéré, jeté d'une voix blanche. Loulou n'a pas le temps de baisser les yeux qu'Édith s'effondre. Elle crie, pleure, frappe le sol de ses mains si fines, de sa tête. Bientôt, c'est le silence ; recroquevillée sur elle-même, prostrée, elle semble absente, sans vie. Loulou annonce qu'il va faire annuler les représentations du soir mais elle se redresse soudain.

« Je vais chanter. Chanter rien que pour lui ce soir. »

Tout au long de cet après-midi, au gré de ses pensées confuses, de son incompréhension et de ses émotions, elle ne fait que se lever et retomber. Parce qu'il faut vivre, ainsi que Marcel l'aurait voulu, elle accepte même de rencontrer un journaliste et de poser pour deux photographies. Puis elle s'effondre à nouveau. À dix-neuf heures trente, elle se rend dans l'église la plus proche et allume un cierge pour Marcel, prolongeant ce code des flammes divines qui était le leur. À vingt et une heures trente elle a rejoint sa loge du Versailles, et non loin de là le public du Madison Square Garden observe une minute de silence. À vingt-deux heures passées, Marc Bonel, bouleversé, tire les premières plaintes de son accordéon et Robert Chauvigny effleure du bout des doigts le clavier de son piano. La musique de *La Vie en rose* monte haut dans un silence religieux, les spectateurs en transe acclament les pas hésitants et fragiles de la chanteuse, comme piégée par la lumière. Elle embrasse Marc, puis Robert. Le regard vide, le geste lent, elle s'avance vers le public saisi.

« Ce soir, c'est pour Marcel Cerdan que je chante », articule-t-elle, la voix froide.

Les spectateurs ont compris qu'une femme, devant eux, pleure son amour mort... Piaf interprète quatre chansons, puis vient le tour de *L'Hymne à l'amour*.

Si un jour la vie t'arrache à moi
Si tu meurs, que tu sois loin de moi

Peu m'importe, si tu m'aimes
car moi je mourrai aussi.
Nous aurons pour nous l'éternité...

Bientôt retentit le dernier vers :

Dieu réunit ceux qui s'aiment !

Comment se peut-il qu'Édith ait écrit cette chanson quelques mois plus tôt ? Comment se peut-il qu'elle l'ait écrite pour quelqu'un d'autre qu'elle ? Était-ce une prémonition ? Son cœur bat la chamade, le public ne cesse plus de l'acclamer. La main agrippée au rideau pourpre, elle reprend son souffle pour la chanson suivante, *Escale*. Mais ses jambes se dérobent, elle n'achèvera pas la chanson. Dans la stupeur générale, Piaf, évanouie, est reconduite en coulisse.

Les jours suivants, elle se terre au creux de son lit, éloignant d'elle les plateaux de nourriture que lui tend Geneviève. La douleur de l'âme s'étend maintenant au corps. Comme rouée de coups, les articulations ankylosées, elle subit en réalité une sévère crise de rhumatismes, un mal héréditaire qui vient de se révéler chez elle à la suite du choc qu'elle a subi. Pour apaiser ce corps brisé et cette âme désespérée, le médecin prescrit des tranquillisants et de la morphine. Dopée, l'artiste retrouve quelques jours plus tard le Versailles ; chaque soir désormais, jusqu'au 31 janvier 1950, elle débutera son récital d'une heure avec *L'Hymne à l'amour*. Le reste du temps, elle s'enferme dans l'appartement. On se relaie autour d'elle pour accompagner ses silences ou écouter ses élégies à Cerdan, de longues litanies amoureuses qui immanquablement s'achèvent dans les larmes et les cris. À sa demande, Andrée Bigard, la fidèle secrétaire, Jacques Bourgeat, l'ami des premières heures, et même Momone, qui a obtenu son pardon, la rejoignent à New York. Elle les veut là, tous autour d'elle. Certains soirs, étouffée par sa souffrance, elle accompagne la prise de ses tranquillisants d'un verre ou deux, bien davantage parfois. Un soir, au Versailles, son tour de chant terminé, elle commande du champagne, encore du champagne. Dans ces bulles dorées, un soupçon de liberté, espère-t-elle, l'oubli pour quelques heures... Un spectacle bien pathétique : Piaf, sublime et triomphante quelques heures plus tôt, est maintenant à quatre pattes, mimant le chien et imitant ses aboiements. Debout près d'elle, Ginou semble la tenir en laisse. « Seulement, pendant ce temps-là, je ne souffrais pas ! » écrira-t-elle bien des années plus tard. Le lendemain, honteuse de ses frasques de la veille, elle ira s'agenouiller devant Dieu dans l'église la plus proche, le suppliant, en larmes, de panser sa plaie.

De l'autre côté de l'océan, le corps sans vie de Marcel Cerdan, identifié grâce à la montre qu'Édith lui avait offerte, a rejoint Casablanca, où dans une chapelle ardente le peuple de ses admirateurs a pu lui rendre un dernier hommage. Piaf, de son côté, a commandé un tombeau de trois cent mille francs pour Ginette Neveu, la violoniste qui a, elle aussi, trouvé la mort dans le crash du Constellation. Pour survivre à son chagrin, Édith se réfugie dans sa foi, une foi qui mêle confusément mystique, superstition et croyances en l'Au-delà. Aussi écrit-elle au comédien Robert Dalban, son copain depuis qu'en 1942 elle a sympathisé avec sa femme, l'actrice Madeleine Robinson. Elle connaît ses accointances avec l'Au-delà et son savoir en matière de dialogue avec les morts. C'est décidé, elle va le plus vite possible prendre contact avec Marcel. Une fois documentée, elle ordonne à Momone de dénicher dans les plus brefs délais un guéridon. Ce sera le nouveau trésor d'Édith. Le soir même, de retour du Versailles – elle a en effet décidé que ces rendez-vous avec l'Au-delà ne pouvaient être que nocturnes –, elle contraint Momone à prendre place face à elle, de l'autre côté du petit guéridon. Pendant des heures, elles supplient les anges de leur ouvrir les portes du royaume des morts. Sans succès. Alors que la lumière du petit matin frappe aux vitres, Édith, persuadée du bien-fondé de l'entreprise, promet à Momone une nouvelle tentative la nuit prochaine. Après plusieurs échecs, la frangine conclut qu'elle doit donner un petit coup de pouce à ce guéridon désespérément silencieux.

À l'heure d'écrire ses Mémoires et afin de se dédouaner d'une kyrielle de sales coups finalement lourds à porter, la malicieuse Simone Berteaut expliquera qu'elle ne pouvait plus supporter de voir dépérir son amie, qu'elle voulait lui offrir un peu de consolation en lui permettant de communiquer avec l'Au-delà. La réalité est tout autre. Momone, en fait, entrevoit tout ce qu'elle pourra tirer d'un guéridon bavard et conciliant. Un coup de genou dans le satané meuble et Édith dit amen à tout. Puisque c'est Marcel qui l'a ordonné ! Et s'il la prie de manger, de bien dormir et de ne pas se laisser sombrer, il lui recommande aussi d'être gentille et généreuse avec Momone. Pour la diabolique frangine, le guéridon devient ainsi une sorte de lampe d'Aladin.

« Plus rien ne sera jamais comme avant », ne cesse de répéter Édith. Comme pour se libérer du souvenir de cette ancienne vie qui la torture, elle renonce aux vêtements qu'elle a portés avec Marcel, distribue les bijoux qu'il lui a offerts et décide qu'à son retour à Paris elle se séparera de son ancien hôtel particulier où ils ont vécu si heureux. Le seul reflet de son visage dans le miroir de la salle de bains lui devient insupportable, elle le voudrait différent de ce qu'il était encore hier, quand Marcel le caressait de la paume de sa main. Elle se saisit d'une paire de ciseaux et taille sans pitié dans la masse de boucles sombres qui flotte sur ses épaules. Un coiffeur chargé de réparer les dégâts n'aura d'autre choix que de raccourcir les mèches sur la nuque et d'improviser une touffe assez confuse sur le dessus de la tête. « Je souffrais un martyre qu'aucun mot ne sera jamais assez fort pour traduire. Je n'étais plus qu'une chair, qu'une âme blessée à mort », se souviendra-t-elle.

Ce calvaire, personne dans son entourage ne l'oubliera jamais. Son caractère indomptable n'a fait que s'aiguiser, ses colères sont enragées, ses crises de désespoir abyssales, mais personnes ne lâche prise. Ses musiciens, Loulou et même Momone la portent à bout de bras, jusqu'au bout de leurs forces. Beaucoup se seraient enfuis, ainsi confrontés aux élans rageurs de la patronne, mais aucun de ses proches ne le fera. Elle est aimée. Cocteau l'inonde de ses pensées et de lettres d'une infinie tendresse. Marlene Dietrich n'ignore pas davantage le drame d'Édith. Un soir qu'elle pénètre dans sa petite loge du Versailles, celle-ci trouve un joli écrin posé sur la table. À l'intérieur, une croix sertie de sept émeraudes bénie par Pie XII avec une chaîne en or. Dans le couvercle une petite carte : « Il faut trouver Dieu. Marlene, Rome, Noël. » Ce bijou, Piaf ne le quittera plus.

Aux premiers jours de février 1950, Édith regarde son petit monde mettre en caisses tout ce qui a été amassé durant ces six mois passés à New York. De la vaisselle, du linge de maison, des vêtements, des cadeaux... Dans cet appartement dépouillé elle laisse sa joie de vivre d'hier. Les ombres du bonheur dansent sur les murs, les éclats de rire se sont évaporés. Les miroirs garderont en mémoire le visage de Marcel, et les moquettes épaisses, le trop-plein de larmes de l'amoureuse éplorée. Demain, 3 février, l'avion la rendra à sa ville, Paris. Une arrivée dans la nuit est prévue, la plus discrète possible, pour échapper à la presse française impatiente de recueillir le désespoir de la chanteuse. Pendant que sa nouvelle demeure subit encore quelques travaux d'aménagement, Édith élit résidence dans un hôtel. Il n'est pas question de retravailler avant la mi-mars, date à laquelle sont prévus trois récitals à la salle Pleyel. Alors, elle ressasse, s'accroche au guéridon si loquace entre les mains expertes de Momone.

Mais une autre obsession la taraude : établir des liens avec la famille de Marcel, rencontrer Marinette et ses trois fils qui doivent tant ressembler à leur père. Elle a bien adressé une première missive à la veuve, mais n'a reçu pour réponse qu'un grand silence. Elle a aussi envoyé une de ses amies à Casablanca afin qu'elle persuade Marinette de la rencontrer. En vain. Mais le 17 février, un télégramme de Mme Cerdan la tire de sa léthargie ; elle accepte enfin de la recevoir à Casablanca. C'est comme un sursaut pour Édith, elle va retrouver un peu de Marcel. Le 28 février, à quatre heures du matin, elle débarque bel et bien dans la ferme de Sidi Marouf, tirant son hôtesse du sommeil. Deux jours à se découvrir timidement, à partager leur trésor commun, l'amour d'un homme dont l'absence les réunit dans une même souffrance. Deux jours à profiter de la présence si douce des trois fils de Marcel, pour qui elle sera bientôt tata Édith. C'est promis, en juillet, toute la famille viendra à Paris.

La douleur est toujours aussi vive et les nuits sans sommeil trop longues, mais Édith surnage. Elle rassemble ses forces et honore ses contrats, trouvant refuge dans son métier et dans la dévotion du public. Pas un soir sans gala, pas une journée sans répétition ou enregistrement. Le 2 mai, elle rentre enfin en studio pour immortaliser *L'Hymne à l'amour*. Et quand le désespoir est trop grand, la mélancolie trop étouffante, elle attrape de vieilles nippes et, flanquée de Ginou ou de Momone, comme jadis, elle se « fait une rue ». Des passants s'amusent de cette pauvre chanteuse de rue qui s'escrime à imiter Piaf.

Édith sent aussi que sa santé décline. De lourdes fatigues lui volent son énergie, et ces maudits rhumatismes la harcèlent toujours, comme une armée de petites aiguilles plantées dans ses mains, ses chevilles, ses genoux et ses poignets. Une dose de morphine et de codéine, un dérivé de l'opium, et quelques tranquillisants quand monte l'angoisse, souvent bien plus que n'en autorise le médecin, et la voilà de nouveau en selle, prête à se battre et à donner le change, en public tout au moins. Et quand plus rien ne soulage l'âme surgissent Momone ou Roland Avelys, « le chanteur sans nom », ainsi qu'elle l'appelle, un de ses vieux copains, son amuseur, un fou de la reine un rien filou. Chacun à leur tour, ils jouent du guéridon. Ils sont les seuls à savoir le faire parler. On le retire soigneusement de sa housse de velours, qu'Édith a fait coudre pour les déplacements, on s'installe, et joyeusement la petite table se met à dodeliner. Elle résout le problème des fins de mois de Roland, octroie des enveloppes garnies à la frangine, offre des guitares, des vélos...

Mais Piaf décide bientôt que Marcel doit lui écrire des chansons. Un nouvel exercice de style pour Momone, qui en plus de jouer des genoux doit maintenant exceller dans l'art du refrain. La malice aidant, elle improvise quelques vers, et la pauvre Édith aux abois se réjouit de ces mots pourtant sans saveur. Elle implore qu'on les prenne en note immédiatement et que Marguerite soit convoquée afin qu'elle leur trouve une musique. Ainsi grugée et humiliée, elle voit chaque jour croître le nombre de ses courtisans ; qui prennent d'assaut son hôtel particulier. Par tablées entières, ils boivent et mangent gratis avant de transformer chambres et salon en dortoirs. Dans cette agitation qui se veut festive, au milieu de ces pique-assiette qui se disent ses amis, Édith feint de noyer sa peine et sa solitude.

Un soir de juin, au Baccara, alors qu'elle prend un dernier verre après son tour de chant, Piaf voit un jeune homme venir à sa rencontre.

« Je m'appelle Eddie Constantine », se présente-t-il dans un français hésitant marqué d'un fort accent américain.

Pour justifier son audacieuse approche, l'homme lui explique qu'il a écrit une version anglaise de *L'Hymne à l'amour*. L'offre intéresse la chanteuse, qui prépare déjà son prochain voyage en Amérique. Elle lui tend les coordonnées de Raoul Breton, son éditeur musical. Quelques jours plus tard, Constantine a rendez-vous chez Édith pour lui présenter son texte anglais. Il ne sortira plus de chez elle ! Sa panoplie de patron l'attend déjà : le briquet, la montre et la gourmette. Le regard tendre, un large sourire et une peau crevassée qui en dit long sur son passé de baroudeur – ce type-là a tout pour la faire revivre. Oublier Cerdan, elle n'y pense pas un seul instant, mais il faut bien passer le temps, croire à l'amour une fois encore. Pour Édith, qui aime toujours autant écouter des histoires, Eddie déroule le fil de sa vie, de sa naissance à Los Angeles, en 1917, de parents autrichiens – son père chantait à l'opéra de Vienne – à son arrivée à Paris, où il s'est retrouvé vendeur de journaux, gardien de parking et livreur de lait. De sa belle voix teintée d'Amérique, il a chantonné ici et là, vanté pour des spots publicitaires des produits d'outre-Atlantique tels que sodas et cigarettes. Il évoque au passage une épouse restée en Amérique.

« Il n'y a plus rien entre nous », assure-t-il à une Édith bien trop crédule.

Hélène, la Mme Constantine en question, attend pourtant le retour de son homme, près de leur petite Tania. Mais pour Constantine, qui rêve de cinéma, de chanson et surtout de gloire, cette nouvelle compagne est une merveilleuse promesse. Si elle le prend sous sa coupe, c'est bien qu'elle veut faire de lui une vedette. Alors, en amant docile, en élève appliqué, le nouveau M. Piaf, ainsi que le surnomme déjà la presse, suit les consignes de la vedette sans rechigner. En récompense de ses efforts, le voilà, après seulement quelques semaines de travail, en première partie de la vedette dans les arènes de Nîmes. Pendant un mois, Édith, flanquée de Constantine et Aznavour, ses deux premières parties, continue d'arpenter les théâtres de France avant de s'envoler pour l'Amérique aux premiers jours de septembre.

Pour la quatrième fois, la chanteuse retrouve la scène du Versailles. En coulisse veille Aznavour. Il ne chantera pas. Piaf l'a embauché seulement pour les éclairages et la régie. Charles aura toutefois droit à quelques jours de relâche, le temps de subir une intervention destinée à remodeler son nez. Édith n'a pas cessé, ces dernières années, de le harceler à ce sujet. La veille de son entrée en clinique, pourtant, loin d'être rassurante, elle se met à douter de l'utilité de cette rectification nasale.

« Et si c'était pire ? » imagine-t-elle en hurlant de rire face à son pote Charles qui n'en mène pas large. Après l'opération, elle n'est guère plus encourageante. À la vue du visage enflé et des bandages, elle s'écrite :

« Mon pauvre, mais dans quel état ils t'ont mis ? »

Quelques semaines plus tard, tout le monde s'accorde pourtant à reconnaître le grand talent du chirurgien. Constantine, quant à lui, ne chantera pas davantage qu'Aznavour lors de ce séjour new-yorkais. Il doit se contenter de corriger l'accent de sa compagne, occupée en studio à enregistrer un album entièrement en anglais. Voient ainsi le jour *Hymn to Love, The Three Bells* ou encore *Autumn Leaves* (*Les Feuilles mortes*).

Après avoir fêté ses trente-cinq ans le 19 décembre, Édith éprouve une déconvenue de taille : Eddie ne passera pas les fêtes de Noël avec elle mais auprès de sa danseuse d'épouse et de leur fille Tania. Un affront qu'elle lui fera payer de mille colères et de bordées d'injures. Le 5 janvier 1951, les malles sont enfin bouclées et elle ne pense plus qu'à retrouver Paris, où l'attend un projet de comédie musicale aux accents de guimauve auquel elle tient et dont il est question depuis plusieurs mois.

C'est Marcel Achard qui a conçu le livret de *La P'tite Lili*, le spectacle qui marquera le retour de Piaf à l'ABC, tandis que Marguerite Monnot en a composé les musiques. C'est l'histoire d'une cousette renvoyée de son atelier de couture parce qu'elle ne cessait de chanter. Dans le même temps, la pauvre Lili se retrouve malgré elle mise en cause dans le meurtre d'un souteneur. Elle tombe alors éperdument amoureuse de Spencer, un mauvais garçon qui ne tarde pas à l'abandonner pour une autre. Désespérée, l'amoureuse éconduite décide de s'empoisonner, mais c'était compter sans la sollicitude de l'apothicaire, qui en guise d'arsenic lui avait vendu un breuvage inoffensif. La petite Lili oublie son chagrin d'amour et retrouve Mario, un gentil portier de nuit incarné par Robert Lamoureux, le fiancé qu'elle avait quitté quelques semaines plus tôt pour Spencer. Le personnage de Lili enthousiasme Édith. Mais si l'intrigue du spectacle est sentimentale, sa préparation s'avère, elle, des plus épiques. Piaf entend en effet tout décider, des éclairages au décor en passant évidemment par le choix des artistes. Ultime exigence après déjà de nombreux coups de gueule, elle veut imposer à Mitty Goldin, le patron de l'ABC, Eddie Constantine dans le rôle de Spencer.

« S'il n'est pas là, je ne jouerai pas », vocifère Édith à la face du producteur qui lui oppose un non catégorique.

Pas moyen pourtant de se dérober. Il faut se plier aux volontés de la vedette ! Le metteur en scène croit s'en tirer en réduisant comme peau de chagrin les interventions de Constantine, mais Piaf monte de nouveau au créneau, exigeant qu'on redonne la part belle à son compagnon. Et si la trame du spectacle est connue, les chansons ne sont pas encore toutes écrites à quelques jours de la première. On presse Achard comme un citron, et chaque jour l'écrivain donne livraison des textes écrits la veille. Le chaos semble définitivement l'emporter sur le travail, mais tant bien que mal on se prépare à la première, fixée le 10 mars. Une chanson suffit à réjouir Édith : *Demain, il fera jour*.

« C'est toute ma vie, ça ! » se plaît-elle à dire.

Demain, il fera jour
C'est quand tout est perdu que tout recommence
Demain, il fera jour

Après l'amour, un autre amour commence.
Un petit gars viendra en sifflotant
Demain.
Il aura les bras chargés de printemps
Demain.
Les cloches sonneront dans votre ciel
Demain.
Tu verras brûler la lune de miel
Demain.
Tu vas sourire encore
Aimer encor' souffrir encor', toujours

À cause des tensions et de la précipitation on craignait un échec, mais la magie opère à nouveau. De son talent et de sa présence Piaf enflamme les planches et c'est à guichets fermés que *La P'tite Lili* prend vie chaque soir. Pour peu de temps toutefois. Le dixième jour, Édith doit déjà déclarer forfait. Son corps lui fait faux bond. À la douleur lancinante de ses rhumatismes, qui ne la laisse jamais longtemps en paix, s'ajoute une infection intestinale qui cette fois la contraint à une hospitalisation. Elle reprend son rôle le 4 avril et ne le lâchera que le 10 juillet pour repartir en tournée d'été dès le 13 avec ses complices Charles Aznavour, splendide avec son nouveau nez, et l'hilarante Micheline Dax, fantaisiste, chansonnière et siffleuse d'exception. Entre-temps, Édith se voit lâchée par Constantine, qui a fait venir en France femme et enfant pour s'installer de nouveau avec elles. L'affront est grand, mais un bonheur bien plus grand encore vient consoler la chanteuse : la visite de Marinette, de ses trois fils et d'une de ses amies, Flora Garcia.

« Ce sont mes gosses ! » répète Édith.

Pour eux, elle court les boutiques de jouets où elle déniche, entre autres, des tas de petites voitures à moteur qui ne tardent pas à ronronner des journées entières dans l'hôtel particulier. Entourée de ses loupiots d'adoption, de cette petite famille qui lui fait si chaud au cœur, Édith se découvre des trésors de patience. La mine réjouie, oubliant un temps ses douleurs articulaires, aidée toutefois par un cocktail de pilules de toutes les couleurs, la voilà qui sillonne Paris pour leur faire découvrir le Jardin des plantes et la tour Eiffel. Elle convoque même le couturier Ted Lapidus afin qu'il confectionne à ces petits hommes de deux, quatre et six ans et demi de beaux habits sur mesure. Marinette se voit, elle, gratifiée d'un luxueux sac à main en crocodile. Ces réjouissances familiales s'achèvent malheureusement bientôt.

Mais Édith a entre-temps jeté son dévolu sur un homme susceptible d'apaiser ses angoisses. Ou plus exactement de les mater. En effet André Pousse, le nouveau patron, n'est pas homme à faire dans la dentelle, et les pique-assiette de passage peuvent déjà renoncer à l'argent de la chanteuse ! Le dur à cuire est bien décidé à remettre de l'ordre dans cette cour des miracles où s'affalent sans complexe fainéants, profiteurs et oisifs de tout poil. Édith avait déjà rencontré le champion cycliste André Pousse trois ans plus tôt à New York, il était venu l'applaudir au Versailles. Loulou, grand amateur de vélo, avait même organisé un petit dîner au cours duquel Pousse avait compris que la chanteuse n'était pas insensible à son charme. Ils se retrouvent à l'ABC à l'issue d'une représentation de *La P'tite Lili*. Le champion a entre-temps rangé sa bicyclette pour exercer une ribambelle de métiers à Haïti et en Amérique avant de revenir en France pour faire ses débuts d'imprésario. Après le spectacle, Édith, Loulou et André vont souper ensemble. Au fil du repas, Loulou se persuade que cet homme-là a tout pour être le nouveau patron. Et de fait, il suffit que ce gros bras entame le récit de ses mille et une frasques pour que Piaf ouvre des yeux grands comme des soucoupes. Il a croisé les rois de la pègre et les pirates des Caraïbes, passé des nuits entières à jouer au poker dans des tripots au bout du monde, organisé des spectacles de cirque, côtoyé des dresseurs d'ours et les funambules les plus fameux. Cet aventurier plaît décidément beaucoup à Édith; lui reviennent en mémoire les numéros du père Gassion, leur vie dans le milieu du cirque, les moments où elle s'approchait trop près des fauves et en retirait de bien doux frissons…

Quelques jours plus tard, l'homme trône bel et bien dans le lit de la patronne. « Une nuit avec Piaf, ça peut être amusant », se serait-il dit. C'est du moins ce qu'il confiera à la presse bien des années plus tard. Mais si les prémices de l'amourette relèvent du défi, Pousse ne tarde finalement pas à se prendre au jeu de la situation. Il reçoit même dans les plus brefs délais ses attributs de patron : la montre, la gourmette et le briquet, d'or massif bien entendu. Ce qui n'est d'ailleurs pas de son goût. Le nouveau patron a horreur de la dépense à tout-va. Il s'empresse de reprendre en main les finances de la maisonnée afin de venir à bout des millions de dettes en cours. La tentative est vaine : Piaf continue de n'en faire qu'à sa tête. Son déficit la fait doucement rire, tandis que Loulou semble chaque jour plus angoissé et épuisé par les élans de générosité de sa patronne et amie. Pour avoir trop cheminé la misère en poche, la vedette n'en supporte plus la vue. À une mère dans le besoin, à un clochard errant ou à un ami aux fins de mois difficiles Édith distribue toujours quelque obole, comme jadis à une prostituée elle avait donné son vison, craignant qu'elle n'attrape un rhume à cause de son décolleté. Elle a ses vieux aussi à qui elle verse une rente mensuelle, des copains de son défunt père, de vieilles amitiés des années de galère qu'il n'est pas question d'abandonner à leur triste sort. À date fixe, quelques clochards habitués aux largesses de la chanteuse viennent même frapper à sa porte pour recevoir leurs gages du mois ou de la semaine. La cuisinière ou Loulou tentent bien de faire barrage, mais Édith surgit toujours une poignée de billets à la main.

Elle ne manque pas non plus de tenir table ouverte chez Maxim's ; des amis, des amis d'amis, dix personnes, vingt, se pressent ainsi autour d'elle et festoient aux frais de la princesse. Piaf aime ce pouvoir, elle apprécie de trôner comme une reine et de se divertir des joutes oratoires de ses courtisans, des tours de passe-passe de ses magiciens, des malices de ses bouffons. La sans-famille adore les grandes tablées, les rires sonores et les chansonnettes que l'on pousse au dessert. Comme prise d'une fièvre acheteuse, elle peut aussi dévaliser les plus grands couturiers pour finalement se vêtir toujours de la même petite jupe droite et du même tricot dans lequel elle se sent si bien. La domesticité est un poste de dépense non moins négligeable : chauffeur, cuisinière, femme de chambre, secrétaire…

André Pousse n'est pourtant pas au bout de ses surprises. À plusieurs reprises, il lui a en effet semblé que se tramait une drôle d'affaire au premier étage de l'hôtel particulier. Un soir, afin d'en avoir le cœur net, Dédé feint de sortir et se cache. Momone et Édith montent alors quatre à quatre l'escalier qui conduit à l'étage et s'enferment dans le débarras. Décidément curieux de découvrir ce qu'elles peuvent bien manigancer, enfermées comme deux gosses dans un placard, il plaque son oreille contre la porte et ne tarde pas à comprendre qu'elles tentent d'entrer en contact avec l'Au-delà, plus précisément avec Marcel, et surtout que Momone tire les ficelles de l'ignoble subterfuge. Entre deux « Esprit es-tu là ? », Pousse l'entend très distinctement réclamer de grosses sommes d'argent. « Sur le moment, j'ai eu envie d'enfoncer la porte et de virer tout le monde », racontera-t-il. Il se ravise pourtant, conscient qu'il pourrait faire de la peine à Édith si elle croit vraiment à ce dialogue avec Cerdan. Pousse patientera…

La tournée d'été débute bientôt, et malgré les coups de gueule de Pousse les courtisans ne sont jamais loin. On rejoint Édith à La Baule, Annecy ou Genève le temps d'un bon gueuleton. Le guéridon est lui aussi du voyage, savamment enveloppé dans sa housse de velours, perché sur le toit de la luxueuse voiture transformée pour l'occasion en roulotte. Dédé ne pose pas de questions à propos de ce curieux chargement. Le rythme est effréné : chaque jour une ville différente, un nouveau public à conquérir et une énergie folle à déployer. Au volant, Charles Aznavour, et à ses côtés, Édith. Mais soudain, sur une route de l'Yonne, à Cerisiers, ce 21 juillet 1951, la voiture échappe au contrôle de son chauffeur. Plus de peur que de mal, heureusement. Piaf en sera quitte pour une petite entorse. Elle chantera bien le lendemain au casino de Deauville mais le bras soutenu par une écharpe de coton. Après la Normandie, une très brève escale aux Pays-Bas et un autre petit détour par Paris, le convoi doit illico rejoindre le Sud. Le 5 août, Édith chante au Sporting-Club de Monte-Carlo, le 7 aux arènes d'Alès, le 9 au casino de La Bourboule, le 10 à nouveau aux arènes d'Alès, le 13 à Salon-de-Provence…

C'est tout près de là, aux Baux-de-Provence, que Dédé lance sa riposte et fait sa fête au maudit guéridon disposé dans un coin de la chambre de Michel Emer, l'ami parolier, qui, tout dévoué à la patronne, avait accepté de cacher le précieux meuble. « Là, j'ai explosé, le guéridon aussi d'ailleurs. Je l'ai mis en morceaux. J'en ai fait du petit bois », écrira André Pousse dans ses Mémoires. Alors qu'il pulvérise la petite table, Édith l'agonit de sottises et hurle de toutes ses forces. Mais est-il seulement possible qu'elle ait si longtemps cru aux pouvoirs magiques du guéridon, à l'aptitude de Momone et de Roland Avelys à le rendre si loquace ? C'est peu probable. Elle voulait seulement croire, s'accrocher à des illusions. Mettre fin elle-même à l'arnaque eût été trop difficile, trop cruel, c'eût été couper de sa propre main l'ultime fil qui la liait encore à Marcel. Sans doute attendait-elle qu'on le fasse à sa place. Dédé vient de la tirer de ses songes, mais le réveil n'en est pas moins douloureux. Momone est une nouvelle fois bannie. Édith enrage qu'elle ait bafoué son deuil et se soit jouée de sa souffrance.

Mais la tournée n'attend pas. Il faut se rendre à La Ciotat, non loin de Marseille, et la roulotte reprend sa route. Dans la belle Citroën conduite par Dédé prennent place Édith, Charles Aznavour et Roland Avelys, l'amuseur et tricheur, « le chanteur sans nom », qui, comme Momone, tombe régulièrement en disgrâce mais finit toujours par réintégrer son rang tant ses blagues font rire la patronne. Soudain, alors qu'il cherche à éviter un véhicule, Dédé envoie la voiture dans le décor. L'accident est plus grave que celui du mois précédent. Édith est transportée à l'hôpital le plus proche, à Tarascon. Aux premiers examens, on diagnostique des côtes enfoncées et une sévère fracture de l'humérus gauche. Il faut opérer tout de suite pour replacer l'os. Édith décide pourtant de remonter à Paris pour y subir l'intervention. La tournée est interrompue, il n'est plus question de chanter avant plusieurs mois. Parce que cette longue inactivité va encore endommager le déficit financier de la chanteuse, les Compagnons de la Chanson proposent alors de lui venir en aide. Mais elle doit aussi faire face au désespoir que représente pour elle le fait de demeurer inactive, et donc, selon elle, inutile et vide.

Pour soulager son insoutenable douleur physique, les médecins continuent de lui prescrire de la morphine. « Chaque fois qu'on me bougeait la douleur était si forte que je hurlais. C'est alors qu'une infirmière m'a fait une première piqûre. D'un coup, la douleur s'est évanouie et je me suis sentie extraordinairement bien », écrira-t-elle. Mais l'effet de la drogue ne dure jamais bien longtemps et la douleur se niche à nouveau dans son corps. L'infirmière a ordre de la faire patienter le plus possible afin de repousser l'heure de la prochaine injection. Que de supplications avant que le précieux liquide du soulagement ne s'écoule à nouveau dans ses veines !

Le 22 août, encore tout endolorie, Édith retrouve son domicile de Boulogne, mais la descente aux enfers ne fait que commencer. Désormais son corps en souffrance appelle toujours plus de drogue. Des amis mal intentionnés et d'autres, trop faibles, n'osant s'opposer à la grande Piaf ou n'ayant tout simplement pas la force de résister à ses colères, lui procurent ses doses. Sous son lit, dans le pick-up, derrière la baignoire, elle dissimule l'élixir de sa délivrance. Cette détresse, cet enfer qui brûle son corps, elle ne l'oubliera jamais. « Je n'avais même plus d'endroit où me piquer. Mes cuisses et mes bras étaient couverts d'énormes œdèmes… Je me piquais brutalement à travers mes vêtements. »

C'est le début de quatre années de la pire des aliénations.

14

Les paradis artificiels

Après la mort de Cerdan, six mois après exactement, je me suis laissée couler à pic, jusqu'au plus profond du gouffre[...] La drogue a fait de ma vie un enfer[...] Mes amis m'auront vue l'écume aux lèvres, accrochée aux barreaux de mon lit, pendant que je réclamais ma dose de morphine.

Édith PIAF,
Ma vie.

Las de cette vie qui n'était pas la sienne, André Pousse a fini par lâcher prise. Édith l'y aura aidé. Il la laisse à ses désordres, à ses courtisans, à ses excès d'alcool et de drogue. Un nouvel amant est annoncé. Introduit dans les murs par Pousse, un autre ancien cycliste, Toto Gérardin, s'est en effet montré plus aimant et démonstratif. Les cheveux aussi blonds que les blés, le regard azur comme un ciel d'été, Gérardin a des arguments qui ont de quoi séduire Édith, si affaiblie et déroutée soit-elle. Et après tout, rien de tel qu'un bel amoureux pour se remettre en selle. De bouquets de fleurs en tendres égards, Gérardin fait son nid au chevet de la convalescente, ce qui lui vaut de recevoir à son tour les attributs de son rang, gourmette, montre et briquet. Aussi ingénu que serviable, Toto Gérardin est l'homme idéal pour une Piaf en proie aux plus sévères angoisses. D'une humeur de chien depuis qu'elle est privée de scène et violente lorsque le manque de morphine malmène son corps brisé, elle donne bien du fil à retordre à Gérardin. Pourtant, docile, amoureux sans nul doute ou pour le moins fasciné, celui-ci se met en quatre pour alléger la peine de sa compagne. Une mésaventure de Toto vient toutefois la contrarier. Une équipe de police débarque chez elle la veille de son anniversaire pour opérer une perquisition. Mme Gérardin a porté plainte contre elle pour recel d'objets volés. On recherche une fourrure, des bijoux, un vase de prix et pas moins de dix-huit kilos de lingots d'or. La police aura beau retourner l'hôtel particulier, elle ne trouvera rien de plus que des coupes en inox et en laiton, trophées de gloire du champion. Si l'épouse évincée avait imaginé cette manigance pour récupérer son mari, elle n'est pas loin de réussir. Toutefois elle devra faire preuve d'encore un peu de patience...

Contre toute attente, ce n'est pas Piaf, mise en rage par ces accusations, qui met à la porte son amant, mais bien Gérardin qui un mois plus tard, en janvier 1952, décide de réintégrer ses pénates conjugaux. Il se rend même à Lille, où chante Édith, pour lui faire part de sa décision. Aucune larme ne peut plus le faire plier, les cris de la chanteuse se perdent contre les murs de la loge. Toto s'en est allé. Grippée, aphone et désespérée par cet abandon, elle renonce au gala du lendemain à Roubaix. Que de courage pourtant il lui a fallu ces dernières semaines pour retrouver le chemin de la scène et honorer ses obligations. Depuis son accident de voiture du 14 août, elle aura dû attendre près de trois mois pour renouer avec le public. Et même percluse de douleurs, elle a enregistré en studio de nouvelles chansons dont *Jezebel* et surtout *Padam Padam*, dont la musique de Norbert Glanzberg cherchait son texte depuis une bonne dizaine d'années. Trenet lui-même avait tenté de l'habiller sans y parvenir. Et c'est finalement Henri Contet, le complice de toujours, qui a eu l'idée de ces Padam Padam entraînants comme une ritournelle de guinguette.

Les revers de fortune et les sommes dues à l'administration fiscale sont tels, après ces longs mois sans gala, qu'Édith doit mettre en vente l'hôtel particulier de Boulogne. Elle perd au passage quelques millions tant le prix de son acquisition, quelques années plus tôt, avait été exorbitant. Elle loue alors l'appartement d'un ami au 72, boulevard Pereire, dans le XVIIe arrondissement. Toutefois, elle ne se soucie pas le moins du monde de sa situation financière. Ce qui la rend irascible, ce sont ses douleurs continuelles et l'absence d'un homme à la maison. Heureusement, entre autres promesses, le printemps lui apporte celle d'un amour en la personne de Jacques Pills, une vieille connaissance. Elle l'a rencontré en 1939 avant qu'il n'épouse la chanteuse Lucienne Boyer. C'est par l'intermédiaire d'Eddie Lewis, son nouvel imprésario américain depuis la mort il y a quelques mois du fidèle Clifford Fisher, qu'elle le retrouve. De retour d'Amérique latine, le chanteur tient paraît-il à la disposition de Piaf une toute nouvelle chanson. Il l'aurait même écrite en pensant à elle à Punta del Este, en Uruguay. Lorsque Eddie évoque ce « monsieur Charme », ainsi que l'ont surnommé les Américains très friands de ses ritournelles sentimentales et de sa voix de velours, Édith demande qu'il lui rende visite et lui fasse partager cette fameuse nouvelle chanson. Elle se souvient aussi que Jacques Pills est plutôt bien fait de sa personne. En ces premiers jours de mai 1952, c'est effectivement un bel homme brun au large et éclatant sourire et aux yeux tendres qui frappe à sa porte. Il est flanqué d'un tout jeune pianiste, pas mal lui non plus, brun et le teint hâlé, un certain Gilbert Bécaud.

« C'est lui qui a écrit la musique de cette chanson, nous étions ensemble en Uruguay », explique Pills.

Puisqu'il s'agit de découvrir une nouvelle chanson composée par deux beaux garçons, Édith est toute chose, offerte à la poésie du moment. Bécaud prend possession du piano du salon, Pills s'éclaircit la voix et attaque :

Toi…
Toujours toi…
Rien que toi…
Partout toi…
Toi… toi… toi…
Toi…
Je t'ai dans la peau
Y a rien à faire
Obstinément, tu es là
J'ai beau chercher à m'en défaire
Tu es toujours près de moi
Je t'ai dans la peau

Y a rien à faire
Tu es partout sur mon corps
J'ai froid, j'ai chaud
Je sens la fièvre sur ma peau

Édith et Pills ne se lâchent pas du regard. Lui sait bien que c'est ainsi qu'on donne le goût d'une chanson et elle, qu'on la reçoit en plein cœur. La chanson la bouleverse-t-elle vraiment ou est-elle surtout émue par son créateur ? Toujours est-il que Jacques Pills a ordre de revenir le lendemain, puis tous les jours suivants pendant deux semaines, pour lui faire travailler cette chanson. « Mais à chaque fois, au lieu de travailler, nous parlions de nous, et nous nous regardions. De nouveau, j'étais amoureuse ! » écrit Édith. Au fil de ces quelques jours, elle trouve des forces nouvelles et se persuade que cet homme-là est le bon. « Ça y est, j'ai trouvé l'amour de ma vie. Celui avec qui je vais pouvoir vivre toute ma vie ! Un mari, enfin ! » se répète-t-elle. Pourtant, Jacques tarde encore à se déclarer, même si ses regards laissent deviner une grande confusion des sens. « Je voyais bien qu'il mourait d'envie de me parler d'amour. Ses lèvres s'entrouvraient… Mais non, sa pomme d'Adam s'agitait, il avalait sa salive et il continuait à se taire », se souviendra l'impatiente amoureuse.

Enfin, un soir, alors qu'il s'apprête à prendre congé, sa déclaration fuse comme l'éclair. « Il me jeta un Je t'aime presque sur un ton de colère. » Aux gages d'amour qu'elle s'empresse de lui demander il répond bientôt par une demande en mariage, la première pour Édith, celle que tant de fois elle a vécue en songe. Deux mois plus tard, elle tient enfin son rêve au creux de la main : un vrai mariage. Le 29 juillet 1952, à la mairie du XVIe arrondissement, en toute discrétion, Édith Giovanna Gassion devient, entre deux témoins, Jacques Bourgeat et Loulou Barrier, l'épouse de René Victor Eugène Duclos, dit Jacques Pills. À trente-sept ans, Édith est la jeune épouse d'un bel homme de neuf ans son aîné. Elle découvre au passage que son mari n'a pas trente-neuf ans comme il le lui avait dit mais quarante-six. Peu importe – simple cachotterie d'un « monsieur Charme » bien coquet. Ce mariage civil n'a toutefois pas calmé tous les appétits nuptiaux d'Édith ; elle pense déjà à la cérémonie religieuse et décide qu'elle aura lieu à New York dès la rentrée, à l'occasion de son nouveau passage au Versailles.

À nouvel amour, nouvelle maison ! Le couple emménagera bientôt dans le XVIe arrondissement au 67 *bis* du boulevard Lannes, dans un charmant rez-de-chaussée de neuf pièces doté d'une entrée privative. Pas le temps d'en profiter pour le moment : comme chaque été Piaf entame une longue tournée. Les jeunes mariés ne font que se croiser, mais toujours avec bonheur. Près de cet homme-là, le sien, Édith se sent sereine. Pills est si calme qu'en sa compagnie elle voit ses démons et ses colères s'évanouir, ses impatiences se taire. Il ne cherche pas à révolutionner sa vie, ne la prive pas de ses acolytes et ne lui fait pas la morale quand elle fait des siennes. Ce qui ne l'empêche pas d'être présent et aimant. Il est d'ailleurs suffisamment attentionné pour comprendre que sa femme souffre d'un mal secret. Il a bien vu ses rictus figés qui semblent trahir une douleur tenace, les perles de sueur qui parfois roulent sur son visage, et celles qui la nuit inondent son petit corps fragile. Pourquoi ces yeux rougis ? ce visage trop souvent boursouflé ? Il a beau interroger les proches d'Édith, il n'apprend rien. Il lui faut finalement s'adresser à elle directement, prononcer le mot drogue pour qu'elle lui avoue ses prises de morphine destinées à endiguer la douleur de ses rhumatismes.

« Mais tu es là maintenant, tout va bien, je vais mieux, je n'ai plus peur », le rassure-t-elle.

Elle semble ignorer que la drogue est plus forte que tout, plus forte que l'amour.

Aux premiers jours de septembre, sous les flashs d'un cortège de photographes, le couple quitte la France pour un nouveau séjour américain. Tout sourire, Pills, un carton à la main contenant entre autres des petites peluches porte-bonheur d'Édith, et sa femme, vêtue d'un gilet de jersey dont la capuche auréole son visage, saluent les amis venus leur dire au revoir. Aussitôt arrivés à New York, Édith et Jacques s'attellent à leurs répétitions. Monsieur est programmé à la Vie en Rose, un cabaret au nom décidément fort évocateur, et Madame rallie le Versailles de tous ses triomphes. De merveilleuses retrouvailles avec son amie Marlene Dietrich marquent également ce nouveau séjour à New York. Elles ne se quittent plus. Ensemble, elles assistent au filage de Pills puis à sa première le 9 septembre, elles courent les boutiques en vue du très prochain mariage religieux. L'Ange bleu a d'ailleurs accepté d'être le témoin de son amie.

Le 20 septembre, jour des noces, arrive enfin. Aux petits soins pour son amie, Marlene l'aide à revêtir la longue robe de jersey bleu pâle qu'elles ont choisie, elle place sur ses épaules une étole de renard noir et sur sa tête un chapeau à voilette. Édith n'oublie pas de parer son cou de la petite croix d'émeraudes que Marlene lui a offerte trois ans plus tôt. Enfin, cette dernière sort délicatement d'un papier de soie un bouquet de roses blanches. Le moment est heureux, et pourtant l'amie n'oubliera jamais le regard désespéré d'Édith au moment où, recroquevillée et nue sur le rebord de son lit, elle attendait comme une enfant timorée qu'on la pare de sa belle robe. Sans doute la morphine fraîchement injectée n'avait-elle pas encore fait son effet, comme le silence d'une mer d'huile après la tempête...

À dix heures, dans la petite église new-yorkaise Saint-Vincent-de-Paul, les amoureux sont mariés par le père Salvatore Pierreville, le curé italien qui, à la mort de Marcel, avait recueilli les souffrances d'Édith et l'avait aidée à se raccrocher à sa foi vacillante. De sa voix la plus claire, Édith prononce le « oui » de son engagement, les yeux plongés dans ceux de Jacques. Celui-ci est vêtu d'un complet bleu sombre comme elle les aime tant et porte un œillet blanc à la boutonnière. Marlene veille sur les noces comme un maître de cérémonies. À plusieurs reprises, d'un doigt sur ses lèvres, elle prie les journalistes trop bruyants de cesser leur vacarme, comme elle indique d'un geste à Loulou Barrier quand se lever et s'asseoir. Alors que le couple rejoint sa voiture, Jacques enlace tendrement Édith et l'embrasse longuement sous les hourras des badauds.

« Je suis heureuse... Je suis heureuse... Ne me demandez rien d'autre... », répète-t-elle, radieuse, aux chroniqueurs et journalistes en quête de confidences.

Les maltraitances de son corps noué semblent loin à cet instant. Le voyage de noces ?

« Nous le ferons en taxi d'un cabaret à l'autre », plaisante Pills.

The show must go on : le soir même, ils seront déjà séparés, lui à la Vie en Rose, elle au Versailles, dont elle a retrouvé le public trois jours plus tôt. Pour la première fois, la conquête américaine de Piaf ne se cantonne pas à New York. Des cabarets, casinos et théâtres de San Francisco, de Las Vegas et de Miami attendent la visite du célèbre couple de Français. Pendant trois jours, les jeunes époux s'offrent tout de même une pause touristique. Jacques a loué une voiture et tous deux sillonnent la Californie. Cela représente une oisiveté bien venue pour Édith et l'occasion extraordinaire de rendre visite à Charlie Chaplin dans sa propriété de Beverly Hills. Il lui conte ses années de misère dans les faubourgs de Londres, il sait tour à tour la faire rire et l'émouvoir aux larmes. Alors que la portière de la voiture se referme, il lui promet encore de bientôt lui écrire une chanson.

Le 12 mars 1953, après sept mois d'absence, Édith et Jacques retrouvent enfin le sol de France. Le temps d'achever quelques travaux en cours boulevard Lannes, le couple s'accorde encore une semaine de repos dans un hôtel proche de Versailles. Le premier jour du printemps, M. et Mme Pills, Simone Pills, la sœur de Jacques, et quelques pique-assiette élisent résidence au 67 *bis*, boulevard Lannes. Édith semble avoir enfin fait son nid, elle ne quittera plus jamais cet appartement, un vaste deux cent cinquante mètres carrés à l'orée du paisible bois de Boulogne. Dans le salon, peu de meubles mais un grand nombre de livres, de luxueuses éditions de Cocteau ou de Guitry, une moquette épaisse où l'on s'assoit faute de sièges, un beau piano. Dans la chambre, Édith a fait installer une belle sainte Thérèse de Lisieux en Lalique sur un socle d'ébène qu'elle laisse continuellement allumée.

Tant bien que mal, Pills se fait à la vie de son épouse. Il renonce à assister aux matchs de foot qu'il aimait tant parce qu'elle ne supporte pas qu'il la laisse seule, s'habitue à l'entendre chanter à toute heure du jour et de la nuit des mélodies de Fauré, des rengaines de rue ou du blues quand elle s'amuse à imiter le timbre éraillé des interprètes noirs américains. Dans cette maison, les repas aussi sont curieux. Le menu ne varie que toutes les deux semaines, ce qui représente deux plats seulement par mois : viande hachée dans du bouillon de pot-au-feu, poule au pot sauce suprême agrémentée de riz, ragoût de mouton ou encore escalopes panées avec tomates fraîches. Le plus souvent, les manies d'Édith amusent Jacques. Il aime la voir écrire ses textes de chansons sur des cahiers d'écolier, tricoter des carrés de vingt centimètres dans les couleurs les plus bigarrées pour en faire un dessus-de-lit et décider finalement que c'est affreux et tout balancer. Elle déteste les bains, à moins qu'une âme charitable ne lui frotte le dos, ne caresse sa peau de mousse de savon et ne l'inonde de sa fragrance de prédilection, Arpège de Lanvin. Alors, Jacques s'exécute ! Et que dire de ses blagues terrifiantes ? Ainsi, un jour, Simone Pills l'accompagne chez un grand professeur afin qu'elle subisse un examen du foie. Édith prend place dans la salle d'attente de ce luxueux cabinet sans ignorer qu'une dame très chic parée de bijoux comme une châsse royale la dévisage avec dédain. L'occasion est trop belle :

« Simone, je ne t'ai jamais raconté l'histoire de mon grand-père qui avait, avant 1914, agressé une vieille dame pour lui voler ses bijoux ! Comme elle se débattait, il a trouvé plus simple de l'égorger puis a détalé avec le butin. Hélas, ce vieil imbécile s'est fait prendre, jeter en prison. Il y est resté enfermé deux ans et a fini guillotiné ! » relate-t-elle avec force détails.

Simone n'oubliera pas la scène : « Au mot *guillotine*, la dame du salon se leva épouvantée et tomba presque évanouie dans les bras de l'assistante qui venait justement la chercher. »

Fidèle à ses habitudes, Édith ne distingue guère sa vie privée de son métier. Aussi Pills partage-t-il l'affiche du théâtre Marigny avec elle. Ils présentent leur tour de chant en alternance avant de reprendre ensemble la pièce de Cocteau *Le Bel Indifférent*, que la chanteuse avait créée jadis avec Paul Meurisse. Toutefois, au dernier moment, il faut reporter la première fixée au 21 avril et la remettre au lendemain : Édith est souffrante. Pendant un mois, elle parvient à tenir le rythme de ces représentations quotidiennes, mais c'est à bout de forces qu'elle voit enfin se baisser le rideau le 25 mai. Les drogues ne parviennent plus à la soulager. L'échéance d'une cure de désintoxication pour libérer son corps de ses poisons est désormais inévitable mais elle lutte encore, elle s'y refuse. Elle s'oppose violemment à Jacques, à Loulou, au médecin à qui, en échange de quelques doses de morphine, elle avait pourtant promis de se faire hospitaliser. Elle multiplie les colères et les crises de larmes pour mieux se dérober. Longtemps, elle a cru se guérir seule du fléau qui la ravageait, mais elle comprend aujourd'hui que sans la morphine, son diabolique nectar, elle ne peut résister au mal, à ces rhumatismes immondes qui la nouent tout entière et déforment ses articulations.

Le 28 mai, elle passe enfin le seuil de la clinique Bellevue de Meudon. Pendant trois semaines, loin des regards, tenue d'une main de fer par des médecins et des infirmières rodées à toutes les résistances de leurs malades, elle doit se soumettre aux redoutables techniques de sevrage. Le 20 juin, Jacques l'accueille à sa sortie et Édith se figure qu'elle est sauvée. Le praticien a bien prévenu qu'aucun traitement n'était miraculeux mais, indifférente à ses avertissements, elle décide que tout cela c'est du passé. Pourtant une sérieuse dépression, réaction courante après une telle cure, commence à se manifester. Elle feint d'ignorer les cauchemars, les bouffées d'angoisse, le manque de drogue qui continue de la harceler, et s'en retourne vers ses théâtres. Quelques jours après sa sortie, elle s'attelle à ses répétitions et regagne sa roulotte pour de nouveaux voyages aux quatre coins de la France. Elle fait aussi de brèves escales à Paris le temps d'entrer en studio, de tourner une scène du film *Boum sur Paris* aux côtés de Jacques Pills, une autre dans *Si Versailles m'était conté* de Sacha Guitry.

La tournée d'été se poursuit, Ostende, Vichy, Les Sables-d'Olonne, Arcachon, Pau, Biarritz, Cannes, Annecy, tant d'autres villes encore... Selon les engagements, Pills se produit avec son épouse. Ensemble, ils défient leur fatigue en levant le coude plus souvent qu'à leur tour. Les amoureux se soûlent et s'endorment comme assommés. Le lendemain, la tête lourde et la bouche pâteuse, on reprend la route et on se promet d'être plus raisonnable. En vain. Le soir revient trop vite et le désir de se griser ne fléchit jamais. Au fond de sa valise, Édith cache aussi ses drogues, de la morphine que des combines lui ont permis d'acquérir à prix d'or, des tranquillisants, des somnifères. Elle a beau entraîner Pills à Lourdes le temps d'un pèlerinage, les démons ne s'évanouissent pas pour autant. Certains soirs de galas, les textes de ses chansons désertent sa mémoire, sa voix même fait des siennes. Son esprit s'embrume, ses membres sont lourds, sa langue épaisse; ses tempes lui font mal, sous ses pas le sol semble se dérober tandis que des suées inondent son front et son buste. Un soir, c'est même une salve de sifflements et quelques cris qui la ramènent à la réalité. Se sentant dériver, elle rattrape au vol sa voix et son attention qui s'échappaient. Le regard vide, les bras tendus comme pour un appel au secours, elle chante encore. Elle s'excuse, répète que ce n'est pas sa faute.

La fierté de la grande Édith Piaf est mise à rude épreuve, l'esclavage de la drogue lui devient insupportable. Elle qui tant de fois a rencontré le pire, défié le sort et le désespoir sans jamais se décourager se retrouve au pied du mur, épuisée. « J'étais devenue une épave… Un jour j'en eus tellement conscience que je décidai de me tuer. La sinistre plaisanterie avait assez duré… J'ai tout préparé : le verre et le poison. Il ne restait plus qu'à le boire », écrira-t-elle. Son salut, elle ne le doit ce soir-là qu'à la horde de copains qui débarque à l'improviste, juste pour un bonsoir impromptu et une bonne java. Ils lui sauvent la vie *in extremis*.

La plus grande chanteuse de France, qui à l'occasion de son millionième disque vendu vient de recevoir le moulage en or massif de ses mains, doit retrouver la clinique Bellevue. Sentant que tout en elle se délite, jusqu'à sa voix, qui jusqu'alors ne lui a pourtant jamais fait faux bond, elle consent finalement à être internée une deuxième fois pour être désintoxiquée de l'alcool et des drogues. La veille, elle use et abuse de tous les artifices, se soûle comme jamais. « Elle pouvait se cacher sous le piano, il fallait alors opérer mille prouesses pour la récupérer », se souviendra Simone Pills. Édith entre finalement en clinique mais quatre jours plus tard elle manque à sa promesse et s'enfuit, de nuit, simplement vêtue d'une robe de chambre. Plus question d'y retourner, décide-t-elle. Elle rentre boulevard Lannes et absorbe – pour la dernière fois, se persuade-t-elle – le précieux liquide de sa délivrance. Les médecins qui tentent encore de la sauver, elle les flanque un à un à la porte ; les amis qui la supplient d'entendre raison elle les insulte, quant à Pills, il n'a pas davantage voix au chapitre. Quand la silhouette fantomatique d'Édith, comme pliant sous le poids des douleurs, traverse le salon, Loulou détourne le regard pour masquer ses larmes. Il ne peut pas supporter ce visage bouffi qu'il a connu diaphane, ses yeux rougis qu'elle avait pourtant si vifs, de ce bleu teinté de mauve si rare. Elle est bien plus que sa patronne, il n'a cessé de l'aimer, de la respecter et de la protéger – surtout d'elle-même. Loulou a beau lui parler de soins, elle exige de signer la tournée du Super Circus. L'argent ne cesse de manquer, les drogues coûtent cher, les fournisseurs demandent toujours plus et elle donne sans compter.

Après s'être épuisée sur les scènes de l'Alhambra et de Bobino, l'artiste préférée des Français se lance dans un périple dément au printemps 1954 : pas moins de soixante-dix villes en trois mois, de chapiteau en chapiteau, avec toute l'équipe du Super Circus : Zavatta, Jack Rex et ses lions, et quinze autres attractions. Elle croit sans doute retrouver l'ambiance du cirque qui a tant marqué son enfance. Elle n'en a finalement guère le loisir. « Jamais je n'oublierai les quatre-vingt-dix jours qui ont suivi. Le calvaire de ces quatre-vingt-dix jours. Des villes que nous avons traversées, une par jour, je n'ai rien vu… Je n'étais plus qu'une sorte de pantin détraqué », écrira-t-elle. On l'attrape, on l'installe dans la voiture, on l'en sort pour la poser sur scène, non sans l'avoir maquillée comme on peint les clowns tristes, puis on la traîne à nouveau jusqu'à la banquette arrière de la voiture avant de la coucher. Au détour de juillet, soixante-dix escales plus tard, son corps éteint, enveloppé dans une couverture, est une fois de plus déposé dans un lit de la clinique Bellevue. « Cette fois-ci c'est la dernière. Ou bien je guéris ou bien je me supprime », balbutie-t-elle à l'intention du médecin, qui lui-même a du mal à croire à la guérison de sa célèbre patiente.

Les premiers jours de sa cure, Édith reçoit bien les injections qu'elle réclame. Ensuite elles sont espacées, et les doses réduites. Le corps devra bientôt se contenter de quatre piqûres par jour au lieu de dix. Et les infirmières ne tardent pas à remplacer la drogue par des liquides inoffensifs. Lorsque la chanteuse se rend compte de la supercherie, ses colères font trembler l'établissement tout entier. « Je me levais et, comme une furie, je cassais tout dans ma chambre... Comme un fauve déchaîné parce qu'on lui arrache sa proie », se souviendra-t-elle. Elle n'oubliera pas davantage le dernier jour de cette cure, une journée entière sans qu'aucune seringue vienne soulager sa chair. « Ce fut le jour le plus long et le plus horrible de ma vie. De onze heures du matin à cinq heures du soir, j'ai hurlé comme une folle. Je mordais les draps. Je me tordais en larmes sur mon lit, je râlais, j'avais l'écume aux lèvres... Je me débattais et je me jetais par terre en plantant mes ongles dans le parquet. » Au médecin qui lui demande si elle veut une dernière piqûre elle hurle, rageuse, qu'elle veut guérir. « Où trouvai-je seulement la force de ce cri ? » s'interrogera-t-elle longtemps. À ce moment, pourtant, Édith voit le visage de sa mère, le visage de Line Marsa, droguée elle aussi, qu'elle avait retrouvée un jour dans une chambre miteuse de Pigalle, hagarde, suppliant qu'on lui donne sa dose. « Ma pauvre et lamentable mère que j'avais essayé de faire désintoxiquer quatre fois et qui, à chaque fois, était retombée dans son vice. Ma mère qui était morte, un soir d'août 1945, dans sa chambre, toute seule, en s'inoculant une dose de morphine trop forte. »

Le 2 août, Édith, enfin délivrée de son mal, peut quitter la clinique Bellevue. Voûtée, le pas hésitant, le teint pâle et le regard perdu, elle paraît éreintée, tel Hercule à l'issue du douzième de ses travaux, après qu'il a dû lier les pattes de Cerbère, le chien à trois têtes, à la queue de dragon et à l'échine hérissée de gueules de serpents. Afin qu'elle échappe à son quotidien du boulevard

Lannes et à sa tribu, Pills décide d'emmener son épouse passer un mois dans les Landes, à Bretagne-de-Marsan, où il possède une agréable villa. Le couple souhaite s'offrir le luxe de longues promenades dans la campagne landaise, à pied ou en tandem, ainsi qu'ils en avaient déjà eu le loisir l'année précédente pendant deux mois. Pourtant, une sévère fièvre typhoïde cloue Édith au lit dès les premiers jours qui suivent leur arrivée. Condamnée à limiter ses efforts, elle demeure alitée la plupart du temps. On sort tout de même le Monopoly et on dispute des parties acharnées, un peu comme au temps de Cerdan. Sur la table, une grande bouteille d'eau fraîche : plus question de céder à la tentation des plaisirs de Bacchus.

Mais alors qu'on s'apprête à regagner Paris Édith se plaint de douleurs abdominales. On pense d'abord à des effets secondaires du traitement contre la typhoïde. De retour boulevard Lannes, son épouse souffrant toujours, Pills décide de la conduire à la clinique la plus proche afin qu'elle y soit auscultée. La sentence tombe : c'est une péritonite aiguë qui depuis quelques jours la malmène. On l'opère immédiatement. Deux semaines plus tard, Édith recommence à travailler. Elle n'en peut plus de cette inactivité prolongée, et son compte en banque commence à crier famine. Se sentant mieux, elle enchaîne les galas, enregistre de nouveaux disques et revient même au cinéma, notamment dans le nouveau film de Jean Renoir, *French Cancan*. La prestation est simple et rapide, elle campe la chanteuse Eugénie Buffet et doit chanter le refrain qui l'a rendue célèbre, *La Sérénade du pavé*. En selle à onze heures, elle achève sa mission à quatorze heures trente, et touche au passage quelque sept cent mille francs. Le soir même, elle est avec Pills à Lyon. Les jours suivants, ils se produiront à Avignon et à Marseille où, le soir du réveillon de Noël, elle enregistrera une émission de télévision.

Alors que l'année 1955 approche, Édith s'apprête à retrouver un vieux copain et à marquer de son empreinte un tout nouveau music-hall qui n'en finira plus de faire parler de lui. En effet, elle connaît Bruno Coquatrix depuis l'affaire Leplée, c'est lui qui était venu l'embaucher pour le compte d'O'dett, le célèbre roi de la nuit, à l'époque où on la fuyait comme une pestiférée. C'est également Coquatrix qui lui a fait connaître l'éditeur Raoul Breton, encore lui et sa femme Paulette qui lui ont fait confectionner sa première petite robe noire. Malgré de grands coups de gueule, ces deux-là n'ont jamais cessé de se croiser, de s'apprécier et de se respecter, s'imposant même le vouvoiement dans un métier où le tutoiement est pourtant d'usage. Après avoir veillé aux destinées de plusieurs cabarets et de carrières comme celle de l'illustre chanteuse Léo Marjane, Bruno Coquatrix a pris en main l'Olympia, un cinéma du boulevard des Capucines, avec toutefois l'idée de rendre au lieu sa fonction initiale, celle de music-hall.

L'Olympia, construit à la fin du XIXe siècle sur l'emplacement de montagnes russes en bois, a en effet été inauguré le 12 avril 1893 par la Goulue, artiste mythique du Montmartre de Toulouse-Lautrec. En 1906, Colette, le célèbre écrivain, devait également y gagner sa vie, dans un scandaleux spectacle de mime où elle apparaissait très peu vêtue. Après le temps des revues américaines et des tours de chant de Mistinguett, d'Yvonne Printemps, de Marie Dubas, de Maurice Chevalier, de Fréhel ou encore de Damia, le lieu s'était transformé en cinéma en 1929, alors que ce nouvel art se développait. Enfin, le 5 février 1954, Bruno Coquatrix a redonné à l'Olympia son statut de music-hall. Sa première artiste a été Lucienne Delyle, qu'accompagnait l'orchestre de son mari, Aimé Barelli, avec en première partie le jeune Gilbert Bécaud. Après le passage sur cette nouvelle scène d'artistes tels que le contestataire Georges Brassens, l'hilarant duo Poiret-Serrault, la pétillante Belge Annie Cordy, le grand Trenet, l'Américain Eddie Constantine et la très « rive gauche » Juliette Gréco, il est décidé que Pills, grand ami des Coquatrix, passera du 6 au 26 janvier 1955 et Piaf du 27 janvier au 15 février. Édith assiste à la première à l'Olympia de son mari et prend trois jours plus tard le train pour Morzine, la station de sports d'hiver, où pendant une douzaine de jours, entourée de ses complices musiciens, de Loulou et du parolier Michel Emer, qui vient d'épouser la comédienne Jacqueline Maillan, elle préparera ses récitals de l'Olympia. Un nouveau venu, le parolier Jean Dréjac, qui vient de lui offrir *Le Chemin des forains*, et l'amuseur personnel de la vedette, Roland Avelys, sont également de l'expédition. Rien ne saurait davantage l'enthousiasmer que ce départ en bande ! D'autant que Dréjac est décidément très charmant…

Le 27 janvier, dans sa petite robe noire, Édith enflamme l'Olympia. Elle chante *Légende*, qu'elle vient d'écrire sur une musique du jeune Bécaud, *Miséricorde, La Goualante du pauvre Jean, Padam Padam, Enfin le printemps, L'Hymne à l'amour, L'Accordéoniste*… et au finale recueille la liesse d'un public comblé de retrouver sa Piaf en grande forme, visiblement épanouie dans cet Olympia qui lui va comme un gant. Au dernier soir, le 15 février, les spectateurs semblent refuser qu'elle disparaisse dans la coulisse. Elle a annoncé que l'Amérique l'attendait. Le périple durera quatorze mois durant lesquels elle parcourra les États-Unis de long en large, puis le Canada, Cuba, le Mexique, le Brésil… La voix d'Édith Piaf s'en va inonder le monde.

15

Son manège à elle

Je ferais le tour du monde
Ça ne tournerait pas plus qu'ça
La terre n'est pas assez ronde
Pour m'étourdir autant qu'toi

Mon manège à moi
(paroles de J. CONSTANTIN,
musique de N. GLANZBERG, 1958).

Après une nuit passée à New York au Beverly Hotel, Piaf et son escouade s'installent à bord du California Zephir, un train luxueux qui mènera ses passagers à Chicago puis à San Francisco. Édith et Pills se produiront deux semaines dans cette ville baignée de soleil et richement fleurie dont la baie embrasse les eaux du Pacifique. Et dès le lendemain du dernier récital il faudra rejoindre Hollywood pour y chanter une dizaine de jours, puis mettre le cap sur Chicago pour une nouvelle série de spectacles.

Pour boucler les malles et les défaire à un rythme aussi effréné, Édith peut compter sur sa nouvelle secrétaire et assistante, Danielle. Ancienne danseuse classique issue d'une bonne famille, elle a épousé Marc, l'accordéoniste de Piaf, puis est, presque par la force des choses, entrée au service de la vedette. Dieu sait s'il faut être organisé et courageux pour emballer et déballer le bric-à-brac d'Édith au gré de ses odyssées, car on ne peut pas dire qu'elle voyage léger ! Ce n'est pas qu'elle s'encombre d'une multitude d'étoles de chinchilla ou de chapeaux sophistiqués ; mais elle traîne avec elle de quoi se sentir comme à la maison où qu'elle soit dans le monde. Telle Sarah Bernhardt, qui sur les rails d'Amérique faisait transiter la moitié de sa résidence parisienne, elle ne se sépare jamais de ses valises de médicaments et de linge de maison. Des caisses contiennent ses thermos, ses réchauds, la batterie de casseroles et la vaisselle qui permettront à Danielle de reconstituer une cuisine dans la salle de bains des chambres d'hôtel et de mitonner les petits plats maison réclamés par Édith. Dans ses malles elle transporte aussi la quasi-totalité de ses livres, ses disques ainsi que le matériel nécessaire pour les écouter et bien sûr quelques bibelots et peluches, ou même certaines correspondances, pour le cas où lui prendrait l'envie de les relire...

Ses admirateurs francophones de la Belle Province attendent à leur tour la venue de Piaf. Un accueil triomphal à l'hôtel de ville de Montréal et deux semaines de galas à guichets fermés avec Jacques Pills confirment la ferveur du public québécois. Mais quand l'imprésario américain du couple, Eddie Elkort, propose de nouveaux engagements, Pills décide de retourner en France. A-t-il trop bien remarqué le jeu de séduction qui lentement mais sûrement se met en place entre son épouse et le parolier Jean Dréjac ?

Piaf a bel et bien retrouvé la forme, et du même coup l'envie d'aimer. Le traintrain qui la lie à Pills manque décidément de piment.

« C'est dangereux de me laisser toute seule ! » glisse-t-elle à Jacques qui, accompagné de Roland Avelys, s'envole pour Paris.

La voie est désormais libre pour Édith et son nouveau chevalier servant. Ensemble, ils gagnent la ville de Québec où, dans le décor du splendide château Frontenac, ils font plus ample connaissance. Désormais habituée à sillonner l'Amérique d'est en ouest et du nord au sud, la chanteuse quitte bientôt le Canada pour, à bord de son train favori, rejoindre en trois jours Hollywood où l'attend un programme des plus festifs. Entre un gala à Dallas et un mois de récitals à Hollywood, la chanteuse française goûte, avec sa cohorte de copains, au luxe tapageur du show-business américain. Invitée à dîner par Marlon Brando ou Ginger Rogers, à voyager avec Grace Kelly, elle profite en réalité de vacances totalement impromptues. Il était prévu qu'elle chante à Las Vegas. Mais lorsque les producteurs du show qui l'avaient engagée, visiblement peu renseignés, ont découvert cette petite bonne femme sans maquillage ni bijoux, les pieds solidement amarrés dans des chaussures plates, ils ont souhaité changer leur fusil d'épaule. Ils ont essayé de convaincre Loulou que la vedette devait porter, au moins au finale du spectacle, une robe en lamé or et des échasses, mais il n'a pas cédé. Les producteurs, qui n'avaient plus la possibilité de se rétracter puisque le contrat était signé, ont finalement prié la chanteuse de ne pas honorer cet engagement, mais ils l'ont dûment payée. Cette situation a eu le mérite de faire beaucoup rire Édith.

« Sacrés Américains ! » s'amuse-t-elle.

En fait, après des mois de pérégrinations à travers toute l'Amérique, un peu de répit est plutôt bienvenu.

Quitte à ne rien faire, autant le faire bien, décide-t-elle. Du coup, elle loue une belle villa sur Malibu Beach du 15 août au 2 septembre. Une oasis de lumière et de chaleur idéale pour se tremper les pieds dans l'océan et festoyer avec les copains. Jean-Pierre Aumont, Robert Bresson, Raoul Breton ou encore Gilbert Bécaud font un détour par ce site enchanteur. Édith fait ici l'expérience de la démesure de cette Amérique tapageuse : elle se retrouve à devoir chanter cinq chansons pour un milliardaire du coin dans un décor inspiré de *My Fair Lady*. Non loin d'elle se trouve Clark Gable, superbe. Chacune de ses cinq interprétations lui sera payée cinq cent mille francs. Décidément, l'Amérique n'en finira jamais de la surprendre !

Les réjouissances estivales de la côte pacifique ont assez duré, il est temps de regagner New York pour enfin se remettre au travail. Du 14 septembre au 10 décembre, Édith doit en effet se produire au Versailles de tous ses triomphes. Pendant ce temps, Pills joue, lui, à Londres dans une comédie musicale. Alors bien sûr, les rumeurs vont bon train. On parle d'une séparation houleuse, d'un divorce prochain. Le retour de Jacques à New York le jour de la dernière de Piaf fait taire les mauvaises langues. L'honneur est sauf. Jacques est encore là ce soir du 19 décembre où Édith fête ses quarante ans.

Et quel glorieux rendez-vous que celui fixé aux premiers jours de cette année 1956 ! Le Carnegie Hall, lieu sacré du spectacle américain. On a offert à Piaf, pour ce concert unique, un cachet équivalent à ceux de Frank Sinatra et de Bing Crosby. Pour acheter des billets, les New-Yorkais ont dû faire le pied de grue sur le trottoir par moins quinze degrés. Ce 4 janvier, Piaf enchaîne vingt-sept morceaux de bravoure dont *Sous le ciel de Paris* et *L'Homme à la moto*, deux chansons de Dréjac, qui entre-temps est rentré en France, mais aussi *Les Amants de Paris*, signés Eddy Marnay et Léo Ferré, et *L'Hymne à l'amour* dans une nouvelle version anglaise, *If You Love Me*.

Les applaudissements à peine tus, la chanteuse se rend déjà à Cuba pour une dizaine de représentations et Dréjac, volatilisé depuis la fin novembre, choisit cette escale pour réapparaître. Il semble ne pas comprendre qu'Édith l'a déjà oublié ; il la presse de reprendre l'histoire là où ils l'ont laissée. Mais en matière de cris et d'autorité elle est toujours la plus forte, et elle expédie promptement cette affaire de cœur. Penaud, l'amant congédié n'a plus qu'à déguerpir. Et d'ailleurs, au creux de sa couche la vedette s'apprête déjà à accueillir un petit nouveau, Jacques Liébrard, un jeune et tendre guitariste poussé dans ses bras par Loulou. Imprésario et ami de la chanteuse, Barrier sait en effet combien la patronne se montre plus malléable lorsqu'un amour berce son cœur. Sous les tendres étreintes son tempérament s'adoucit et ses colères fondent comme neige au soleil. Elle en oublierait presque les douleurs dues aux rhumatismes qui, par crises, rigidifient et nouent ses articulations. Quant à son chant, il est plus inspiré et vibrant, son spectacle plus généreux, et le public résolument comblé. Bref, en imprésario zélé, Loulou se fait un devoir de pousser sa vedette au lit des hommes.

Un petit détour par Miami, et la plus grande chanteuse de France foule désormais le sol du Mexique.

Dans un cabaret de Mexico nommé El Patio, elle passera tout ce mois de février 1956. Allègre, elle se prend au jeu de cette ville de couleurs et de fêtes et y interprète les versions espagnoles de trois de ses chansons, *L'Hymne à l'amour, Les Feuilles mortes* et *La Vie en rose*. Le mois suivant, *La Vie en rose* rencontre cette fois sa version portugaise. Elle la chante à Rio de Janeiro au Copacabana Palace pendant deux semaines. Le Brésil est un vrai coup de foudre pour Édith. Après une série de concerts à São Paulo et un ultime show pour la télévision brésilienne, la chanteuse embarque pour Paris. Le 7 mai, à vingt-deux heures quarante-cinq, Édith Piaf retrouve le sol de France après quatorze mois d'absence – une éternité ! À sa descente d'avion, Pills l'accueille un bouquet de fleurs à la main. Un mois plus tard, pourtant, l'heure sera au divorce.

Après plus d'une année hors de France, des succès au bout du monde, des kyrielles de rencontres et d'incessants voyages, le retour à Paris n'est pas très aisé pour Édith. D'autant qu'elle doit faire face à de nouvelles échéances, notamment sa rentrée à l'Olympia dans moins de deux semaines. Elle sait que son vrai public est celui de Paris, c'est lui qu'il faut convaincre et nul autre, il n'a que faire de l'Amérique, de Cuba et du Brésil. L'aimera-t-il après une si longue absence, n'est-elle pas partie trop longtemps alors que de nouveaux artistes, et tout particulièrement de jolies jeunes femmes, faisaient leur entrée dans le cœur des spectateurs ? Continuellement en proie à ses complexes et à ses peurs, elle entend bien pulvériser quiconque lui fera de l'ombre. Ulcérée et déstabilisée par toute concurrence féminine, elle n'a par exemple pas hésité, deux ans plus tôt, à tout entreprendre pour faire tomber la tête de Line Renaud. En effet, « mademoiselle from Armentières », avec sa taille de guêpe et son regard plus bleu qu'un ciel d'été, était de ces nouvelles coqueluches très chères au public. Édith a été vite agacée par les nombreuses récompenses et les fabuleuses ventes de disques qui ont commencé à honorer la jeune protégée et épouse de Loulou Gasté. Elle a alors mis en branle une véritable cabale, et prié nombre d'artistes de Pathé-Marconi de menacer de ne plus enregistrer si Line Renaud ne quittait pas la maison de disques. « Piaf pouvait être diabolique. Elle craignait de perdre sa place alors que rien ne la menaçait. En fait, elle voulait que je rejoigne son écurie, elle ne comprenait pas que je travaille avec Loulou Gasté. “Qu'est-ce tu fous avec ton vieux ?” me disait-elle. » C'est ainsi que Line évoquera cette période cinquante ans plus tard.

Pour repousser le doute et noyer sa hantise, rien de tel qu'un petit verre. On a chassé du boulevard Lannes la moindre bouteille, mais Édith peut compter sur Claude Figus, un jeune admirateur devenu son amuseur, son confident et son assistant. Elle a toujours eu le chic pour s'entourer de cette sorte d'hommes à tout faire. Pour plaire à son idole, l'inconscient se fait ainsi le pourvoyeur de ses poisons. Il lui fournit sans sourciller les paradis artificiels qu'elle réclame. Quelques excitants dont les effets indésirables seront rectifiés par des calmants, des canettes de bière ou du vin rouge pour mieux avaler les précieuses pilules. Loulou, fidèle observateur entre tous, se rend bien compte qu'elle est à nouveau en train de plonger. On a beau fouiller régulièrement chaque recoin de l'appartement, fleurissent toujours des cadavres de bouteilles et même des réserves de bière ou de whisky prêtes à être englouties, placées çà et là par quelque complice. Édith promet, jure de ne plus boire, mais c'est toujours plus fort qu'elle.

Le bonheur, telle une poignée de sable, lui file entre les doigts, et les angoisses la submergent bientôt. L'amour s'est une nouvelle fois enfui, son public tyrannique exige qu'elle donne toujours plus et mieux, et puis il y a le rythme effréné des tournées, ce corps en souffrance qui fait des siennes et la tourmente… Comment survivre aux amours perdues lorsqu'on craint de ne jamais atteindre son but, de ne pas aller au bout de sa quête d'absolu ? « Je buvais sans goût, pour rien ! Je me levais la nuit et, furtivement, pour ne réveiller personne, je sortais dans la rue, en pantoufles, un manteau sur les épaules, à la recherche d'un bar ouvert », confiera-t-elle. Édith ne sait pas vivre autrement qu'en sursis, chanter autrement qu'en se mettant en danger, titubante sur le fil du rasoir. Ce 24 mai 1956, tout au long des heures qui précèdent son grand soir, celui de son retour à l'Olympia, elle lutte pour chasser son appréhension. Ce n'est pas le traditionnel trac d'une entrée en scène mais un malaise bien plus profond, lancinant et obsédant.

Moi, j'essuie les verres
Au fond du café
J'ai bien trop à faire
Pour pouvoir rêver
Et dans ce décor
Banal à pleurer
Il me semble encore
Les voir arriver…

Le public de l'Olympia découvre *Les Amants de Paris*. D'un geste, Piaf dessine le bistrot banal à pleurer, d'un autre elle paraît essuyer les verres. Les deux amants semblent avoir fait leur entrée, les spectateurs ébahis croient les voir s'aimer. Édith a gagné, on l'ovationne toujours plus. Les journaux peuvent répandre en première page ses frasques et ses scandaleuses amours, elle peut s'absenter plus d'une année, on lui passera tout pour mieux l'honorer. La voix tonitruante, elle revient avec *L'Homme à la moto*. Son souffle semble aussi puissant que le bolide quand, tel *un boulet de canon*, il *semait la terreur dans toute la région*. Le succès est si retentissant que Coquatrix prolonge immédiatement son contrat d'un mois, jusqu'au 12 juillet.

Entre-temps, le 6 juin, Édith annonce officiellement sa séparation d'avec Pills. Pourtant, le 18 juin, lors de la conciliation en préambule au divorce, elle tente encore de recoller les morceaux et lui propose de repartir de zéro. Mais ces quatre années ont eu raison de la patience de « monsieur Charme », il rend son tablier de mari de Piaf et appose sans se faire prier sa signature sur les documents du divorce. Cette rupture se fait toutefois sans violence. Au cours de la tournée d'été d'Édith, à Grasse, au Lavandou, ainsi qu'à Vichy, les ex se retrouvent même ensemble sur scène. Pour ce qui est des choses de l'amour, la chanteuse accorde ses faveurs à Jacques Liébrard, ce guitariste avec qui avait commencé de se tisser une idylle lors de son séjour à Cuba. Le 13 août, à l'issue d'un récital au casino de Saint-Raphaël, la liaison sort de l'anonymat. Il a suffi pour cela que surgisse la petite amie de Liébrard : folle de rage, elle s'est précipitée sur Édith pour la gifler et l'a affublée du titre peu glorieux de « voleuse de mari ». Le lendemain, la rumeur publique s'apprête déjà à remarier la chanteuse…

Chaque année semble désormais rythmée de la même façon : des périodes d'enregistrements de disques et de télévision, une tournée d'été en France et un périple en Amérique – de longues semaines au Versailles de New York et quelques escales à travers tout le continent. En cette fin d'année 1956, Édith ne déroge pas à cette règle et s'envole pour le Nouveau Monde le 3 septembre. Elle raffole de cette saison, de ce merveilleux été indien où les feuillages rougissent et où règne une douce tiédeur. Ce rendez-vous avec l'Amérique est devenu précieux pour elle. Loin de sa cour, elle y mène une autre vie, bien plus sage et ordonnée qu'à Paris. Au pays de la démesure elle connaît des triomphes extraordinaires. Le président Eisenhower s'est empressé de la recevoir à Washington, et des hommes d'affaires lui adressent par avion des bouquets de camélias fraîchement coupés, à elle qui n'aime que le mimosa et se moque comme de sa première chemise des plus luxueuses compositions florales. Quant aux stars d'Hollywood, elles rêvent toutes de rencontrer cette petite bonne femme venue de France qui tire des larmes aux plus insensibles. Et puis cette terre d'Amérique restera à jamais celle de sa rencontre avec Marcel, de leurs rendez-vous volés. Jusqu'au 13 novembre, Piaf est ainsi la vedette du Versailles, où toutes les places ont déjà été réservées dans l'attente de son retour.

Un soir d'octobre, son récital achevé, Édith s'empresse de quitter sa loge. Elle a un rendez-vous très important qui n'est ni professionnel ni galant. C'est un rendez-vous spirituel. La chanteuse s'apprête en effet à intégrer la Rose-Croix, une confrérie dont le cœur est situé non loin de San Francisco. Si elles sont omniprésentes, les croyances d'Édith sont loin d'être traditionnelles et orthodoxes. C'est à sa propre guise, au gré de ses superstitions, inspirations et souffrances du moment, qu'elle aménage ses dogmes et leurs pratiques. Sa perception religieuse est surtout intuitive, et sa croyance est une planche de salut à laquelle elle s'agrippe quand elle manque de se noyer, un baume qu'elle s'applique par automatisme, presque distraitement, quand elle craint de ne pas survivre à ses blessures. D'ailleurs, elle ignore tout du catéchisme et ne va jamais à la messe, préférant aux prêches ses prières intimes dans un coin de sa chambre. Et si elle honore les églises du monde entier de sa visite, c'est uniquement pour allumer tous les cierges qui lui tombent sous la main. Après que Marc et Danielle Bonel, son accordéoniste et sa secrétaire, l'ont instruite de l'existence de la Rose-Croix, une confrérie plus philosophique que religieuse, Édith a écrit à son fidèle Jacques Bourgeat afin qu'il lui adresse des renseignements à ce sujet. Jacquot, qui lui a enseigné les paroles de la Bible et montré la voie des écrits de Platon, ne manque pas de répondre à la demande de son amie.

Par retour du courrier, Édith apprend alors qu'au XIVe siècle le fondateur de cet ordre, un Allemand, âgé de vingt ans, Christian Rosencreutz, fut l'élève à Damas de philosophes qui lui révélèrent de fabuleux enseignements. Soi-disant attendu par ces sages, il aurait reçu de leur bouche leurs plus grands secrets. Il devait plus tard rentrer au pays et s'enfermer dans une grotte où il vécut en ermite jusqu'à cent six ans. Son corps enseveli dans la grotte ne serait découvert qu'un siècle plus tard, mystérieusement tiré des ténèbres par un rayon de lumière. Une société secrète formée d'intellectuels libéraux et progressistes allait alors naître. Dans sa missive, Jacquot a énoncé les quatre règles fondamentales qui devaient régir cet ordre, entre autres la transmutation des métaux, mais une seule a vraiment attiré l'attention d'Édith : l'art de prolonger la vie. Par la sagesse de leurs écrits, qu'elle a d'ailleurs dévorés, les rosicruciens devraient surtout l'aider à échapper aux agitations de son âme, à trouver un peu de paix quand elle se sentira submergée par ses idées noires. Et puis l'idée de faire partie d'un clan secret, d'une bande, qu'elle soit de potes ou de sages, lui plaît décidément beaucoup !

En politique, les convictions d'Édith ne répondent d'ailleurs pas à des motivations beaucoup plus compliquées. La preuve, elle se dit gaulliste et royaliste à la fois. Gaulliste parce que le Général est grand et qu'il a de l'allure, et royaliste parce qu'elle adore regarder à la télévision les cérémonies royales avec carrosses dorés et gardes en habits de parade. Cet intérêt ne l'avait pourtant pas empêchée, quelques années plus tôt, de prendre congé de la princesse Elizabeth d'Angleterre et de son époux le duc d'Édimbourg en marmonnant après avoir tourné les talons :

« J'ai mal aux pinceaux, mes pompes sont trop petites, je m'tire ! »

La septième tournée américaine de Piaf se poursuit. Le rideau baissé sur le Versailles, il faut passer par le Canada, où toute la francophonie attend de pied ferme son rendez-vous annuel avec la petite chanteuse de France. C'est à Hollywood qu'Édith et toute son équipe termineront cette année 1956 ; une série de récitals au Mogambo et de belles réjouissances sont au programme, et notamment les retrouvailles avec Marlene Dietrich. De longues conversations de filles, main dans la main, la larme à l'œil parfois, et bien souvent des chapelets de fous rires – mais dans l'intimité seulement, parce que, en public, la star allemande s'interdit toute expression du visage trop prononcée de peur de voir se craqueler son maquillage si parfait. Une préoccupation totalement étrangère à Édith ! L'une comme l'autre aiment les hommes à la vitesse de l'éclair. Elles distribuent amour, désamour et disgrâce d'une même main alerte. On les croit mantes religieuses, et pourtant elles sont sincères lorsqu'en silence, cloîtrées dans leur peine, elles pleurent un amour qui meurt pour le lendemain porter plus haut la bannière d'une romance qui naît. Édith et Marlene se comprennent.

À l'abri d'une loge, sur les sofas d'un salon, Édith si petite se blottit dans les bras protecteurs de la grande Marlene. Le cliché d'un baiser sur la bouche échangé par les deux femmes fera naître la rumeur d'une idylle passionnée entre les deux femmes. Mais le baiser sur la bouche n'est dans le monde du spectacle américain qu'une marque de grande affection, et il répond au souci des femmes de ne pas marquer leurs joues de rouge à lèvres. D'ailleurs, si l'Ange bleu a souvent cultivé les amours saphiques, Édith ne s'est, elle, jamais couchée au lit des femmes.

L'année 1957 pointe le bout de son nez et Piaf rejoint New York pour répéter le tour de chant qui doit marquer son deuxième passage au Carnegie Hall. Le 3 janvier, elle assiste au spectacle d'une jeune chanteuse francophone nommée Annie Cordy dans le cabaret de l'hôtel Plaza. Le 13 janvier, jour du récital du Carnegie Hall, c'est la panique ! À son réveil, en effet, la patronne est dans un état qui n'inspire guère confiance. Avec une bronchite qui en veut à son souffle, une conjonctivite qui brouille son regard et une forte fièvre, on voit mal comment elle pourrait assurer sa première le soir même. Pourtant, lorsqu'on parle de reporter ce grand rendez-vous, Édith monte au créneau pour que le spectacle soit maintenu. Le médecin venu lui conseiller le plus grand repos se voit sévèrement houspillé par la chanteuse. Elle exige une bonne injection qui lui permettra de faire illusion pendant deux heures.

Pari tenu. Tour à tour dans la langue de Molière et dans celle de Shakespeare, Piaf emporte dans un tourbillon d'émotions un public de trois mille personnes incapables d'imaginer que l'artiste ne tenait pas debout quelques heures plus tôt. Cette nouvelle victoire remportée, Édith reprend le fil de son périple, qui prévoit un nouveau passage par Montréal – l'occasion de croiser Denise Gassion, sa demi-sœur qui s'y est installée –, une escale à Cuba, une autre à Chicago, un retour à New York et enfin un grand départ pour l'Argentine où, à Buenos Aires, elle chantera pendant quinze jours aux côtés de son ex, le toujours ami Jacques Pills. Danielle fait une fois encore les malles : on ne fait pas attendre le Brésil et le Copacabana Palace de Rio de Janeiro, qu'Édith est si heureuse de retrouver. Mais à peine a-t-elle goûté aux douceurs du Brésil qu'il faut déjà regagner New York, San Francisco et Hollywood. On la réclame partout, pas question de la laisser retourner en France sans prolonger encore le rêve de sa voix, ne serait-ce que le temps d'une soirée ou deux. Mais le 8 août 1957, après onze mois de cette exténuante tournée américaine, elle n'est pas mécontente de retrouver enfin le désordre de son appartement.

Une seule ombre au tableau : son désert amoureux. En effet, sa liaison avec le guitariste Jacques Liébrard, qu'elle présentait pourtant il n'y a pas si longtemps comme l'homme de sa vie, n'a pas survécu au tumulte de la tournée américaine et au retour à Paris. La patronne est bel et bien seule au beau milieu de sa horde de courtisans, qui reprennent d'assaut le 67 *bis* boulevard Lannes à chacun de ses retours. Loulou craint les humeurs d'Édith si cette période de vaches maigres sentimentales devait durer. D'autant que le programme professionnel est très chargé. Si aucun amour ne vient la réchauffer, Loulou se demande bien comment elle fera face à la tournée que lui concocte déjà Pathé-Marconi ainsi qu'au tournage des *Amants de demain* que vient de lui proposer son vieux copain Marcel Blistène. Encore un Marcel ! Par superstition, elle fait toujours confiance aux Marcel.

Entre Cerdan, sa défunte petite fille Marcelle et Marc Bonel dont le prénom de naissance est également Marcel, elle s'est persuadée que ce prénom-là était béni.

Afin d'éviter d'éventuelles sautes d'humeur, Loulou a l'idée d'envoyer Édith se reposer à Richebourg, où il possède une jolie maison de campagne. Mais parce que « la campagne ça va bien cinq minutes » elle rentre dare-dare à Paris et décide de travailler à sa nouvelle tournée. Soucieuse de la promotion de ses artistes maison, Pathé-Marconi a choisi de mettre au programme de Piaf Germaine Ricord et Félix Marten. Le répertoire fantaisiste de la première convient à Édith : entre elles pas de risque de concurrence. Pour ce qui est du second, la vedette ne mâche pas ses mots : elle lui dit tout net que ses chansons ne lui plaisent pas et lui signale qu'il va en baver. L'homme est congédié pour aujourd'hui, mais rendez-vous est fixé au 25 octobre à Tours pour le lancement de la tournée.

Félix Marten a pourtant des arguments de taille : une très belle stature solidement sculptée qui frôle le mètre quatre-vingt-dix, un regard profond et un franc sourire sur des lèvres tendres faites pour les baisers. Piaf pense bientôt à modeler ce gaillard. S'il voulait seulement reléguer au placard ses chansons à la gomme, *Fais-moi un chèque* ou *T'as une belle cravate*, pour s'attaquer à un registre plus sentimental... Mais Édith ne manque pas d'opiniâtreté ! À l'issue de la tournée, trois semaines plus tard, le voilà enfin acquis à sa cause, ainsi qu'à son lit. Dans l'élan, elle passe un coup de fil à Bruno Coquatrix et le prévient que Marten sera à son programme pour sa rentrée à l'Olympia en février prochain. Peu importe que le directeur de la salle ait déjà pensé à un autre artiste, il lui faut sur-le-champ se rendre au désir de la vedette. Trois millions de recettes quotidiennes, voilà de quoi faire cesser toute discussion !

Moyennant sept millions, une somme colossale, Piaf passe le dernier mois de cette année 1957 à tourner *Les Amants de demain*, l'histoire d'une petite bonne rouée de coups par ses maîtres et finalement promise à une belle romance, d'après un scénario de Pierre Brasseur, un grand copain d'Édith – surtout à l'heure de lever le coude... Aussitôt après la fin du tournage elle s'en va faire travailler son poulain en vue de l'Olympia. Chaussée de ses mules montantes fourrées, elle arpente la salle tandis que Marten, planté devant son micro, se plie aux ordres. Elle l'interrompt, lève les bras au ciel, s'emporte, et Félix, sagement, reprend. Le 6 février 1958, à quelques heures du grand soir, elle s'estime satisfaite de la prestation de son protégé. Il peut maintenant souffler et attendre son heure. Pour fêter dûment cette première où se presse le Tout-Paris, de Michèle Morgan à Edwige Feuillère en passant par Juliette Gréco, qu'Édith a tant dénigrée après qu'Aznavour lui a écrit *Je hais les dimanches*, Bruno Coquatrix a engagé une cohorte de gardes républicains. Ils bordent l'entrée du music-hall.

Germaine Ricord, des chiens savants, un jongleur, une Brésilienne découverte en son pays par Édith, des acrobates, un ventriloque et enfin Marten pour neuf chansons défilent un à un avant la vedette. C'est à elle de jouer maintenant. Trop concentrée sur la prestation de son élève et amant, elle a oublié son trac quand elle s'élance avec *Comme moi*, sa première chanson. Les nouvelles compositions qu'elle présente ce soir, le public n'est pas près de les oublier. Ainsi cette musique d'un compositeur péruvien qui, lors de son voyage en Argentine, l'a bouleversée. Elle en a rapporté la partition et a prié Michel Rivgauche de lui donner un texte français. Elle tenait à son rythme cadencé, à cette intensité enflant avec force. Esquissant des pas de valse, tournoyant sur elle-même, Piaf fait danser son refrain.

Emportés par la foule qui nous traîne
Nous entraîne
Écrasés l'un contre l'autre
Nous ne formons qu'un seul corps
Et le flot sans effort
Nous pousse, enchaînés l'un et l'autre
Et nous laisse tous deux
Épanouis, enivrés et heureux

Après sa valse, Piaf interprète *Les Grognards* avant de créer un nouveau titre :

Tu me fais tourner la tête
Mon manège à moi, c'est toi
Je suis toujours à la fête
Quand tu me tiens dans tes bras.

Bravo pour le clown, L'Hymne à l'amour et enfin *L'Accordéoniste* finissent de soulever l'ardeur du public. Des bras tendus, des bravos, des encore et des hourras saluent l'artiste. En coulisse, Coquatrix exulte. Déjà il reconduit le contrat de Piaf jusqu'aux derniers jours d'avril. « C'est le triomphe de l'art pour l'art, une réussite unique, inégalée, devant laquelle les plus sceptiques doivent s'incliner », écrit Claude Sarraute dans *Le Monde* du 3 février 1958. Côté cœur, l'affaire Marten a pris fin. Tous deux se sont offert un triomphe, qu'auraient-ils encore à se donner ? Marten n'a d'ailleurs jamais quitté sa femme et Édith n'a pas cessé de le tromper dès le début de leur liaison. Particulièrement dans les bras d'André Schœller, le directeur d'une galerie de peinture du VIIIe arrondissement. En janvier dernier, Schœller a même dû se réfugier dans une armoire d'un hôtel de Marseille alors que Marten était sur le point de pousser la porte de la chambre.

Comme sur le plateau d'une pièce de boulevard, un homme entre par une porte tandis qu'un second sort par une autre. Marlene Dietrich elle-même s'est toujours dite impressionnée par la capacité à aimer de son amie. Presque admirative de tant de maîtrise, elle l'aurait parfois aidée à jongler avec ses amants. Édith ne fait pourtant que chercher l'amour idéal.

Et voilà qu'un Grec passe par là en ce glacial février 1958. Dans son salon, là, devant elle, il accompagne le guitariste Henri Crolla, dit « Mille-Pattes » tant ses doigts semblent innombrables lorsqu'ils courent sur le manche de son instrument. Ce Grec lui rappelle Takis Menelas, son beau guide de l'Acropole. Lui reviennent les effluves de jasmin, la tiédeur des soirées athéniennes, cette lune d'argent qui semblait faire de l'œil aux chapiteaux ouvragés du Parthénon. Il s'appelle Georges Moustaki. D'origine grecque mais né en Égypte, à Alexandrie exactement, et français d'adoption depuis ses dix-sept ans, le jeune homme écrit des chansons qui parlent du soleil et de la douceur de vivre. Guidé par Crolla, il est venu les présenter à la vedette, sa guitare en bandoulière et son timide sourire de gosse de vingt-quatre ans sur les lèvres.

S'il avait été moins charmant, elle l'aurait sans doute écarté sans façon. Au lieu de cela, elle lui conseille de changer de style s'il veut lui écrire des chansons. Au fil des rendez-vous, le pâtre grec aux cheveux d'ébène trouve sa place dans la cour des miracles de Piaf, entre les esprits talentueux, les cœurs fidèles, mais aussi les cloportes et divers pique-assiette dont il a beaucoup de mal à supporter la présence.

Moins de trois semaines après leur rencontre, Jo, ainsi qu'on le surnomme, est assis à la droite d'Édith dans une émission de télévision présentée par Pierre Tchernia en direct du salon de la vedette. Elle présente au public ce nouveau talent venu du soleil. Qui pourrait en douter ? Piaf est amoureuse… Ce nouvel homme tombe bien dans la vie de la chanteuse. En effet, quelques soucis de santé la tourmentent après une longue accalmie. À la suite d'un petit malaise sur scène à l'Olympia le 11 mars et d'un autre le 22 avril, elle se rend compte qu'elle a peut-être présumé de ses forces. Dans quelques jours prendront fin ces longues semaines de récitals à l'Olympia mais elle s'apprête déjà à rejoindre la Suède. D'ailleurs, chaque après-midi elle prend des cours de suédois, comme elle avait pris les années passées des cours d'anglais et d'espagnol. Moustaki est du voyage.

Depuis vingt-quatre jours déjà Piaf se produit devant le public suédois, mais ce 28 mai sera le dernier. Assommée par plus de quarante de fièvre, elle est contrainte de se rendre. Alors qu'un malaise vient de la terrasser, un médecin local diagnostique une occlusion intestinale et prescrit une opération immédiate de la vésicule biliaire. Le corps en souffrance, Édith trouve encore la force de s'y opposer. Et puis d'abord, elle se sent beaucoup mieux, insiste-t-elle, elle veut rentrer à l'hôtel. Comment résister aux ordres de la patronne sans craindre ses foudres ? Les Bonel la font donc sortir de la clinique. Elle va tellement mieux que sur le chemin elle décide de se restaurer un peu : des harengs fumés et de l'aïoli en quantité, le tout arrosé de bonnes rasades de bière, voilà de quoi se remettre d'aplomb. Néanmoins, à trois heures du matin, il n'est plus question de rester dans ce pays, pas même question d'attendre le décollage du prochain vol régulier. La patronne ordonne maintenant qu'on affrète un avion rien que pour elle, et peu importe la dépense. Plus d'un million au final ! C'est ainsi, entourée de ses acolytes, qu'elle revient à Paris dans un avion de cinquante-sept places.

Après une brève hospitalisation et quelques examens complémentaires, Édith se voit contrainte par ses proches au plus grand repos avant d'attaquer la traditionnelle tournée d'été. Pour cela, rien de tel qu'une villégiature à la campagne ! lui souffle Loulou. Soudainement convaincue des bienfaits de la vie aux champs, la chanteuse des villes vient en effet de faire l'acquisition d'une ferme aux abords de Dreux, avec des animaux, a-t-elle insisté, persuadée que cela ferait plus vrai. Un beau jour, après ne l'avoir que peu honorée de ses visites, elle se lassera finalement de cette acquisition ruineuse et la revendra, ce qui lui vaudra quelques pertes financières de plus. De toute façon, la campagne lui met les nerfs en pelote – « on s'y ennuie à cent sous de l'heure », ronchonne-t-elle. Mise à mal par son trop-plein d'angoisse face à une santé qui se délite, la maîtresse de maison malmène son entourage, lui imposant une insupportable discipline et des crises de nerfs et d'autorité toujours plus ahurissantes. Les proches sont épuisés, et particulièrement Moustaki, que cette tyrannie commence à lasser.

Une seule se tient droite comme un I en ce 9 juillet, c'est Mlle Piaf, totalement revigorée, qui au casino de Royat inaugure une tournée de deux mois. Rien ne saurait la réjouir davantage que ces rendez-vous quotidiens avec le public. D'autant que Jo vient de lui faire un bien joli cadeau pour cet été, une nouvelle chanson intitulée *Milord* : « Allez, venez, Milord, vous asseoir à ma table... »

La table d'Édith, il ne tardera pourtant pas à la quitter pour une vie plus paisible !

16

La tournée suicide

Ma vie est ainsi jalonnée de miracles.
Jusqu'au jour, sans doute, où le ciel sera fatigué
de me sauver d'une ultime catastrophe.

Édith PIAF,
Ma vie.

« En route pour mon petit bout de France », avait décidé Édith, réconciliée avec dame Nature. Il avait fallu se hâter, préparer la voiture, la charger de mille et une affaires toutes plus inutiles les unes que les autres afin d'être immédiatement sur la route qui mène à la ferme de Condé-sur-Vesgre. Un paradis, une merveille que ce petit coin de verdure, s'est-elle réjouie en poussant les grilles. Mais le lendemain matin 6 septembre elle en a déjà assez, le petit bout de France n'est plus qu'un trou paumé qu'il convient de fuir dans l'instant. Christiane, la femme de chambre, n'a pas eu le temps de déballer les sacs de voyage qu'il faut déjà faire demi-tour et regagner le boulevard Lannes. Moustaki prend le volant, Édith s'installe à son côté tandis que Christiane et Marcel Cerdan junior, en vacances chez sa tata, s'installent sur la banquette arrière. À douze heures quarante-cinq, sur une chaussée rendue glissante par la pluie, Jo met son clignotant quand un camion déboîte soudainement à gauche. Au lieu-dit « À la grâce de Dieu », sur la commune des Essarts-le-Roi, à sept kilomètres de Rambouillet, la DS s'encastre en partie sous le camion. Le choc est terrible. Si Moustaki et Christiane ne souffrent que de légères contusions et le petit Cerdan de plaies superficielles, c'est à Édith que revient le poids de toutes les souffrances. En plus d'une perte de connaissance prolongée, elle a subi un grave traumatisme crânien, des blessures au visage et la rupture de deux tendons du bras gauche. Une fois encore, la troisième, elle survit à un accident de la route qui aurait pu, qui aurait dû, notent les médecins, lui être fatal. Le visage tuméfié et bouffi par les hématomes, le corps douloureux, elle est bel et bien vivante.

Loulou a repoussé le prochain voyage à New York tandis que les semaines de soins et de convalescence se prolongent à la clinique Franklin-Roosevelt, où elle a été transférée après quelques jours passés à l'hôpital de Rambouillet. La presse se déchaîne, les photographes volent des clichés de la vedette, on la prétend à jamais défigurée, on affirme qu'elle ne pourra plus chanter, plus marcher. Pourtant, Édith renaît toujours. De tout son être elle livre combat, endurant les souffrances et se pliant avec zèle aux séances de rééducation. Son visage lui fait mal, ouvrir la bouche, parler, mastiquer, sont autant de supplices. Alors chanter... Il lui semble qu'elle ne parviendra plus jamais à articuler, à saisir les mots avec précision et force comme elle l'a toujours fait sur scène. Il n'est pas question de se montrer patiente, ainsi que l'ont recommandé les médecins ; elle accélère au contraire le rythme de ses répétitions et s'impose de douloureux massages faciaux. Et puis, si elle a failli mourir dans un lieu-dit baptisé « À la grâce de Dieu », c'est bien que le ciel la veut vivante, droite et fière. Alors elle se relèvera ! Il lui faut d'abord se montrer, faire taire les rumeurs qui la disent désespérément clouée sur son lit de douleur. Elle rencontre les journalistes, se rend aux premières des collègues et amis, celles d'Aznavour, de Montand, de Brassens et d'une plantureuse Italienne venue d'Égypte à la voix teintée de soleil, Dalida. Elle a prié Loulou de lui signer des dates en province afin qu'elle puisse se refaire la main, ou plus exactement la voix, et se préparer au départ pour l'Amérique en janvier prochain. Rendez-vous est pris à Rouen pour le 28 octobre.

Ce soir-là, ce n'est pas sans appréhension qu'elle s'avance timidement devant son public. Son cœur bat à l'unisson de la ferveur collective, on la réclame et on l'accueille dans un fracas d'applaudissements, on scande son prénom comme un cri de ralliement. Mais si on vient louer l'art de la chanteuse, on vient aussi assister au spectacle de sa résurrection miraculeuse.

Elle le sait bien. Alors que la presse n'a cessé de relater avec force détails les mésaventures de Piaf, ses parties de cache-cache avec la mort et ses accointances avec les drogues et la maladie, le public en est à compter les points. On guette ses chutes et on s'en délecte pour mieux applaudir ses rédemptions, comme on fête un torero que le taureau a manqué d'encorner. Le public veut du spectacle, on va lui en donner. Les intonations de Piaf sont dramatiques à souhait. Lorsqu'elle présente *Milord*, la composition de Moustaki, qui finit par le vibrant « Mais oui, dansez Milord ! La-la-la... Bravo Milord !... La-la-la... Encore, Milord !... La-la-la », sa voix semble se démultiplier, se briser en mille morceaux pour résonner dans le cœur de chacun. Comme un seul homme, la foule se lève. Piaf, l'espiègle, sait qu'elle les a bien eus !

Le lendemain au Havre, le surlendemain à Roubaix et enfin à Mantes, elle continue de mobiliser ses troupes de fidèles. Elle n'a plus peur, plus mal tant que le public suit son tourbillon. Demain, elle enflammera le Colisée de Tunis, puis celui d'Oran et enfin le Majestic d'Alger. Novembre et décembre défilent à vive allure au gré des galas quotidiens, un par soir – il faut bien rattraper tout ce temps perdu. À peine rentrée de Liège où elle vient de donner son dernier récital, elle rejoint Casablanca pour les fêtes de Noël ; sa famille l'attend, celle de Marcel Cerdan évidemment. Entourée de ses gosses, Édith est heureuse, elle vit là quelque chose d'une vraie vie loin de sa cour du boulevard Lannes.

Moustaki en a assez. Les lubies de Piaf ne l'amusent plus. Il s'apprête à fuir quand Loulou le rattrape au vol.

« Tu ne peux pas lâcher Édith juste avant son départ en Amérique. Attends encore », prie l'imprésario soucieux de se garantir un peu de tranquillité et craignant qu'elle n'annule son départ si son homme la quitte.

Jo fléchit finalement et s'envole avec elle pour New York. Si les deux premières semaines la cohabitation des deux amants fonctionne encore tant bien que mal, le 1er février il n'est plus question pour le jeune homme d'en endurer davantage. Une violente dispute explose, les bonnes gifles qui jusqu'alors avaient le mérite de lui remettre les idées en place ne suffisent plus et Jo n'est nullement disposé à l'ascension de violence que semble espérer sa compagne. Le surlendemain, il laisse Édith au très luxueux Waldorf Astoria, où elle se produit chaque soir, et prend la poudre d'escampette en direction de la Floride, pour quelques jours de vacances, dit-il, le temps d'y voir un peu plus clair. Elle craint encore pour son histoire d'amour, mais le destin ne la laisse jamais très longtemps aux prises avec la solitude. Loulou Barrier, magicien de l'amour, a déjà prévu de quoi panser ses plaies. Un jeune peintre local, Douglas Davis, au demeurant beau gosse, cherche en effet à approcher la vedette afin de faire son portrait. Persuadé que le jeune homme saura capter l'attention d'Édith et, qui sait, la tenir éloignée de toute tentation de déprime. Loulou organise les présentations. Trois jours plus tard, la chanteuse s'abandonne déjà aux pinceaux de l'artiste. Elle le recevra chaque après-midi pour une nouvelle séance de pose, du moins jusqu'au 16 février.

Prise d'une très violente douleur abdominale, elle doit ce soir interrompre le spectacle. Le public voit là une mise en scène et guette son retour. Il applaudit à tout rompre, mais dans les coulisses Piaf crache du sang avant de perdre connaissance. Le médecin évoque l'inflammation d'un ulcère de l'estomac lui-même favorisé par les prises excessives et quotidiennes de ses pilules multicolores, les unes contre les rhumatismes, les autres pour pallier les coups de déprime ou de fatigue. Le corps regimbe, il ne se laisse plus tourmenter par ces drogues, par l'alcool. Elle promet de se prêter à des examens complémentaires mais ne pense en réalité qu'à retrouver son public dans les plus brefs délais. C'est d'ailleurs ce qu'elle fait deux jours plus tard. Le rideau doit pourtant tomber avant la fin du récital : Édith, évanouie, doit être hospitalisée d'urgence.

Victime d'une grave anémie, elle est transfusée à plusieurs reprises. Bientôt reparaît Moustaki, de retour de Floride.

« Tu m'aimes encore ? » tente Édith.

Mais Jo ne veut plus, il a bien réfléchi, il n'en peut plus de sa violence et de sa tyrannie.

« J'ai ma personnalité, il faut que je m'en aille. » Quelques jours plus tard il embarque à bord du paquebot *Liberté*. Édith subit, elle, une ablation d'une partie de l'estomac au Presbyterian Hospital. « J'étais effondrée. J'espérais mourir pendant l'opération », écrira-t-elle. C'était ignorer qu'à son réveil le charmant peintre Douglas Davis ferait le siège de sa chambre. « Déjà Doug frappait à ma porte. Devant son regard naïf, son sourire cordial, je sentis que j'avais encore envie de vivre ! » Un mois durant, Doug se rend quotidiennement au chevet de sa chanteuse ; pendant deux heures il lui tient compagnie, dans sa présence elle puise des forces nouvelles. « Je l'ai embrassé, pour la première fois, l'après-midi où il est arrivé avec cinq ballons de couleur, flottant en l'air au bout de leurs ficelles... Il me les avait offerts parce que je lui avais raconté que les ballons rouges avaient été mon rêve d'enfant, mais que mon père n'avait jamais voulu m'en acheter. »

Flanquée de son nouvel homme, Édith se porte comme un charme lorsqu'aux derniers jours de mars elle regagne sa suite du Waldorf Astoria.

« Tu es vraiment une fille de Belleville. Il n'y a que là-bas et à Ménilmuche que l'on fabrique des gens comme toi et moi », s'amuse Maurice Chevalier venu lui rendre visite.

D'ailleurs, la vedette gesticule dans tous les sens et veut organiser son retour sur scène dès le lendemain.

« Il faut répéter, allez m'chercher Bonel et Chauvigny, on va travailler ! » hurle-t-elle à la cantonade.

Mais un nouveau malaise vient faucher cet espoir dans la nuit du 25 au 26 mars. Nouvelle hospitalisation, nouvelle opération, mais Édith est forte, Doug ne lâche pas sa main. Le 21 avril, enfin, elle peut quitter l'hôpital, à condition qu'elle s'accorde un grand repos, spécifient les médecins. Mais après une si longue inactivité, elle sait qu'il faut faire bouillir la marmite. D'ailleurs Loulou a fait les comptes : c'est la banqueroute absolue ! Entre les frais médicaux faramineux, les salaires et l'hébergement des musiciens et des divers accompagnateurs d'Édith, on est complètement sur la paille. De plus, il faut payer les billets de retour. La vedette convoque son état-major et ordonne à Loulou de trouver des contrats. Ce sera Washington, Montréal, et de prestigieux shows télévisés dans les studios de New York. Doug, du haut de ses vingt-trois ans, assiste émerveillé à ce grand déploiement d'énergie. Silencieux, aimant et beau comme le jour, il est décidément le chevalier servant dont Édith rêvait. À tel point que, juste avant de l'arracher à son Amérique natale pour le ramener en France, elle fait un détour par Atlanta pour faire la connaissance des parents de cette merveille de garçon.

Ce 21 juin 1959, à Paris, on fête l'été mais aussi le retour au pays d'Édith Piaf.

« Vous avez bien failli ne pas me revoir », lance-t-elle gaie comme un pinson sur la passerelle de l'avion qui la ramène à Orly, ravie et presque fière d'avoir une fois de plus tenu tête à la mort.

Au journaliste qui lui demande ce qu'elle rapporte de son voyage elle rétorque avec malice : « Un Américain ! » en serrant haut et fort la main du jeune homme en question.

« Quand j'étais en clinique, il faisait deux heures de métro pour venir me voir tous les jours. Il m'apportait des violettes et des chocolats. Je lui ai tricoté un pull-over. J'étais amoureuse. Je ne peux jurer de rien mais j'espère que c'est le grand amour », explique-t-elle avant de partir dans un grand éclat de rire en emmenant Douglas dans sa course.

Sur le chemin qui mène au boulevard Lannes, Doug ne perd pas une miette du spectacle qui s'offre à lui. Tous ces paysages de Paris, jusqu'alors il ne les a vus que dans de beaux livres de papier glacé. Les quais de la Seine, la tour Eiffel, le Louvre si majestueux le long de la rue de Rivoli, et derrière ses façades ciselées tant de trésors... Le jeune peintre se voit déjà déambuler dans les salles du plus grand musée du monde. Il ignore encore que Piaf n'est pas femme à lâcher son homme dans la nature. Si elle l'a fait venir en France, c'est pour qu'il vive à ses côtés, à son rythme et à sa guise. Et si pour une fois elle n'a pas décidé de faire de son homme un chanteur, elle entend qu'il fasse son portrait, imposant même à sa maison de disques que les peintures de Doug servent de couverture à ses prochains disques. Et d'ailleurs, elle ne cesse de répéter à qui veut l'entendre que Doug est l'homme qu'elle attendait, celui qui lui a redonné vie quand la mort s'apprêtait à la faucher. Grande responsabilité que celle-là quand on est un jeune homme de vingt-trois ans !

« Je vais me promener, visiter les musées », déclare Doug. Mais Édith lève les bras au ciel.

« Tes musées, ça peut bien attendre, tu vas te perdre, tu ne connais pas Paris ! » s'enflamme-t-elle.

Le voilà consigné à la maison, ce qui n'est pas sans amuser les courtisans de passage. Mais le jeune homme n'est pas au bout de ses peines : la tournée d'été commence, il va pouvoir goûter aux vénéneux plaisirs d'un marathon régenté de main de tyran par Mlle Piaf. Un soir, par exemple, elle décide d'aller passer la nuit dans sa campagne de Condé-sur-Vesgre. Doug a beau être fatigué, expliquer qu'il n'a pas envie de conduire, c'est elle qui commande. Docile, le jeune homme s'exécute, mais lorsque sa fatigue prend le dessus le contrôle du véhicule lui échappe et c'est dans un fossé que la course s'achève. Édith, malgré deux côtes cassées, trouve encore le moyen d'adresser des reproches bien sentis à Doug, dont le visage saigne abondamment. L'amant encaisse les humiliations mais regarde déjà vers la porte de sortie.

La poitrine bandée très serré afin de faciliter le rétablissement des deux côtes malmenées, Édith envoie paître le médecin qui recommande deux semaines de repos absolu. Rien n'est plus sacré qu'une tournée d'été ! On nettoie les plaies de Doug, et le lendemain on sera sur scène comme prévu au casino de Divonne-les-Bains. Lorsqu'elle chante elle est parfois au supplice, mais elle s'autorise seulement à raccourcir son tour de chant de quelques titres quand elle manque de défaillir. Une à une, les dates de la tournée s'égrènent tout au long de l'été. Chaque jour, entre le réveil en fin de matinée, les heures de voiture sous un soleil de plomb pour rejoindre l'étape suivante, les répétitions, le spectacle et le dîner qui s'éternise, le jeune homme n'a pas la moindre possibilité de faire ne serait-ce que le tour du pâté de maisons.

Le 28 août, tard dans la nuit, à l'issue du récital donné au casino de la Plage à Arcachon, alors que le couple a rejoint sa chambre d'hôtel, Doug, n'y tenant plus, demande à Édith de respecter enfin son indépendance. Le ton monte. Avec sa mauvaise foi légendaire, la chanteuse lui répète que s'il est en France aujourd'hui c'est bien grâce à elle et à ses frais, elle lui reproche de ne pas avoir tenu sa main pendant le dîner, le traite d'égoïste, de macho. C'est décidé, Doug prend ses cliques et ses claques et abandonne à ses excès celle qu'il a tant aimée.

« Si tu me quittes, je me tue ! » tente-t-elle encore, comme une ultime arme.

Pour trouver le sommeil après tant de mots, elle avale quelques somnifères. Mais alors qu'elle succombe à la fatigue, Doug est, lui, en train de boucler ses valises et de quitter l'hôtel. À son réveil, Édith le cherche, l'appelle, n'osant croire à son départ. Elle bondit hors de l'hôtel, hèle un taxi et se fait déposer à la gare. Naïvement, elle a pensé le rattraper, mais dans la foule qui grouille sur le quai elle ne le trouvera pas. Le bel Américain est déjà loin, à bord d'un train pour Paris. Édith se retrouve victime d'une situation qu'elle a elle-même créée.

Il faut tenir bon, la tournée d'été ne comporte plus qu'une seule étape, Biarritz. Le 30 août, elle rejoint la ville avec un jour d'avance. Ce soir-là, il lui faut noyer son désespoir. Rien de tel que les bulles du champagne. Et quelques pilules de couleur l'aideront à trouver le sommeil. Le 31, elle chante au casino de Biarritz, le cœur en miettes et la voix brisée à souhait. Jacques Pills, en villégiature dans sa maison des Landes, est dans la salle. Tenaillée par sa solitude, Édith prie son ex-mari de lui venir en aide, de la recueillir dans sa jolie maison de Bretagne-de-Marsan et de veiller sur sa santé vacillante comme au temps jadis. Mais Pills sait trop ce que signifierait cette hospitalité.

Éconduite et seule, la vedette regagne Paris puis sa maison de campagne des environs de Dreux. Mais le corps ne pardonne décidément pas les années de débauche, les chapelets de pilules magiques et les torrents d'alcool. Des douleurs abdominales ne cessent de la harceler. Elle est hospitalisée d'urgence le 22 septembre à l'Hôpital américain et opérée d'une pancréatite. Trois semaines plus tard, elle retrouve l'appartement du boulevard Lannes et persuade la bande qu'il faut reprendre les répétitions et tailler la route. L'argent doit rentrer, elle sait bien ce que veulent dire les silences de Loulou. Ses douleurs, elle n'en parle pas. À la télévision, elle rassure le public quant à sa santé.

« Tout va bien aujourd'hui ! » répète-t-elle avec aplomb, un franc sourire sur les lèvres.

En silence, elle supporte les crises de polyarthrite qui ont repris d'assaut ses articulations. En solitaire, dans sa chambre, elle jongle avec ses pilules. Quelques anesthésiants et une injection de cortisone pour faire taire la douleur, des excitants pour vaincre la léthargie, du Gardénal contre les vertiges... Et au final un visage bouffi, des chevilles enflées, une démarche lente et fatiguée, le souffle court d'une vieille femme. Elle soufflera bientôt ses quarante-quatre bougies.

Dans quelques instants, ce 20 novembre, Édith Piaf retrouvera la scène. Danielle Bonel arrive au cinéma Les Variétés de Melun. Comme elle l'a toujours fait, elle dispose dans la loge la mallette de maquillage, les chaussures de scène si petites, la robe noire. Non loin de là, un réchaud électrique, une casserole, une théière, une cafetière, des tasses et une bouteille d'eau minérale afin qu'Édith prenne ses remèdes. Les amis sont dans la salle, Marlene Dietrich est venue. Et une fois de plus, c'est le miracle : Piaf chante et le public est à ses pieds. Rouen, Amiens, Abbeville, Le Mans, Lille, Calais... Les escales sont quotidiennes et Édith semble être absente d'elle-même, ne reprenant vie qu'à l'heure du spectacle. Les soirs se suivent et se ressemblent. Parfois, pour avoir un peu abusé des médicaments, elle peine à mordre les mots, mais le public semble n'y voir que du feu. Le 3 décembre, à Maubeuge, elle ne peut pourtant pas dissimuler ses trous de mémoire, certains balbutiements. Elle prie alors le public de l'en excuser, lui demande une dizaine de minutes de repos avant de reprendre le cours du récital. On entendrait une mouche voler. Bien sûr qu'on le lui accorde cet instant de répit. Le tour de chant de Piaf, c'est sacré comme une messe. Elle est maîtresse des lieux et le public est son invité. Il loue ses silences et ses soupirs autant que ses incantations. En coulisse on s'agite, on la prie de renoncer. Édith, désolée, n'a même plus la force d'être violente. Entre deux sanglots elle explique doucement qu'elle doit y retourner rien que pour ne pas perdre confiance en elle. Alors Loulou demande qu'on relève le rideau ; Bonel et Chauvigny jouent l'introduction de *Milord*. En coulisse comme dans la salle on retient son souffle. Piaf chante sur la corde raide. Sa chanson, elle ne la termine pas, les paroles lui manquent, la mélodie lui échappe, elle doit se rendre. Elle voudrait essayer encore, « encore une fois », supplie-t-elle, mais Loulou a fait baisser le rideau. Il se détourne pour que personne ne voie ses yeux humides. Il a si peur pour elle.

La presse se déchaîne, relatant jour après jour le périple de Piaf, d'ores et déjà rebaptisé « tournée suicide ». Les chroniqueurs observent de ville en ville l'évolution de la démarche, du regard, des qualités vocales de l'artiste. On se soucie de sa santé comme de celle d'un chef d'État ; si elle trébuche à nouveau c'est un peu plus de journaux vendus. Et dans chaque théâtre Piaf chante à guichets fermés, on veille des heures pour tenter de l'apercevoir à sa sortie de voiture, on se dispute les billets au marché noir. Édith s'est habituée à être ainsi épiée, à ce qu'on guette ses chutes comme ses résurrections. Une rumeur la dit morte, mais toujours espiègle elle conseille aux photographes de rentrer chez eux en leur lançant qu'elle ne tombera pas ce soir, qu'elle se sent décidément en grande forme.

« Ce n'est pas encore pour cette fois, n'ayez pas peur », les raille-t-elle.

Qu'importe que ses articulations lui imposent un calvaire, ils n'en sauront rien. Comme elle l'a toujours fait, elle se joue de la presse, cultivant le pathos un soir pour mieux rassurer le lendemain. Quelques heures après son forfait de Maubeuge, elle s'amuse qu'on prévoie son abandon. Dans un grand éclat de rire, elle donne rendez-vous au public. La tournée reprend de plus belle. Saint-Quentin, Béthune, Évreux, Reims, Rouen, Dieppe...

Pourtant, à Dreux, Édith ne parvient plus à se jeter dans l'arène. Tandis qu'elle chancelle en coulisse, Loulou l'implore d'enfin lâcher prise et de rentrer à Paris. Le cocktail de pilules, sans doute plus détonant que la veille, a même raison de son équilibre et de son élocution. Tel un pantin, elle prend le chemin de la scène comme on se rend à l'abattoir. Un suicide. Comme elle ne tient pas sur ses jambes, elle prend appui contre le piano et se met à chanter. Une chanson, puis deux, trois, six enfin. Un baisser de rideau juste le temps de reprendre son souffle et elle entame la suivante, mais celle-là est de trop. Le rideau tombe, balayant le petit corps inerte. Transportée jusqu'à Paris, Édith Piaf est hospitalisée à la clinique Bellevue où elle a déjà subi ses cures de désintoxication, pour une cure de sommeil qui durera une dizaine de jours. Juste avant les fêtes de fin d'année, la malade est enfin autorisée à quitter la clinique. Il est même prévu qu'elle passe le réveillon de la Saint-Sylvestre au Lido avec Marguerite Monnot. Pourtant, à peine sortie de la clinique, elle retrouve son lit de douleur sans même avoir le temps de fêter le passage à l'année nouvelle. Cette fois c'est une sévère hépatite qui la contraint au plus grand repos.

Fin janvier 1960, les médecins la libèrent à nouveau, et c'est entre Paris et la campagne qu'elle vit désormais. Claude Figus, son fantasque admirateur, passe le plus clair de son temps à ses côtés – quand il ne se fait pas cuire un œuf sur la flamme du soldat inconnu à l'Arc de triomphe, une prouesse des plus originales qui lui vaut une poursuite pénale. Secrétaire et homme à tout faire, il cède à tous les caprices de son idole et n'est pas le dernier à lui ouvrir la voie des excès et des bêtises. Un petit nouveau fait également son apparition dans le cercle d'Édith, le Québecois Claude Léveillée, qui lui compose des chansons et travaille avec elle à l'écriture d'une comédie musicale intitulée *La Voix*. Ce projet a le mérite de la remettre sur les rails. Sa cour n'est plus ce qu'elle était. La maladie et le malheur font fuir, la pauvreté plus encore. Piaf n'est plus la riche vedette qu'elle était encore il y a quelques mois. Les sommes économisées en toute discrétion par Loulou Barrier ont servi à payer les hospitalisations, les frais d'entretien des deux résidences ainsi que les salaires. Éloignée des planches, Édith ne peut plus compter que sur ses droits d'auteur et les ventes de ses disques. Mais ces revenus sont finalement insuffisants face aux nombreuses ardoises, dont celle, exorbitante, du fisc. La décision est donc prise de vendre la maison de campagne. Sans regret d'ailleurs. Elle avait déjà voulu s'en séparer à plusieurs reprises, et n'y était finalement allée que lorsque son état de santé exigeait le plus grand des repos. Mais de manière générale, elle s'y ennuyait et se languissait toujours de la rumeur de Paris.

Si chanter lui manque terriblement, Édith sait qu'elle n'a pas encore la force de remonter sur scène. Alors, le plus docilement possible, elle suit les instructions des médecins dans l'attente d'un total rétablissement. Pour cultiver l'espoir de son grand retour, elle continue de répéter chez elle, pense à de nouveaux titres, à des effets de scène innovants. Pendant des heures elle parle de son prochain Olympia, même si à plusieurs prises la date doit en être repoussée, au grand désespoir de Coquatrix qui se languit de cette rentrée de Piaf, la seule artiste susceptible de renflouer les caisses d'un music-hall aux finances fragiles. Aux premiers jours de juin, alors que s'annonçait enfin la guérison totale, les douleurs abdominales reparaissent. Dix jours plus tard, le 17 juin 1960, nouvelle catastrophe. Les manchettes diffusent la terrible information : « Édith Piaf dans le coma. » Un coma hépatique qui durera deux jours.

La France entière retient son souffle, craignant sans cesse qu'une crise plus sévère ne lui fauche sa chanteuse. Et à nouveau, elle se relève. Elle se persuade bientôt que la mort ne veut pas d'elle. Mais elle sait aussi que son corps a irrémédiablement fléchi sous le poids de tout ce qu'elle lui a infligé. Lorsque le miroir lui renvoie le reflet de son visage bouffi, de ses cheveux épars, Édith se souvient des beuveries, des seringues de morphine, des nuits blanches et des drogues. Elle pense à sa mère et à ce mal héréditaire, la polyarthrite, qui ronge ses articulations. Dans le secret de sa chambre, elle pleure. Elle pleure ses morts, ses Marcel qui lui ont tant manqué, sa gosse et son boxeur, elle pleure sur sa souffrance, sur l'absence d'un homme qui viendrait se coucher près d'elle et l'enlacer. Mais en public elle sait encore se montrer mordante, tyrannique, cruelle.

À sa sortie de l'Hôpital américain fin août, Édith rejoint la résidence de Richebourg de Loulou. Marc et Danielle Bonel veilleront sur elle, et trois fois par semaine le chiropracteur Lucien Vaimber manipulera ses vertèbres de plus en plus malmenées par la polyarthrite. En octobre, elle retrouve des forces et s'astreint même à des répétitions régulières dans l'attente de son retour prochain sur le devant de la scène. Pourtant, le 23 octobre, une sévère rechute l'anéantit pour la énième fois. Il lui semble soudain que la vie la délaisse. Cet automne 1960 serait-il aussi celui de sa vie ? Édith Piaf n'a pas chanté en public depuis dix mois. Jamais silence ne lui aura été aussi insoutenable. Ces retrouvailles tant espérées, il suffit qu'elle s'en approche pour qu'elles s'évanouissent à nouveau. Il n'est plus l'heure de fanfaronner, les certitudes s'émoussent et la reddition se profile. Elle a pour une fois le tort de sous-estimer la force des miracles. Oublierait-elle à cet instant qu'il y a un an elle déclarait : « Mes guérisons sont un secret. Ma vie est une suite de morts et de résurrections » ? Et si ce secret tenait en une chanson…

17

Non, je ne regrette rien

J'ai mené une vie terrible, c'est vrai. Mais aussi une vie merveilleuse. Parce que je l'ai aimée, elle, la vie, d'abord.

Édith PIAF,
Ma vie.

« Envoie un télégramme à Vaucaire et Dumont, qu'ils ne se pointent pas cet après-midi », demande Édith à Danielle Bonel.

Ce 24 octobre, encore souffrante de sa rechute de la veille et alors que son chiropracteur achève juste sa séance, elle n'a aucune envie de recevoir comme prévu les deux hommes. Surtout qu'*a priori* elle n'apprécie guère Charles Dumont et encore moins ses chansons, qu'elle a déjà refusées à plusieurs reprises ; c'est pressée par le parolier Michel Vaucaire qu'elle a fini par accepter de lui fixer un rendez-vous.

À dix-sept heures, on sonne. Danielle trouve plantés devant la porte les deux hommes dont elle a annulé le rendez-vous le matin même. Ils ne sont pas rentrés chez eux et n'ont donc pas eu connaissance du message. Compte tenu de la grande fatigue de sa patronne, elle les prie de revenir un autre jour quand de sa chambre, la voix toujours aussi perçante, Piaf s'écrie qu'elle va les recevoir.

« Ça me changera les idées ! » ronchonne-t-elle.

Une demi-heure plus tard, la mine lasse, le corps noué emmitouflé dans une robe de chambre bleue constellée de taches et ses pieds déformés au fond de mules roses éculées, elle paraît et s'avance à petits pas mal assurés. Pour dissimuler ses cheveux abîmés et de plus en plus rares, elle porte un bonnet de bain de caoutchouc bordé de franges roses. Si elle s'adresse avec courtoisie à Vaucaire, Dumont n'a droit, lui, qu'à un vague signe de tête censé signifier bonjour. Se présenter devant Piaf quand on est un jeune auteur est déjà très impressionnant, mais lorsque celle-ci, en petite forme, vous prévient d'un ton revêche qu'elle ne vous accorde que quelques minutes, l'appréhension atteint son comble.

« Rien qu'une chanson, allez, mets-toi au piano », lance-t-elle à Dumont. Celui-ci s'empresse d'obtempérer. Il joue les premières notes de sa chanson et pose sur elles, mi-parlés mi-chantés, les mots de Vaucaire.

Non, rien de rien
Non, je ne regrette rien
Ni le bien qu'on m'a fait, ni le mal
Tout ça m'est bien égal
Non, rien de rien
Non, je ne regrette rien
C'est payé, balayé, oublié
Je me fous du passé.

La vedette quitte le piano contre lequel elle s'était appuyée et s'enfonce dans le divan du salon.

« Continue ! » ordonne-t-elle.

Dumont, en nage et la voix chevrotante, s'exécute.

Avec mes souvenirs
J'ai allumé le feu
Mes chagrins, mes plaisirs
Je n'ai plus besoin d'eux
Balayées mes amours
Avec leurs trémolos
Balayées
pour toujours
Je repars à zéro.

Et vient enfin le finale :

Car ma vie
Car mes joies
Aujourd'hui
Ça commence avec toi...

« Allez, recommence ! » le prie-t-elle en tapotant le bras du sofa.

Chaque mot, chaque note semble se loger au creux de son âme, se mêler à son sang, se lier à son souffle. Son petit pied enfermé dans la vieille mule rose se met à battre la mesure.

« Formidable, s'écrie-t-elle. C'est ma vie, c'est moi ! »

Elle veut cette chanson pour son nouvel Olympia. Subitement tirée de sa léthargie, comme soulagée de sa fatigue et de ses douleurs, elle gesticule dans tous les sens.

« Vas-y, recommence », lance-t-elle à Charles Dumont pour la énième fois.

À vingt-trois heures, enfin, après avoir passé de longues heures devant son piano, Dumont peut rentrer chez lui. Mais sa chanson a l'effet d'une tornade sur le 67 *bis* boulevard Lannes, on n'y dormira pas de sitôt ce soir-là...

« Appelle les copains, appelle Coquatrix, qu'ils rappliquent tous », exige Édith de Claude Figus.

Ayant tiré du lit tout son petit monde, elle fait rappeler Dumont, lequel, à peine couché auprès de son épouse, doit se relever illico pour venir rejouer la chanson.

« Tu comprends, Coquatrix veut l'entendre ! » crie-t-elle dans le téléphone.

La nouvelle chanson, il la chantera en boucle jusqu'à cinq heures du matin sous les encouragements et les cris d'émerveillement de la patronne.

« Je ferai l'Olympia avant la fin de l'année ! promet-elle à Bruno Coquatrix qu'une telle nouvelle réjouit. Et t'as quoi d'autre ? » demande-t-elle à Dumont.

Il lui chante alors *Toulon-Le Havre-Anvers*.

« La musique est très belle mais les paroles sont nulles ! » s'agace la vedette.

Danielle doit appeler sur-le-champ Vaucaire, lequel, profondément endormi, ne comprend pas trop ce qui lui arrive. Édith attrape le combiné :

« À cinq heures pétantes cet après-midi je veux des nouvelles paroles sur la musique de Dumont ! »

Vaucaire n'a pas le temps de poser de questions. La maîtresse de maison a déjà raccroché et entraîne toute sa bande dans la cuisine. La cuisinière et sa fille, elles aussi tirées du lit, ont sans rechigner préparé un repas pour tout le monde ! À sept heures du matin, enfin, chacun rejoint ses pénates, le cœur plein d'espoir à la pensée que Piaf va de nouveau chanter. Édith aura, cette nuit, bien du mal à trouver son sommeil...

À dix-sept heures le lendemain, Vaucaire est dans le salon. Sur la feuille de papier qu'il tend à Charles Dumont, un nouveau texte. Charles le parcourt et s'installe au piano.

Mon Dieu ! Mon Dieu ! Mon Dieu !
Laissez-le-moi
Encore un peu
Mon amoureux !
Un jour, deux jours, huit jours...
Laissez-le-moi
Encore un peu
À moi.

Piaf applaudit. Voilà les mots qu'elle attendait !

« C'est quand même mieux que tes histoires de Toulon-Le Havre-Anvers ! »

Chaque jour, Dumont devra désormais se rendre chez Édith et travailler avec elle, la faire répéter et créer encore de nouvelles musiques. Elle presse tout autant Vaucaire et Rivgauche, il lui faut des textes pour cet Olympia dont elle a arrêté la date au 29 décembre. Au fil des jours, elle s'excuse auprès de Marguerite Monnot de retirer de son programme un grand nombre de ses compositions.

« Tu sais que je t'adore, mais je sens qu'on tient des nouveaux succès, tu comprends, hein ? Et puis il m'a redonné vie ce p'tit gars-là ! Je lui dois bien ça. »

Guite est peinée mais ne pipe pas, elle connaît les engouements de Piaf. Et puis quelle joie pour l'amie que de voir la petite femme silencieuse, souffreteuse et recroquevillée se redresser, tempêter, commander comme au premier jour. Grâce à quelques chansons.

Des hommes Édith n'attend plus guère qu'ils honorent son corps. Dans les cahiers d'écolier qu'elle noircit de ses longues listes de bonnes résolutions, n'a-t-elle pas inscrit quelques mois plus tôt : « N'aie plus de passions qui te font du mal et n'aie plus de désirs, essaie de te retrouver » ? Tout comme elle avait prévu de ne plus dire de mal des autres, d'être calme ou encore d'acheter de l'encre pour son stylo. Ainsi, elle apprend à préférer aux feux de la passion une présence assidue et un amour empreint d'admiration et de dévotion. Charles Dumont ne tarde pas à être mis à contribution. À rude contribution. Il doit être présent à son réveil et ne la quitter qu'à l'heure de son coucher, le plus souvent à cinq ou six heures du matin. Il est la planche de salut, le souffre-douleur, l'ami, le confident. Elle ne vit plus que par lui et pour lui, se nourrit de lui et de sa musique, se réchauffe à son talent, s'appuie contre son épaule, quitte à le laisser exsangue, épuisé, au petit jour.

Si être élu par Édith Piaf est un privilège, ce n'est pas pour autant une sinécure ! Et que dire des répétitions, auxquelles nombre de copains sont contraints d'assister sans broncher en buvant de l'eau depuis qu'elle a interdit l'alcool dans ses murs. Heureusement, grâce à la complicité de la cuisinière, ils sont parvenus à cacher quelques bouteilles dans la bibliothèque. Quand elle le décide, le travail cesse et Figus doit dans l'instant réserver des places de cinéma ou de théâtre pour toute la bande. Édith choisit bien entendu le spectacle, le restaurant du souper et jusqu'au menu. Ainsi toute la cour devra admirer *Les Chaises* de Ionesco onze soirs de suite. Sur le coup de deux heures du matin, elle ne pense toujours pas à dormir.

« Tout le monde à la maison, je vais répéter », lance-t-elle à la cantonade.

Malheur à ceux qui oseront piquer du nez ! Une chose est certaine : elle est en pleine forme tandis que ses troupes s'épuisent de jour en jour et craignent de ne pas tenir le rythme jusqu'aux derniers jours de décembre, quand débutera son Olympia. Après tout, ses courtisans peuvent bien payer de leur personne, pense Édith. Quand elle se mourait au creux de son lit, ils ont vite déguerpi. Ils reviennent aujourd'hui attirés par la promesse de nouveaux succès, par les repas qu'elle fait, comme avant, préparer en cuisine, par les cadeaux qu'elle distribue. C'est elle qui a exigé de la cuisinière que tous les visiteurs puissent se servir à leur guise. La maîtresse de maison n'est pas dupe de cette cour d'obséquieux et de profiteurs qui grouillent dans le salon en attendant son réveil jusqu'à trois heures de l'après-midi. Mais elle en aime l'idée. Ce n'est pourtant pas faute d'avoir griffonné sur son cahier, en guise de huitième bonne résolution : « Faire un tri dans les visites, ne recevoir que ceux qui m'aiment et que j'aime. » Elle a dû l'écrire noir sur blanc pour ne pas l'oublier et y croire, mais elle oublie quand même.

Le grand soir à l'Olympia approche. De Coquatrix Dumont a reçu un paquet contenant un beau costume et des cravates. Sur une carte, il le remercie de participer à la résurrection de Piaf ainsi qu'à celle de l'Olympia. Édith rigole :

« Tu es un vrai Jésus, tu me ressuscites, tu ressuscites l'Olympia, tu ressuscites Bruno ! »

Après une soirée de rodage au Cyrano de Versailles et quelques heures encore dans le salon du 67 *bis* boulevard Lannes à refaire le monde, elle a regagné son lit au petit matin. Elle est plongée dans un grand sommeil, heureusement parée de son masque de nuit et de ses boules Quies, parce que la sonnette ne cesse de retentir. Des dizaines de bouquets de fleurs, quantité de boîtes de chocolats auxquelles elle ne touchera pas – son foie le lui interdit –, des télégrammes... La reine ne pousse la porte de sa chambre que vers dix-sept heures, visiblement calme, ignorant presque que dans quelques heures elle retrouvera l'Olympia. Elle ne se réveille vraiment que lorsque Danielle l'informe que sa robe et ses chaussures neuves viennent d'être livrées et déposées dans sa chambre.

« Mais ça va pas ? Tu sais bien que le tissu neuf m'irrite la peau et que les chaussures neuves me foutent les pieds en l'air ! » s'emporte-t-elle.

Danielle, désolée, ne sait plus quoi faire.

« C'est simple, tu vas enfiler cette robe et ces chaussures et t'empresser de m'user tout ça vite fait bien fait ! » tempête la patronne.

Danielle acquiesce et quitte la pièce toute penaude.

« Ah ! Ça soulage de gueuler un bon coup ! Ça va mieux ! » lâche la chanteuse avant de s'enfoncer dans un fauteuil.

Il est vingt et une heures quand la porte de la loge d'Édith Piaf se referme. À l'intérieur, Loulou, Charles Dumont et Danielle Bonel entourent la chanteuse, qui vient d'enfiler une de ses vieilles robes de scène et des chaussures fatiguées qui lui garantissent un plus grand confort que celles, flambant neuves, proposées quelques heures plus tôt. « Chanter c'est ma vie, j'en ai besoin tous les soirs », a-t-elle souvent répété, et l'heure du rendez-vous est enfin venue. Elle va chanter l'amour, le faire à sa façon, qui n'appartient qu'à elle. « Pour cela, je me fabrique un être idéal, un être qui n'existe pas. »

L'orchestre joue l'introduction de *L'Hymne à l'amour*. Pour lui éviter toute fatigue, Charles Dumont et Bruno Coquatrix portent la vedette jusque sur le plateau. Lorsqu'elle prend place au centre de la scène, il n'est plus question de la toucher, ni même de la frôler. À cet instant, il lui semble toujours que le moindre contact avec sa peau est une brûlure. Elle ferme le poing droit, ne pointant que son auriculaire et son index devant elle pour éloigner le mauvais sort, trace sur son buste un signe de croix et embrasse la petite croix qui pend à son cou. D'un regard, d'un sourire apeuré, comme mortifiée à l'heure de se jeter dans la fosse aux lions, elle fait comprendre qu'on peut y aller. Le rideau de velours pourpre se lève sur sa silhouette fragile. À petits pas, elle s'approche du micro que son regard ne cesse de fixer. Ils sont venus, ils sont là, debout, déchaînés, à scander son nom. Ils ne la laissent pas chanter, ils veulent d'abord l'accueillir. Pendant seize minutes, elle s'accroche à son micro, se contentant de chuchoter quelques mercis, c'est une vague d'amour qui déferle vers elle. Plus déchirante que jamais, elle lance à la foule enamourée son *Non, je ne regrette rien*, les mains plaquées sur ses hanches, ses doigts déformés, raides et pâles se détachant sur le noir de sa robe. Les titres de Dumont s'égrènent un à un, mêlés aux anciens succès. Comme autant de fidèles réunis dans une même ferveur, les spectateurs ne veulent plus rendre leur idole au silence et la saluent de vingt-deux rappels à l'issue du récital. On pleure autant en coulisse que dans la salle.

« On n'a jamais vu ça », répète Coquatrix les larmes aux yeux.

Quand le spectacle s'achève, elle ne peut être seule. C'est rituel, il lui faut rester des heures à parler avec les copains, le temps de quitter l'extase et d'apprivoiser en douceur le silence et la solitude.

On a attendu la représentation du 2 janvier 1961 pour convier le Tout-Paris au tour de chant de Piaf. Louis Armstrong avouera qu'elle lui a arraché le cœur, Duke Ellington aimerait la féliciter. Dans les couloirs sombres des coulisses se pressent Roger Vadim, Jean-Paul Belmondo, Michèle Morgan, Arletty, Alain Delon et Romy Schneider... Paris ne parle que de Piaf !

Ses douleurs l'avaient laissée en paix un moment, mais au détour de ce mois de mars 1961 elles la rattrapent, toujours plus tenaces et obsédantes. Pour honorer chaque soir son engagement à l'Olympia, elle doit compter sur des injections de cortisone, de vitamines et autres subterfuges. Une infirmière veille sur elle en permanence, tout occupée à soulager la souffrance de ses crises de rhumatismes. Le visage bouffi, safrané, les chevilles et les pieds déformés par les œdèmes, le souffle court et la mémoire parfois déficiente, elle chante encore. Dans un élan de courage presque surhumain, elle enregistre de nouvelles chansons dont *Exodus* et la version anglaise de *Non, je ne regrette rien*, planifie sa prochaine tournée en Amérique, une autre en Union soviétique. Claude de Laval, son médecin, ne cache pas son inquiétude.

« Elle ne doit plus chanter », répète-t-il sans être entendu.

Se profilent les derniers soirs à l'Olympia, mais Édith a encore prolongé d'un mois son contrat. Charles et Loulou s'y opposent violemment, le médecin crie au suicide, mais la décision est prise, à petits pas mal assurés elle tourne les talons et ne veut même pas en discuter. Elle a besoin d'argent, Coquatrix aussi pour sauver son music-hall, elle ira jusqu'au bout. Hormis une semaine de pause en mars consentie au médecin qui craint l'irrémédiable, la vedette occupe chaque soir la scène jusqu'au 6 avril.

Les lumières lui donnent le vertige, la musique tape contre ses tempes, mais renoncer serait mourir, alors elle tiendra bon. Le spectacle achevé, ce sont des scènes d'épouvante qui s'offrent à l'entourage de la chanteuse. Comme une possédée elle pleure à en perdre le souffle, s'agite, l'écume aux lèvres, avant qu'un calmant ne la condamne au mutisme et à la prostration. Quelques instants avant le spectacle, la prise d'un excitant la rendra miraculeusement à la vie.

« La-la-la... Encore, Milord !... La-la-la... » Le lourd rideau de velours tombe enfin sur ces trois mois de triomphe à l'Olympia. Quelle récompense, à l'heure des adieux, que la lettre poignante de Bruno Coquatrix : « À tout ce que je vous ai demandé vous avez dit oui !

Et je ne pourrai jamais assez vous en remercier, car non seulement vous m'avez sauvé, vous m'avez donné la possibilité de recommencer, mais vous avez aussi tenu à bout de bras les cent cinquante personnes qui dépendent de l'Olympia... »

Le rideau est tombé, mais comme on brûle ses dernières cartouches elle repart au front. Quitte à mourir, autant que ce soit droite et fière, à faire son métier, plutôt que silencieuse dans son sommeil. Elle en est même arrivée à repousser l'heure de se coucher, craignant sans doute de ne pas se réveiller.

« Dormir c'est du temps perdu », explique-t-elle à son médecin.

Elle maintient le spectacle de Lyon, ainsi que la dizaine de représentations programmées à l'Ancienne Belgique de Bruxelles. Le 7 mai, elle chante à Cahors dans un garage transformé en théâtre, le 9 au Havre, le 10 à Évreux, le 12 à Rouen, le 13 à Yvetot, le 15 au Mans, le 16 à Mantes. Dumont l'installe à l'arrière de sa Mercedes, la porte jusqu'à sa loge puis sur la scène, et enfin la repose épuisée sur la banquette arrière de la voiture. Une nouvelle tournée suicide. Soir après soir, la flamme semble décliner. Privée de sa voix au cours d'un de ses récitals, la plus grande chanteuse de France se retrouve obligée de dire ses textes, et c'est de nouveau un triomphe quand toute autre artiste aurait été huée. Désespéré, Loulou Barrier parvient toutefois à la convaincre d'annuler son voyage au Liban, les tournées soviétique et italienne ainsi que les récitals à Marseille. D'ailleurs le corps feint une nouvelle fois de se rendre ; dans la nuit du 23 au 24 mai, frôlant une mortelle occlusion intestinale, elle est hospitalisée à l'Hôpital américain, où elle subit une réduction de bride intestinale. Elle embrasse Charles et Loulou, baignant leurs visages effrayés de ses larmes chaudes. Elle semble croire qu'elle ne se réveillera pas. N'a-t-elle pas glissé une enveloppe cachetée dans la main de Charles ? Après quelques heures, pourtant, Édith écarquille les yeux, elle sourit. Elle a encore manqué de passer de vie à trépas.

Dix jours plus tard, c'est une nouvelle anesthésie et une opération de plus. L'entourage tremble. À vrai dire, on ne sait plus à quoi s'attendre, on ne sait plus si l'on doit craindre pour la patronne ou toujours se fier à sa bonne étoile, à ses rédemptions successives, au ciel qui décidément ne veut pas d'elle. Selon l'humeur du jour, selon l'intensité des douleurs, Édith continue de se moquer de cette mort qui lui chatouille le bout des orteils sans jamais la faucher totalement. Entre le boulevard Lannes, la résidence de Richebourg de Loulou et une cure de repos dans une clinique de Ville-d'Avray, elle se résout tant bien que mal à vivre comme une convalescente et consent même à une nouvelle cure de désintoxication, car la morphine a de nouveau pris possession de son sang. Un sang si anémié que le moindre effort signifie un profond épuisement.

C'est alors qu'une terrible nouvelle la heurte de plein fouet : Marguerite Monnot est morte. En septembre Loulou lui apprend, la voix étranglée, que son amie a succombé à une péritonite. La magicienne de ses plus belles musiques, de *L'Hymne à l'amour* à *Milord* en passant par *Les Amants d'un jour*, sa Guite si belle et si douce aux cheveux d'or, à l'âme la plus pure qu'elle ait jamais connue, Guite est partie. Ayant retiré de son tour de chant, pour son dernier Olympia, beaucoup de chansons de Guite au profit des créations de Dumont, Édith se sent coupable, s'accuse d'avoir trahi son amie.

D'autant que Charles Dumont, après avoir été le messie, en est maintenant à connaître la disgrâce. Alors qu'il dépose sur les joues de la patronne les trois bises rituelles, celle-ci se montre indifférente. À ses yeux il n'est qu'un ingrat, alors elle se montre insultante et lui indique avec dédain la porte de sortie non sans lancer :

« Va-t'en, ta femme t'attend ! »

Il n'a jamais quitté son épouse Janine ni leurs deux fils – un crime de lèse-majesté, estime-t-elle sans doute. Pourtant, ne l'a-t-elle pas accepté de bien d'autres, de Cerdan particulièrement ? Homme de bonne volonté, et soucieux de voir Édith guérir, Charles revient toujours en courbant l'échine. Il a eu l'idée de l'emmener avec les copains aux sports d'hiver, histoire d'offrir un peu d'air pur à la malade. Alors qu'il se réjouit d'avoir tout organisé, qu'il a réservé billets de train et chambres d'hôtel pour toute la bande, elle se montre évasive et peu enthousiaste. Sans doute parce que l'idée ne vient pas d'elle ! Décidément contrariante, elle décide finalement, le jour du départ, de renoncer à ce voyage. De son côté, Charles ne plie pas et annonce qu'avec ou sans elle il partira.

« Si tu pars tu ne remets plus les pieds ici », enrage-t-elle.

Contre toute attente, Charles s'en va. Il sera désormais strictement interdit de prononcer son nom boulevard Lannes. Édith vient d'oublier que cet homme-là a été, il n'y a pas si longtemps, l'artisan de sa renaissance.

Mais parce que, au royaume de Piaf, la disgrâce des uns favorise la rédemption des autres, c'est au tour de Claude Figus de réintégrer le boulevard Lannes, huit mois après qu'un coup de sang de la patronne lui a coûté une sévère expulsion. Si la qualité du disque que celui-ci vient d'enregistrer a agréablement surpris Édith, ce n'est pas seulement pour cela qu'il est autorisé à revenir dans les murs du sanctuaire ; c'est plutôt qu'il est flanqué d'un ami décidément bien charmant, un certain Théophanis Lamboukas, un garçon coiffeur d'origine grecque, coiffeur comme le fut Montand, grec comme Takis Menelas et Georges Moustaki. Ce 23 janvier 1962, jour de la rencontre d'Édith et de Théophanis, surnommé Théo parce que c'est plus pratique, le jeune garçon, ami de Figus depuis qu'ils se sont rencontrés dans une boîte de nuit, vient de rater l'ultime train qui aurait pu le ramener dans sa banlieue, où il demeure toujours chez ses parents. Sans moyen de rentrer chez lui, il reste donc avec Figus et se rend avec lui chez Piaf.

Visiblement ému de se retrouver au domicile de la plus grande vedette du pays, ce grand brun aux cheveux de jais tout de noir vêtu se tient silencieux dans le salon tandis que Figus relate avec force détails ses mille et une aventures à Saint-Germain-des-Prés et Saint-Tropez, de ces ragots à propos de gens célèbres dont raffole Édith. Elle lance au jeune Grec des regards qui lui font baisser les yeux. Ce type-là n'est pas de ces grandes gueules viriles qui marchent à l'esbroufe, il est tout le contraire, doux, presque juvénile du haut de ses vingt-cinq printemps. Si elle a, par le passé, tant aimé les durs à cuire, elle en est désormais à se réjouir d'un cœur tendre et attentif. Dès le lendemain, Théo lui rend visite, seul cette fois. Pour la remercier de son accueil chaleureux, il lui offre une poupée de son pays, une sorte de porte-bonheur, murmure-t-il timidement. Les rendez-vous se rapprochent, et si elle le présente à son entourage comme un assistant secrétaire chargé du courrier, personne n'est dupe : ce Théo est le nouveau galant de la reine.

De sa voix douce et hésitante, il lui lit des romans, de ses longues mains fragiles il caresse et coiffe ses cheveux. « La brosse qu'il passait dans mes cheveux était comme une aile de papillon », se souviendra Édith à l'heure d'évoquer leurs premières heures ensemble. Son regard n'est jamais critique mais toujours tendre et ému, et elle se sent protégée par sa bienveillance. Qu'elle se montre volcanique ou éteinte, il reste paisible et aimant à la regarder, et ses joues rosissent de timidité lorsqu'elle jette ses yeux dans les siens. Cet homme est décidément un cadeau du ciel, un baume inespéré pour son âme tourmentée et son corps lacéré. D'ailleurs, Édith s'éveille, elle revient à la vie et à la musique. Une résurrection de plus ! Dans l'élan, elle décide que cet homme-là va chanter. Qu'importe que sa voix soit incertaine, elle lui apprendra tout, il sera le dernier de ses protégés. Après lui, c'est sûr, il n'y aura plus rien ni personne. Il faut changer son nom. Parce que le seul mot grec qu'elle connaisse est *sarapo*, qui veut dire « je t'aime », elle le rebaptise Théo Sarapo ; voilà un nom d'artiste qui lui plaît beaucoup.

Elle s'apprête à faire de Théo une star, mais sa santé lui joue un nouveau tour. Un rhume de rien du tout, mal soigné, se transforme en mauvaise bronchite et la voilà hospitalisée à Neuilly. Elle n'est pas inquiète pour autant : Théo est là, rien ne peut plus lui arriver. Les copains défilent dans la clinique ; de sa chambre s'échappent des chants ainsi que les plaintes de l'accordéon de Francis Lai. Et aussi celles, moins musicales, de tout le personnel hospitalier qui, las de son indiscipline, décide bientôt que la vedette va mieux, qu'elle peut rentrer chez elle. Édith est si tendrement chérie par Théo qu'elle distribue son pardon à tour de bras. C'est ainsi que Dumont retrouve sa place parmi les courtisans. Elle oublie même la douloureuse fuite de Doug Davis et lui offre l'hospitalité chez elle le temps de son séjour parisien.

De main de maître, comme au bon vieux temps de sa carrière de pygmalion en jupons, elle surveille les progrès musicaux de Théo. Et il y a du travail ! Si docile soit-il, le garçon ne sait pas chanter. Sans se décourager, elle le fait répéter des après-midi entiers et finit, en un peu plus d'un mois, par tirer de sa gorge de jouvenceau des sons presque agréables. Sommé par la patronne de concocter une très belle chanson, Michel Emer écrit *À quoi ça sert l'amour ?* Elle écoute une fois, c'est exactement ce qu'il fallait. Elle la chantera en duo avec Théo.

Le 31 mai, la France découvre à la télévision la nouvelle chanson de Piaf ainsi que le grand amour qui l'a une fois de plus tirée des ténèbres. Il est grand et beau, elle est petite, plus très jeune et assez laide, voûtée, le pas incertain et le cheveu aussi crépu que rare, mais peu importe : c'est Piaf. Après tout, ce n'est pas la première fois qu'on lui passe un caprice ! Au fil de la chanson, il questionne et elle répond. Le jeune homme ne sait rien de l'amour mais la petite femme a toutes les réponses, elle a tant roulé sa bosse. De l'amour elle connaît tout, ses plaisirs et ses chagrins.

À quoi ça sert l'amour ?
On raconte toujours
Des histoires insensées
À quoi ça sert d'aimer ?

L'amour ne s'explique pas !
C'est une chose comme ça !
Qui vient on ne sait d'où
Et vous prend tout à coup.

Moi, j'ai entendu dire
Que l'amour fait souffrir,
Que l'amour fait pleurer,
À quoi ça sert d'aimer ?

Édith lève les yeux vers Théo, elle lui tend les mains, se serre contre lui. Elle qui a brûlé de tant d'amours, des bacchanales de Pigalle au bungalow d'Amérique qu'elle partageait avec Cerdan, voilà qu'elle chante à ce gosse qu'il est le dernier, qu'elle n'aimera plus que lui. Elle a effacé l'ardoise de ses amours anciennes pour y inscrire son nom à lui, rien que le sien, ce nom grec qui veut dire je t'aime.

Mais toi, t'es le dernier !
Mais toi, t'es le premier !
Avant toi, y avait rien
Avec toi je suis bien !
C'est toi que je voulais !
C'est toi qu'il me fallait !

C'est toi que j'aimerai toujours
Ça sert à ça, l'amour !

Le temps d'une chanson, de quelques mots tout simples, de petites notes qui se retiennent aussi simplement qu'*Au clair de la lune*, Piaf résume sa vie, cette vie qui, contre vents et marées, s'arrête et recommence sans cesse. L'amour selon Piaf est un soleil qui se lève et se couche sur une terre tour à tour brûlée et par miracle ensemencée de nouveau. Jamais elle n'a été plus près de sa vérité. Comme si ces mots-là devaient être les derniers...

18

Le chant du cygne

... mon public, pour lequel j'ai chanté, même à la limite extrême de mes forces, celui pour lequel je voudrais mourir en scène, à la fin d'une dernière chanson.

Édith PIAF,
Ma vie.

D'une bise chaste, Doug Davis vient d'embrasser Édith. Il la remercie de l'avoir logé ces dernières semaines. Ils ont évoqué leurs amours anciennes, le jour où un bouquet de ballons multicolores les a réunis, ils s'en sont émus, ils ont bien ri. Ils se sont quittés là, sur le seuil de la porte du 67 *bis* boulevard Lannes. Doug se rendait à Orly pour prendre l'avion qui devait le ramener chez lui à Atlanta.

Édith est heureuse de ces retrouvailles. Le téléphone sonne, Claude Figus répond.

« Édith, Doug est mort. Son avion vient de s'écraser à quelques secondes du décollage », annonce Figus.

Elle s'effondre. Elle se souvient que Doug lui a relaté la mort de son père, dans les mêmes conditions, il n'y a pas si longtemps. Lui revient encore ce matin de 1949 où, à son réveil, elle a compris que l'avion de Marcel s'était écrasé.

Envers et contre tout, la chanteuse s'attelle à sa tournée d'été. Un périple chaotique, au gré des possibilités vocales de l'artiste. Le public de Reims, au premier soir de la tournée, a de la chance : la vedette est en voix. À Caen, trois jours plus tard, la voix a déjà perdu en puissance et les respirations sont pénibles. Après les galas de Roubaix et de Rouen, ceux du Havre et d'Orléans doivent être ajournés. Piaf est tout simplement aphone. Faisant preuve de sagesse, une fois n'est pas coutume, elle préfère annuler quelques récitals et se reposer pour être certaine de pouvoir mener à bien le reste de la tournée. Une nouvelle infirmière veille dorénavant sur elle, ce n'est plus la bonne et patiente mamie Bordenave mais Simone Margantin, une femme robuste au caractère bien trempé peu encline à se laisser dicter sa conduite.

Préoccupée par les humeurs de sa voix, Édith est toutefois consolée par les attentions toujours plus délicates de Théo. Voilà que, malgré les vingt années qui les séparent, il veut l'épouser. Et pour ce faire, il compte lui présenter ses parents dans les plus brefs délais. La si téméraire est cette fois dans ses petits chaussons ! Que vont penser ces gens-là quand leur fils leur annoncera qu'il va épouser une femme qui pourrait être sa mère ? Théo ne manque pas de lui glisser au passage que son père, grec orthodoxe attaché aux traditions, ne plaisante pas avec le mariage. La future épousée, qui a tout connu et tout osé, se met à trembler comme une jeune vierge.

« Et de toute façon, si mon père refuse, je t'épouserai quand même », jure le jeune amant à Édith qui, de son côté, préférerait tant que les parents consentent à cette union.

Ainsi, ce 26 juillet 1962, les deux tourtereaux cheminent vers La Frette-sur-Seine, où demeurent les futurs beaux-parents. Théo a beau dissimuler son trac, Édith n'est pas dupe. Dans le salon de la modeste maison familiale se tiennent M. et Mme Lamboukas et leurs deux filles, Christie et Cathy. Cette dernière a l'audace de briser la glace en demandant à la chanteuse si elle sait danser le twist. Après avoir confessé sa méconnaissance de cette musique, l'illustre Piaf se retrouve tirée par la jeune fille au beau milieu du salon afin d'esquisser quelques pas de la dernière danse à la mode. Tout en se déhanchant tant bien que mal pour faire plaisir à Cathy, elle observe Théo, tout occupé à prendre ses parents à part dans un coin du jardin. Et ce n'est pas à la musique endiablée qu'elle doit de prendre une bonne suée, mais plutôt à l'appréhension qui la gagne. Pourtant, quelques minutes plus tard, c'est un homme au sourire généreux qui s'approche d'elle. Il parle de la liberté de son fils et termine par :

« Je suis très content de vous recevoir dans ma famille. »

Mais le plus cocasse, n'est-ce pas l'accolade de Mme Lamboukas, âgée de huit mois de moins que la promise, et son « Édith, appelez-moi maman » ? « C'en était trop, j'ai éclaté en sanglots », racontera Piaf. Et d'ajouter : « J'oubliais mon âge ! J'étais redevenue cette enfant qui avait rêvé, jour après jour, de ce bonheur sans histoire. »

Dès ce jour, aucun dimanche ne saurait être plus heureux que ceux, chaleureux, passés dans cette maison familiale où règnent la tendresse et le respect. Aux côtés de Mme Lamboukas la fiancée tricote, exécute quelques ouvrages de broderie ou de tapisserie et à l'heure du départ reçoit des mains de sa future belle-mère un cageot d'abricots et de pêches du jardin. Pour un peu, la grande Piaf, si heureuse d'une si délicate attention mais incapable de faire cuire un œuf, lui ferait croire qu'elle en fera des confitures. N'a-t-elle pas déjà eu des fantasmes d'épouse modèle lorsqu'elle était mariée à Pills ? Tout au moins jusqu'au jour où, prise d'une fièvre de cuisine, elle avait décidé de mitonner à sa façon des tomates à la provençale, enflammant de cognac sa goûteuse poêlée mais aussi les rideaux et une bonne partie de la cuisine de la résidence landaise.

Les noces peuvent désormais être programmées. On opte pour le 9 octobre, après la tournée d'été, alors qu'elle sera à l'affiche de l'Olympia. Son grand spectacle de rentrée accueillera évidemment la prestation de Théo. Il a tout l'été pour se roder en vue de l'événement puisqu'il accompagne la vedette tout au long de la tournée. Les spectateurs réservent toujours un accueil triomphal à Piaf. Elle n'ignore pas, néanmoins, que ses prestations sont inégales d'un soir à l'autre. Lorsqu'elle entre en scène, le public est presque choqué qu'elle porte des pantoufles, qu'elle peine parfois à reprendre son souffle entre deux chansons, qu'elle limite ses déplacements, préférant s'accrocher à son micro ou prendre appui contre le piano, mais quelques minutes suffisent pour qu'il pénètre, réjoui, en son royaume et en oublie la triste dégaine d'une femme usée. Un soir, elle retrouve les Compagnons et entonne avec eux *Les Trois Cloches*. Quelques jours plus tard elle passe la soirée avec un petit jeune aux yeux bleus comme elle les a toujours aimés, un certain Johnny Hallyday. Un peu de repos au Majestic de Cannes après un léger malaise, une hospitalisation à Besançon pour cause d'indigestion... Elle s'habitue à vivre en sursis, à alterner galas et séjours en clinique. Après tout, cela ne l'empêche pas de rencontrer son public, de retrouver les studios pour enregistrer de nouvelles chansons, d'aimer Théo. Bien sûr, dans la solitude de sa chambre, quand elle se repasse le film de sa vie, elle se dit qu'elle a bien souvent exagéré, qu'elle a usé la vie jusqu'à la corde et présumé de ses forces. « Je prends toujours la rue qui va trop loin ! » se plaît-elle à dire avant de chantonner les vers de *Non, je ne regrette rien*. Sa vie, chaque seconde, elle la revivrait telle qu'elle fut si elle le pouvait.

Dans deux jours, elle retrouvera les planches de l'Olympia, mais ce soir du 25 septembre c'est la tour Eiffel qui sera l'écrin de son chant, à l'occasion du grand gala donné pour le lancement du film *Le Jour le plus long*. Du premier étage du plus haut monument de Paris, elle lance *Le Droit d'aimer* et enfin son hymne à la vie, *Non, je ne regrette rien*. Un parterre de deux mille sept cents spectateurs et de prestigieuses personnalités, Eisenhower, Churchill, le shah d'Iran et son épouse, Sophia Loren, lord Mountbatten, Ava Garner, Liz Taylor et Richard Burton, le prince Rainier, à qui l'on sert un luxueux dîner dans les jardins du palais de Chaillot, goûtent au chant du plus bel oiseau de Paname.

C'est à guichets fermés que se joue cet Olympia 1962. Plus que jamais, on est venu guetter la chute. Plus que jamais on craint que ce ne soit l'ultime rentrée parisienne de Piaf. Ces dernières années, lorsque certaines salles étaient moins pleines que prévu, Édith, lucide, avait ces mots : « Ce n'est pas inquiétant, il suffit que je sois au bord du trou et que j'aie un malaise en scène et ils reviendront. » Depuis des mois, les journaux ont fait monter la tension en publiant ses pitoyables bulletins de santé, les photos pathétiques d'une femme vieillie d'avoir trop vécu. Et si la voix n'est plus ce qu'elle était, c'est toujours du Piaf, de la grande envolée lyrique, du drame de haut vol ! Les aigus résistent parfois, lui déchirent la gorge, mais l'émotion vaut bien la technique. Si, au lendemain de cette première, quelques journalistes notent les défaillances vocales et constatent que le chant du piaf est devenu celui du cygne, d'autres, bien plus nombreux, se réjouissent qu'elle ait encore gagné, enflammé la salle, magnétisé ses adorateurs. « L'odeur des fauves exceptée, le hall de l'Olympia, hier soir, c'était le cirque. Un cirque qui pour être bien parisien n'en rappelait pas moins la Rome antique : on était venu voir le dompteur se faire dévorer, Édith Piaf mourir en scène... On guettait Blandine et ce fut Spartacus qui entra : quatre minutes d'ovation, des cris, et après la première chanson le délire », écrit Patrick Thevenon dans *La Presse* du 29 septembre 1962.

Et puis, comble de l'émotion, la petite main crochue de cette femme fantôme se blottit dans celle, ferme et bienveillante, d'un pâtre grec, et leurs deux voix mêlées reprennent *À quoi ça sert l'amour* ? On se demande qui porte qui. Lorsqu'ils se regardent, on comprend que l'une est l'âme, l'autre le corps.

Dans quelques heures ils seront mari et femme mais Édith a des scrupules. Elle a beau compter et recompter, ce sont bien vingt ans qui les séparent. Ce chiffre la tourmente autant que le reflet dans le miroir de son visage et de son corps alors qu'elle tente encore de se farder et de se vêtir pour son mariage.

« Mais regarde-moi ! Je suis une loque ! Pas une femme, une pauvre chiffe qui ne tient même pas sur ses jambes. Tu ne peux pas épouser ça ! » hurle-t-elle à Théo.

Depuis une semaine déjà, une terrible crise de rhumatismes la violente, elle ne lui a rien dit, l'a laissé dormir dans sa chambre à l'autre bout de l'appartement afin qu'il ne s'inquiète pas. Tout comme il n'a pas su qu'elle a dû appeler son médecin en pleine nuit pour qu'il lui administre une forte dose de cortisone. Lorsqu'elle lui dit que sa vie ne tient plus qu'à un fil, qu'elle craint de ne pas pouvoir le rendre heureux, Théo rétorque qu'il veillera toujours sur elle, qu'il l'aime avec ses douleurs, avec son corps noué. Il finit par la gronder parce que son maquillage a coulé et que ses cheveux sont en bataille. De sa main en forme d'aile de papillon, il remet de l'ordre dans sa coiffure, l'enlace. Le médecin lui injecte des vitamines, un remontant. Les deux fiancés vont bien se marier en cet après-midi du 9 octobre 1962 entre quinze heures et quinze heures trente.

Elle craint le regard des badauds – à tort. « Non, ils ne m'ont pas sifflée ! [...] Ils ont réclamé que nous apparaissions au balcon de la mairie du XVIe. Quand j'ai quitté l'église orthodoxe où notre union venait d'être bénie, la foule, *ma* foule, a crié : "Vive Édith, vive Théo !" » L'archimandrite Athanase Vassilopoulos venait de ceindre leurs têtes de couronnes dorées, leurs proches de faire pleuvoir au-dessus d'eux des pétales de roses. Alors que le couple sort de l'église orthodoxe de la rue Georges-Bizet où il vient d'être uni religieusement, jaillissent des poignées de riz. Preuve que ce sont bien des enfants de l'amour, il lui a offert un nounours en peluche géant et elle, le train électrique de ses rêves parcourant la parfaite réplique en miniature de La-Frette-sur-Seine, la ville de son enfance !

Le soir même, le couple est à l'Olympia. Les journalistes ont affublé Théo d'un surnom peu flatteur, « le gigolo grec ». L'occasion est trop belle pour Édith de mettre à son programme *Le Droit d'aimer*.

« Ai-je le droit d'aimer ? » demande-t-elle au public qui à l'unisson répond par un « oui » parfait.

Elle fait de l'humour, semble tout simplement heureuse...

Le 23 octobre, Piaf et Sarapo donnent leur ultime récital à l'Olympia. Ils vont enfin pleinement profiter de la nouvelle décoration de l'appartement du boulevard Lannes. Avant Théo, elle ne se souciait guère du mobilier, mais pour lui c'est un véritable écrin qu'elle a fait aménager. Des tissus ont été tendus sur les murs, un convoi de meubles Louis XVI, dont un très beau lit tapissé de velours bleu roi, a fait son entrée dans la vaste demeure. Puisque Théo est soucieux de ces choses-là, elle joue le jeu de ses appétits de luxe. À chaque fois qu'un nouvel homme en a passé le seuil, l'appartement a d'ailleurs subi quelques remaniements. Un nouvel amour est comme un baptême. Édith semble se renouveler, renaître de ses cendres, se purifier. Du coup, elle jette aux orties sa garde-robe d'hier ainsi que tout vestige du passé susceptible de rappeler la présence de l'ancien patron des lieux. Un amour, c'est une vie qui débute !

Et la ronde des galas recommence. Flanquée de Simone, l'infirmière dévouée, et entre deux manipulations de son chiropracteur aux doigts de fée, la chanteuse reprend la route. En cette fin d'année elle rejoint la Belgique et la Hollande, où on lui décerne le Golden Disc pour les deux cent mille exemplaires de *Non, je ne regrette rien* qui viennent d'y être vendus. À peine rentrée à Paris, elle repart pour Lyon, et chante au Palais de la Méditerranée de Nice le soir de la Saint-Sylvestre. Le 26 janvier, c'est à un gala des plus cocasses que se prête le couple Piaf-Sarapo : il chante en effet sous le préau de l'école de La Frette-sur-Seine, où Théo fut élève. Avant de débuter sa prestation, Édith entend bien terminer la paire de gants qu'elle tricote pour Mme Lamboukas. Les spectateurs en seront quittes pour une attente prolongée ! Le lendemain elle chante à Beauvais, puis à Boulogne-Billancourt, à Colombes, Montargis, Rueil, au cinéma Royal d'Orléans, à Saint-Ouen, Chartres, parfois dans des cinémas pour le public qui n'a pas les moyens de s'offrir des places de théâtre, Édith y tient. Dès que s'achève la tournée débutent les répétitions de son prochain tour de chant à Bobino. C'est en effet du 21 février au 13 mars que l'accueille le premier vrai grand music-hall de ses débuts après le temps des cabarets. Dans un cercle parfait, la boucle serait-elle en train d'être bouclée ?

Enrhumée, la voix prise, elle doit céder aux supplications du médecin, annuler le détour par l'Espagne et faire silence quelques jours avant de donner les six concerts prévus d'ici au 31 mars ; ceux de Puteaux et de Joinville sont déjà annulés. Ce seront les six derniers d'une immense carrière jalonnée de tant d'escales, de tant de rendez-vous avec le public... Les 30 et 31 mars, Édith se produit à l'Opéra de Lille. Quand le soleil se couche sur la ville, à l'heure où les théâtres commencent de prendre vie, elle sort à petits pas de sa loge, guidée par l'introduction de *L'Hymne à l'amour* qui retentit à quelques mètres. Si fragile, le souffle rendu court par une bronchite, elle rejoint le plateau, le bon petit soldat va chanter. Dieu merci, les projecteurs qui l'aveuglent l'empêchent de voir que la salle n'est pas pleine. Comment pourrait-elle se douter que ce public est le dernier ? Comment seulement imaginer, alors qu'elle a passé sa vie entière sur les planches, que dans une heure et demie elle se taira à jamais et verra une dernière fois tomber sur ses fatigues ce rideau de velours pourpre ? Cet instant-là, elle ne songe pas à le savourer, persuadée que tant d'autres viendront encore. Comme après la manche du temps jadis, lorsqu'elle dépensait l'argent du béret de laine de Momone, en répétant que le lendemain il serait à nouveau plein...

19

Un dernier souffle

Et tout ce que je dirai désormais sera peut-être ma dernière confession, ce que je voudrais c'est que quelqu'un, ayant achevé de m'écouter, dise comme pour Marie-Madeleine : Il lui sera beaucoup pardonné, parce qu'elle aura beaucoup aimé.

Édith PIAF,
Ma vie.

Dans une chambre blanche de la clinique Ambroise-Paré de Neuilly-sur-Seine, le corps gisant de la grande Piaf, qu'a terrassée un nouveau coma hépatique, ne répond plus à l'appel. Le sang de Théo qu'on lui a transfusé afin de remédier à son anémie ne suffit plus à lui rendre ses forces. Mais au fil des jours Édith sort de son sommeil, balbutiante, l'âme errante et délirante, et enfin, miraculeusement, sa conscience égarée revient. Elle promène son regard sur les copains.

« Théo a loué une villa à Saint-Jean-Cap-Ferrat, c'est là que je vais regagner des forces », se réjouit-elle.

Pleine de courage à nouveau, elle parle de faire venir les musiciens, les auteurs.

« On profitera du calme et du soleil pour faire des chansons. »

Et comme une enfant elle énonce le programme des jours à venir.

Une vaste demeure Arts déco avec une pergola tissée de fleurs, une piscine bordée de lauriers-roses et de fiers cyprès, c'est la Serena. Un décor idéal pour ces mois d'été 1963. Édith s'amuse que des admirateurs, la sachant ici en convalescence, tentent de la saluer malgré l'épaisse clôture. À tour de rôle, les Bonel, Simone Margantin, les sœurs et les parents de Théo s'occupent à la divertir. De passage, Charles Aznavour vient lui présenter sa future épouse. Charles Dumont lui rend également visite, de même que Raymond Asso, Michel Emer, Loulou Barrier et son fils Franck, Denise, la demi-sœur Gassion, et ses deux gosses qu'Édith refuse finalement de recevoir ou encore l'amuseur Dany Kane, qui malgré tous les avertissements met la maîtresse des lieux au défi d'avaler une énorme paella et une omelette.

Les effets sont immédiats : le foie d'Édith, que Simone Margantin, à force de bouillons et de tapioca, s'était escrimée à protéger, ne supporte pas de tels excès, et c'est un nouveau coma hépatique qui survient. Une fois encore, la vedette est victime de sa cour, des insouciants et des profiteurs venus jouir à ses dépens de sa générosité sous prétexte de lui tenir compagnie et de veiller sur elle. Dans cette propriété occupée et mise en désordre par les pique-assiette, la patronne ne parvient plus à se reposer tandis que ses finances sont mises à mal. Elle aura dépensé plus de onze millions de francs à entretenir tout ce petit monde d'ingrats.

Le 1er août, Édith, Théo et seulement quelques proches dignes de confiance et d'amitié, tels que les Bonel et Loulou, quittent ce repaire de requins et élisent résidence dans une autre maison, la Gatounière, près de Mougins. Hormis une courte hospitalisation dans une clinique de La Bocca pendant laquelle elle ne parvient plus à s'exprimer et connaît même une certaine confusion mentale, la malade semble y puiser des forces nouvelles. Malgré quelques pertes de mémoire, on la surprend même à chanter d'une voix qui laisse croire à une guérison.

Enfin, aux derniers jours d'août, on loue une nouvelle maison, un charmant mas provençal, l'Enclos de la Rourée, une demeure plus familiale au creux de laquelle on se sent protégé, caressé des effluves apaisants d'une nature généreuse. Depuis trois mois, on a pris l'habitude de louer des films pour occuper le temps. Danielle Bonel récupère en gare de Cannes les colis express contenant les bobines. Mais les kilomètres de pellicule qui défilent sur l'écran ne parviennent plus guère à faire voyager Édith. Les yeux dans le vague, elle semble vagabonder vers des terres bien plus lointaines, revisionner le film obsédant de sa vie. Ses songes sont silencieux, ses gestes de plus en plus rares et trop fragiles, son élocution lente et douloureuse. Où est le temps où, gouailleuse, elle tempêtait, où ses grands éclats de rire et ses coups de gueule faisaient trembler la maisonnée ?

Théo tourne à Paris, mais chaque fin de semaine il revient près d'elle, attentif et délicieux. Son temps semble pourtant compté – à lui aussi. Elle le regarde à peine, elle n'a plus besoin de lui. Toute claquemurée dans ses pensées, elle fuit ses mots tendres. Dans la solitude de sa chambre, le nez collé à la fenêtre, quand la moindre brindille lui semble plus vive qu'elle, elle pleure.

« Je les paie cher mes conneries ! » marmonne-t-elle.

Simone Margantin et les Bonel la protègent d'elle-même, du monde extérieur. Elle ne saura pas que, dans un élan de désespoir, Claude Figus vient de mettre fin à ses jours. Elle entr'aperçoit Momone, escortée de sa fille Édith, qui est venue jusqu'à la maison. La « frangine », le diablotin de sa jeunesse, à qui elle n'a jamais pardonné l'arnaque du guéridon, est rapidement éconduite par les proches. Elles ne se voient que quelques minutes.

Dans un sursaut, celui de l'heure dernière, elle prie l'infirmière de maquiller son visage et demande qu'on la conduise dans le jardin. Ensuite elle tient à y marcher seule, peu importe qu'elle chancelle, elle se rattrapera toujours à quelque branche. Comme elle a vécu. Quand elle enchaîne quelques pas sans heurt, elle le fait remarquer et se redresse satisfaite. Elle en est encore à se battre, à défier le sort. Défi de vieille femme à l'univers minuscule et aux victoires dérisoires… Et puis la grande Piaf reparaît parfois au détour d'une phrase, elle parle de son retour à l'Olympia en octobre 1964, faisant fi de ses trente-quatre kilos et de son foie cirrhosé.

Mais ce 10 octobre 1963 au matin elle ne répond plus, ne défie plus rien ni personne. La veine porte vient de céder, provoquant une hémorragie interne. Sa respiration se ralentit et, le corps paisible, semble sommeiller. À douze heures quarante-cinq, ce souffle magique, jadis torrentiel, qui a bouleversé le monde entier se fraie une dernière fois un chemin fragile entre les lèvres d'Édith...

Il faut rendre Édith à Paris, c'est là qu'elle a toujours souhaité mourir et reposer. Une ambulance ramène clandestinement le corps sans vie boulevard Lannes. Après avoir roulé toute la nuit, le véhicule, Théo et Simone Margantin à son bord, s'arrête au petit matin devant l'appartement du XVIe arrondissement. C'est là que, appelé à la rescousse, le docteur de Laval signera le certificat de décès attestant la mort ce vendredi 11 octobre 1963 à sept heures du matin à l'âge de quarante-sept ans. La dépêche AFP peut tomber. La France entière apprend à son réveil qu'Édith Piaf n'est plus.

Dans sa maison de Milly-la-Forêt, Jean Cocteau, l'ami poète, reçoit vers onze heures du matin un coup de téléphone d'un reporter de *Paris-Match* qui lui apprend la mort de Piaf. Cocteau lui promet alors d'écrire quelques lignes sur Édith et de les lui livrer en début d'après-midi. Il a parlé à son amie quelques jours plus tôt au téléphone et il a bien compris qu'elle était au bout de son chemin. Il se souvient du temps du Gerny's, quand la Môme Piaf, dépenaillée, la voix fleurant bon le faubourg, avait débarqué dans le cabaret chic. Lui reviennent en mémoire leurs précieux rendez-vous, les confidences intimes. Alors que se bousculent tant de souvenirs, le poète ouvre son courrier et s'apprête à gagner l'étage pour y faire sa toilette. Mais soudain sa poitrine se serre, il s'effondre dans le grand fauteuil du salon. Le poète dont Édith se réjouissait tant qu'il dessinât des étoiles sur des nappes de papier vient de la rejoindre.

Boulevard Lannes règne une grande agitation. Dans l'appartement se pressent les amis et les journalistes tandis qu'à l'annonce de la mort de Piaf la foule grossit devant les grilles du 67 *bis*. Un de ces tumultes comme les aimait Édith ! Dans le salon se trouvent Andrée Bigard, Charles Aznavour, Tino Rossi et le fidèle pianiste Robert Chauvigny, qui déjà bien malade s'en ira deux mois plus tard. Dans un coin de la pièce, choqué et silencieux, se terre Théo. Quatre jours durant, la foule gronde, menaçant d'enfoncer les grilles de la petite cour qui se trouve devant l'appartement si on ne la laisse pas saluer sa chanteuse. On décide donc d'exposer le cercueil dans la bibliothèque. Un à un, par milliers, ceux qu'elle a tant de fois réjouis viennent, silencieux et respectueux, lui rendre un dernier hommage.

Théo ne survivra que sept ans à Édith. Il n'a guère plus de trente ans lorsqu'un chauffard ivre cause un accident qui lui coûte la vie dans des douleurs atroces. Auparavant, il aura souffert d'un deuil immense ainsi que des quolibets d'une profession et d'un public qui ont voulu faire de lui un gigolo. Il a dû assister au pillage des biens de Piaf, au vol de ses souvenirs intimes qui d'un coup devenaient des reliques : ses disques et ses livres, ses vêtements, les images saintes qu'elle chérissait tant et ses petits cahiers d'écolier au creux desquels elle notait ses rêves et ses bonnes résolutions. Heureusement, Jacques Pills et Dalida l'ont aidé à régler les sommes que lui réclamait le fisc. Il a souvent relu les phrases belles comme un proverbe laissées par Cocteau : « Mme Édith Piaf a du génie. Elle est inimitable. Il n'y a jamais eu d'Édith Piaf, il n'y en aura plus jamais… »

Chronologie

19 décembre 1915 : Naissance d'Édith Gassion.
1918 : placement à Bernay chez sa grand-mère paternelle.
1922-1929 : vie nomade avec son père; elle se livre avec lui à la mendicité.
1930 : elle gagne son indépendance, commence à chanter dans les rues et fait la connaissance de Simone Berteaut.
1931 : elle rencontre P'tit Louis.
11 février 1933 : naissance de sa fille Marcelle, dite Cécelle.
7 juillet 1935 : mort de Marcelle.
Octobre 1935 : elle rencontre Louis Leplée et fait ses débuts au Gerny's.
18 décembre 1935 : elle enregistre son premier disque.
6 avril 1936 : Louis Leplée est mystérieusement assassiné.
1936 : elle rencontre Raymond Asso.
1939 : elle se lie à Paul Meurisse.
1942 : elle partage la vie d'Henri Contet.
3 mars 1944 : mort de son père, Louis Gassion.
Été 1944 : elle rencontre Yves Montand.
6 février 1945 : mort de sa mère, Line Marsa.
1946 : elle fait la connaissance des Compagnons de la Chanson, quitte Montand pour Jean-Louis Jaubert.

1947 : elle rencontre Charles Aznavour, débute sa première tournée américaine en octobre et se lie à Marcel Cerdan.
1949 : tournée en Égypte et au Liban.
27 octobre 1949 : mort de Cerdan.
Été 1950 : elle partage la vie d'Eddie Constantine.
1951 : André Pousse entre dans la vie de Piaf. Elle subit deux accidents de voiture.
15 septembre 1952 : elle épouse Jacques Pills.
1952-1953 : tournée américaine (New York, Hollywood, San Francisco, Las Vegas...).
Juin 1953 : première cure de désintoxication.
4 janvier 1954 : Édith Piaf est la première artiste française à avoir vendu un million de disques.
Janvier 1955 : premier passage à l'Olympia.
1955-1956 : quatorze mois de tournée américaine (États-Unis, Cuba, Mexique, Brésil).
Mai-juillet 1956 : Olympia.
1957 : septième tournée américaine (États-Unis, Argentine, Brésil). Elle vit avec Félix Marten.
1958 : Georges Moustaki partage la vie de Piaf. Malaise en Suède.
6 septembre 1958 : nouvel accident de voiture.
1959 : tournée américaine (États-Unis, Cuba, Mexique, Argentine, Uruguay). Elle rompt avec Moustaki et rencontre Douglas Davis. Piaf est très affaiblie, elle débute en France la « tournée suicide ».
Mai 1960 : coma hépatique.
Octobre 1960 : collaboration avec Charles Dumont. *Non, je ne regrette rien*.
Janvier 1961 : Olympia.
1961 : Théo Sarapo entre dans la vie de Piaf.
9 octobre 1962 : mariage de Piaf et Sarapo.
30-31 mars 1963 : derniers récitals à Lille.
Été 1963 : séjour dans le sud de la France.
11 octobre 1963 : acte de décès d'Édith Piaf.

Bibliographie

AZNAVOUR (Charles), *Aznavour par Aznavour*, Paris, Fayard, 1970.

BERTEAUT (Simone), *Piaf*, Paris, Robert Laffont, 1969.

BONEL (Marc et Danielle), *Édith Piaf. Le temps d'une vie*, Paris, de Fallois, 1993.

BRET (David), *Piaf. A Passionate Life*, Londres, Robson Books, 1988.

CARTIER (Jacqueline), *Édith et Thérèse*, Paris, Anne Carrière, 1999.

CERDAN (Marinette et René), *Cerdan*, Paris, Solar, 1969.

CERDAN (Marcel junior), *Piaf et moi*, Paris, Flammarion, 2000.

COQUATRIX (Paulette), *Les Coulisses de ma mémoire*, Paris, Grasset, 1984.

COQUATRIX (Paulette) avec François JOUFFA, *Mes noces d'or avec l'Olympia. L'album souvenir*, Bordeaux, Le Castor Astral, 2001.

GASSION (Denise) et MORCET (Robert), *Édith Piaf secrète et publique*, Paris, Ergo, 1988.

GRIMAULT (Dominique) et MAHÉ (Patrick), *Piaf-Cerdan. Un hymne à l'amour 1946-1949*, Paris, Robert Laffont, 1983.

HAMON (Hervé) et ROTMAN (Patrick), *Tu vois, je n'ai pas*

oublié (biographie d'Yves Montand), Paris, Fayard, 1990.
LANCELOT (Hubert), *Nous les Compagnons de la Chanson*, Paris, Aubier-Archimbaud, 1989.
LANGE (Monique), *Histoire de Piaf*, Paris, Ramsay, 1988.
LARUE (André), *Édith Piaf. L'amour toujours*, Paris, Michel Lafon/Carrère, 1983.
MADAME BILLY, *La Maîtresse de maison*, Paris, La Table Ronde, 1980.
MARCHOIS (Bernard), *Édith Piaf. « Opinions publiques »*, Paris, Musique TF1 Éditions, 1995.
MARCHOIS (Bernard), *Piaf emportée par la foule*, Paris, Éditions du Collectionneur/Vade Retro, 1993.
MEURISSE (Paul), *Les Éperons de la liberté*, Paris, Robert Laffont, 1979.
MOUSTAKI (Georges), *Questions à la chanson*, Paris, Stock, 1973.
NOLI (Jean), *Piaf secrète*, Paris, L'Archipel, 1993.
PERROUD (Frédéric), *Marcel Cerdan-Édith Piaf. Le bel amour*, Paris, Acropole, 1999.
PIAF (Édith), *Au bal de la chance*, Paris, Jéhéber, 1958.
PIAF (Édith), *Ma vie*, Paris, Union générale d'éditions, 1964.
PIAF (Édith), *L'Hymne à l'amour. Les chansons de toute une vie*, Paris, Le Livre de poche, 1994.
PIAF (Édith) et CERDAN (Marcel), *Moi pour toi. Lettres d'amour*, Paris, Le Cherche Midi, 2002.
RENAUD (Line), *Les Brumes d'où je viens*, Paris, Éditions Premières, 1989.
ROUTIER (Marcelle), *Piaf l'inoubliable*, Paris, Renaudot et Cie, 1990.
Télérama Hors série, *Piaf sacrée Môme...*, Paris, 1993.
VALENTIN (Louis), *Piaf*, Paris, Plon, 1993.

Remerciements

Un immense remerciement à Bertrand Meyer-Stabley, qui a chaleureusement mis à ma disposition son imposante documentation, et en particulier les si précieuses coupures de presse de cette époque déjà lointaine.

Toute la force de mon amour à mes si proches, Marie-Sophie, Mine, Richilde, Gisèle, Martine, Franck, Étienne, Gabriel, Pénélope, Mona, Sélim, Hélène, Jeanne, Geoffroy, Sophie, Édouard, Gaspard et sa petite sœur à venir, Coco et son petit, Rémi, Anne, Antoine, Mario, Évelyne, Chouchou, Olivier, Violaine, Bernard, Magali, Bubulle, Marion, Élodie, Anne-Marie, Peter, Aurélie, Mireille et mes parents…

Toute mon infinie tendresse à Nana Mouskouri, la chanteuse qui a guidé nombre de mes chemins. Toute ma gratitude et mon amitié à Mireille Mathieu, Line Renaud, Annie Cordy, Rika Zaraï, Michèle Torr, et à tous ceux et toutes celles qui m'ont parlé d'Édith Piaf.

Et enfin tant de pensées à Édith Piaf, dont l'art et la vie m'ont fait si souvent frissonner au fil de ces mois de vie commune… et sans qui rien de cette aventure n'aurait été possible !

On peut visiter, sur rendez-vous uniquement, le musée Piaf en s'adressant à son conservateur, Bernard Marchois, au 01 43 55 52 72.

Table des matières

7623

Composition Chesteroc Ltd
Achevé d'imprimer en France (Manchecourt)
par Maury-Eurolivres
le 16 mars 2007.
Dépôt légal mars 2007. EAN 9782290339053
1er dépôt légal dans la collection : avril 2005

Éditions J'ai lu
87, quai Panhard-et-Levassor, 75013 Paris
Diffusion France et étranger : Flammarion